아리랑 민족의
디아스포라

극동 러시아와 만주, 1895-1937

일러두기

- 이 책의 주인공 격인 '아리랑 민족'의 명칭에 관해서 한마디 쓰자면, 영어로는 'Korean' (한국인)이라고 쓰는 것이 상례이지만, 한글로 펴내는 이 책에서는 조선왕조 시대의 사람들은 '조선인'으로, 러시아로 이주해 가서 정착한 사람들은 '고려인', 만주에 정착한 사람들은 '조선인', 러-일전쟁시에도 '조선인', 일본의 속국이 된 후에는 '한국인'으로 표기를 하고 있으나, 때에 따라서는 혼용도 했음을 밝힌다.
- 외국인의 성명이나 지명들은 원어 발음대로 적어 '한글(원어)'로 표기했음도 밝힌다. 예를 들어서, 후레드릭 맥켄지(Frederick McKenzie)는 '프레드릭'이 아니라 '후레드릭'으로 적었다.
- 본문 속에 한글로 번역하여 인용된 구절들을 원문으로 참조하기 원하는 독자를 위해 부록: 인용 구절의 영어 원문 각주(영문 각주: 1...49)를 넣었다.
- 한국어로 저자는 '초다국적 디아스포라 (transnational diaspora)' 라는 것을 아리랑 민족이 국경을 넘어가서도 한국인으로서의 삶을 추구하고, 고향을 그리워하고, 모국을 지키려고 하는 현상이라고 정의를 내리고자 한다
- 이 책은 극한의 상황 속에 조국을 떠나 새로운 환경에 정착하여 적응해 살면서도, 두고 온 모국을 계속 생각하고 걱정하면서, 국경을 넘나들며 모국의 정사에 관여하고자 하는 아리랑 디아스포라 사람들의 애화이다.

아리랑 민족의

디아스포라

극동 러시아와 만주, 1895-1937

이혜옥 지음

글을읽다

목차

머리말 ● 008
영문판 서문 _ '디아스포라'란 무슨 뜻인가? ● 010

제1장. 서양의 눈을 통해 본 대한제국의 아리랑 민족 ● 027

I. 잭 런던이 본 러-일전쟁과 조선인 ● 032
1. 일본군 속의 조선인 노동자 ● 041
2. 일본군 속의 조선인 병사 ● 047

II. 서양이 본 조선의 19세기 말-20세기 초 ● 050
1. 내란과 외란으로 황폐화된 조선 ● 050
2. 백골징포의 악폐 ● 067
3. 양반사회의 악습 ● 075

제2장. 북녘으로 향한 아리랑 민족 ● 083

I. 러시아의 고려인, 제정 러시아의 국민 ● 089
1. 초기의 러시아 이주, 1863- ● 089
2. 조선 이주민의 행렬, 1884- ● 100
3. 조선 이주민의 세 등급 ● 108
4. 러시아인으로의 동화현상 ● 110

II. 만주의 조선인, 망향의 이주민 또는 망명한 애국자? ● 120
1. 다민족 디아스포라에서 공존하는 조선인 ● 121
2. 초기의 만주 이주, 1865- ● 127

3. 청-일전쟁 이후 급증한 이주민, 1895- • *130*
4. 끊임없는 만주 이주민 행렬, 1899- • *134*

결론 • *137*

제3장. 러-일전쟁과 아리랑 민족, 1904-05 • *139*

I. 한반도, 일본 제국주의의 디딤돌 • *144*
1. 대한제국의 중립선언, 1904 • *144*
2. 한일의정서 • *153*
3. 전쟁 준비태세 • *157*
4. 조선인의 체격에 대한 일본의 관심 • *165*
5. 일본의 승리로 끝난 러-일전쟁 • *167*

II. 일본군 속의 조선인 • *172*
1. 자립을 위한 의존 • *172*
2. 대동아주의와 일진회 • *175*

III. 러시아군 속의 조선인 • *189*
1. 러시아의 항일 첩보단 • *191*
2. 러시아군과 손잡은 조선 의병 • *199*

결론 • *203*

제4장. 나라 잃은 아리랑 디아스포라인들, 1906-20 • *207*

I. 한국, 일본의 보호국과 식민지 • *212*

II. 극동 러시아 디아스포라의 고려인 • *218*
1. 디아스포라의 한국 신문 • *224*
2. 디아스포라의 애국단체 • *230*
3. 제정 러시아인에서 공산당원이 된 고려인 • *237*
4. 극동 러시아의 고려인 지도층 • *242*

III. 만주 디아스포라의 조선인 • *247*
1. 제국주의 일본의 전초부대 • *253*
2. 망명의 땅으로 이주 행렬, 1910- • *258*
3. 간도, 교육과 독립운동의 중심지 • *265*
4. 조선의 전통을 지키는 디아스포라인 • *272*

IV. 망향의 아리랑 디아스포라인 단합 • *275*
1. 독립운동을 위한 의병단체의 통합 • *276*
2. 독립운동을 위한 한인 단체의 단합 • *285*

결론 • *291*

제5장. 결론 ● *293*

Ⅰ. 고려인의 강제 이주와 숙청, 1937 ● *299*

Ⅱ. 만주의 조선인, 일제의 앞잡이 또는 망향의 독립투사? ● *303*

Ⅲ. 21세기의 아리랑 디아스포라 ● *306*

끝맺는 말 ● *310*

부록

부록: 인용구절의 영어 원문 각주 ● *314*

참고문헌
1차자료와 문서보관소 ● *323*
2차자료 ● *328*

영문초록 (Abstract in English) ● *342*

머리말

이 책은 1904년 미국의 유명 작가 잭 런던(Jack London)이 『샌프란시스코 이그재미너(San Francisco Examiner)』지의 러-일전쟁 종군기자로 대한제국에 5개월간 파견되어 쓴 신문기사와 여행기 그리고 많은 사진에 관해서 필자가 2016년에 영문으로 쓴 논문, 「History of Early-modern Korea Through the Eyes and Pen of Jack London, 1904.」에 기반하여 쓴 것이다.

일제강점기 제국주의 일본의 식민지인으로서 태평양전쟁에 일본군의 일원으로 참전하였던 수십만 명의 조선인에 관해서는 연구논문과 단행본 출판물이 이미 많이 나와 있다. 그러나, 필자는 기존의 연구에서 등한시하였던 대한제국이 일본의 식민지가 되기 훨씬 전인 1904년에 한반도에서 벌어졌던 러-일전쟁에 조선인들이 참전하였을 것이라는 실마리를 잭 런던의 신문기사와 여행기 속에서 찾아냈다. 이 책은 일본과 미국의 내셔널 아카이브, 러시아와 한국의 일차 자료뿐만 아니라, 미국 내 도서관에 소장되어 있는 수많은 기록과 출판물을 추적하여 발췌한 역사적 사실들을 서술한 것이다. 따라서 이 책은 1930-45년으로 알려져 있는 조선인의 일본군 참전이 그보다 30-40년 전인 1904년으로 소급되어야 할 것을 밝히고 있다.

그렇다면, 일본의 식민지배 이전인 1904-05년에 조선인들이 왜 일본군으로 러-일전쟁에 참전했는가? 라는 의문을 가지고 한, 미, 러, 일 4개국의 일차 자료를 찾아본 결과, 일본군뿐만 아니라, 러시아군에도 많은 조선인이 참전했음을 알게 되었다. 그 원인을 찾는 과정에서 1860년대부터 대규모로 발생한 조선인의 러시아 연해주와 만주로의 이주에 대해 연구하게 되었으며, 한반도에서 벌어진 러시아와 일본 사이의 헤게모니 전쟁 속에서 양편으로 갈라져서 싸워야 했던 조선인의 비극이 그때 이미 시작되었음을 확인할 수 있었다.

　한국에서 태어나고 성장했으나 미국에 건너와 교육받고 오랫동안 생활한 필자는, 이 책을 집필하면서 조국의 역사를 제대로 알지 못하고 살아왔다는 것을 새삼스레 깨달았다. 지난 160여 년 동안 한반도를 떠나 세계 각국에 흩어져 다민족 디아스포라를 형성해 살아오고 있는 한국인들과 그 후세들에게 한국의 근대사를 알리고 싶은 마음에서 이 책을 집필했음을 밝힌다.

　멀리 서울에서 미국 땅에 있는 후학을 위해 격려와 도움을 아끼지 않는 모스크바 국립대학의 명예교수 박종효 박사님께 심심한 감사의 마음을 드린다. 아울러 교열을 봐주신 수원대 사학과 박환 교수님과 소설가 이승우 선생님께도 고마운 인사를 전한다. 또한 2020년 코로나 역병으로 모든 사회, 경제 활동이 중단되어 극도로 어려운 출판 환경에도 불구하고, 출판을 결정하신 '글을읽다' 김예옥 대표님께 감사를 드린다.

2021년 봄
이 혜 옥

영문판 서문

'디아스포라'란 무슨 뜻인가?

저자는 '초다국적 디아스포라 (transnational diaspora)'라는 개념을 국경을 넘어가서도 한국인으로서의 삶을 추구하고, 고향을 그리워하고, 모국을 지키려고 하는 현상이라고 정의 내리고자 한다. 이 주제에 관해서 세계의 역사가들은 어떻게 서술하고 있는지 총괄적으로 정리해서, 아래에 제시한다.

또한, 조선왕조 말기 조선의 문호 개방과 혁신, 개화를 위한 움직임에 관해 새로운 관점에서 서술한 새 세대의 한국인 역사가들의 역사관을 소개하고 동서양 학자들의 저서를 인용해 전달하고자 한다.

Historiography on Relevant Topics

a. Historiography on Transnationalism, Diaspora, and Diaspora Studies

What is transnationalism? What is a diaspora? A Boolean search of combined keywords for "transnationalism and diaspora" performed in the WorldCAT retrieved 5,295 results in 2019. When limited to works in history and auxiliary sciences, the results are narrowed down to 220 entries. Still, it shows the prolific nature of studies on transnationalism and diasporas in the past few decades, as seen in this section.

Moving away from the earlier scholarship of Robert Park (1928) and Oscar

Handlin (1941 and 1973) on the static patterns of immigration, scholars such as Madeline Y. Hsu (2000), Adam McKeown (2001), and Mae M. Ngai (2004) introduced a shift in the historiography of migration and immigration to that of transnational migration. Rather than identifying specific places on a map where immigrants came from and tried to fit in—suggesting uprooting and assimilation—these scholars of the transnational approach raised a new question: Can migrants belong to more than one place at any given time? Instead of a melting pot of "unidirectional" assimilation, the new shift recognized transnational diasporas where "flexible citizenship" and "continuing loyalty" to the old place are also accepted. This book examines the pattern of migrants' forming and living in transnational diasporas, or even in borderlands, by Koreans in the Russian Far East and Manchuria.

Seminal works by scholars such as Ann Laura Stoler (1999 and 2016), Frederick Cooper (1999 and 2005), and Benedict Anderson (2006) provided foundation studies on nations and empires. Stoler and Cooper argued that nations and empires were "mutually constitutive" and "imagined" in "contiguous as well as noncontiguous territory," as seen in the cases of Great Britain and the Third Republic of France with colonies in far-away lands. Cooper's theory presented that the world is interconnected and unequal with the unequal relationship between the colonials and the colonized, as seen in Africa's history of slavery and colonial exploitation.

In the nation defined as "imagined community" by Anderson, the members will never meet or hear of each other yet feel such close ties and comradeship. It is because the nation is imagined, limited, and sovereign as a community. For example, members of the British Empire feel interconnected by "stretchable nets of kinship and clientship" in which the relationship between England, Ireland, and Scotland is one of imagination. In such an imagined environment, members feel bound or connected by a sense of fraternity and solidarity toward their nation through "horizontal comradeship."

Cooper and Stoler professed that "nation building" and "empire building" were projects of mutual constitution, albeit in a relationship of problematic and contested on extending citizenship to the colonized. One case in point: despite France's rhetoric of assimilation, the colonized population was extended citizenship not to France as a nation but to the empire of Union Française. In Korea's case, Koreans after the Japanese colonization were considered Japanese subjects but without the full rights and privileges, such as voting or owning lands, and treated as second-class citizens.

On the studies of transnationalism as economic, political, and cultural processes that extend beyond the boundaries of nation-states, weakening the state's control over its borders, inhabitants, and territory, scholars have contributed many books and journal articles published and listed in the WorldCAT database over the past several decades.

Randolph S. Bourne (1916) planted the seed with his 1916 article, "The Jews and Trans-national America," regarding American nationalism after World War I. In contrast to nationalism as "a strong belief among people who share a common language, history, and culture," Bourne called for a new way of thinking about the relationship between cultures through the notion of transnationalism: "give us a new vision and a new orientation of the American mind in the world."

In subsequent decades, immigrant groups were expected to lose their ethnic identity and assimilate into the local norms. In the 1970s, the concept of diaspora, recognized by Michel Bruneau and Judith T. Shuval, emerged progressively to describe migrant groups maintaining their ethnic tradition with a strong sense of collectiveness. In the 1980s and 1990s, dispersion of populations that originated from one nation-state into new host countries became more prevalent, calling for academic theorization to define and establish criteria for diasporas.

Scholars named several types of diasporas: entrepreneurial (Chinese), religious (Jews), and political (Palestinians) diasporas as defined by Michel Bruneau (1995). Robin Cohen (1997) followed this and defined diasporas into five types: labor diasporas (Indians), imperial diasporas (British), trade diasporas (Chinese), cultural diasporas (Caribbeans), and hybridity of mixed culture, as seen in Paul Gilroy's Black diaspora debate of "travelling culture" between a nation-state of their dwelling through assimilation and diasporas of "astral or spiritual" sense.

In the 1990s, the understanding and theorization of transnationalism and transnational diaspora matured with the scholarship of Basch, Glick-Schiller, and Szanton Blanc (1994). Their collaborative work of Nations Unbound introduced the concept of transnational diasporas as those who live dispersed physically but remain connected culturally, socially, economically, and politically as part of the nation-states in a "nation unbound" of their original homeland of their ancestors.

Their transnational ethnographic studies focused on transmigrants from the West Indies, Haiti, and the Philippines. Robert Anthony Orsi's The Madonna of 115th Street (1985), Khachig Tölöyan's article (1996), "Rethinking Diaspora(s): Stateless Power in the Transnational Moment," Arjun Appadurai's Modernity at Large (1997), and Aihwa Ong's Flexible Citizenship (1999), for example, brought transnationalism into the foreground of scholarly discourse on the migration of peoples across borders in the twentieth century.

Aihwa Ong defined transnationality as a phenomenon of people "moving through space or across lines," culturally interconnected and with "mobility across space." Political borders and nation-states lost significance "over the affiliations and behavior of its subjects." Ong's definition of transnationalism reflected the "multiplicity of the uses and conceptions of 'culture'" with tension over family, state, and economic ventures that shaped border crossings and transnational relationships. More specifically, the multiple passport holders of Hong Kong felt both the willingness to work with Communist China while looking for a way out to secure their family and business investment at the time of Hong Kong's return from Britain to China in 1997.

These earlier works on transnationalism were followed and revamped by Adam McKeown on Chinese migrant networks (2001), Rogers Brubaker (2005 and 2015), and Akira Iriye (2013), who provided historiography of the global and transnational history of the past, present, and future. McKeown's theoretical framework to recast Chinese migration from a passive diaspora to transnational diaspora in his 2001 work, Chinese Migrant Networks and Cultural Change: Peru, Chicago, Hawaii, 1900–1936, presented a global perspective.

Brubaker's definition of the modern use of the term diaspora in the humanities and social sciences in his 2005 article, "Diaspora' Diaspora," was instrumental in broadening the scope of transnationalism with diaspora studies from the Jewish, Armenian, and Greek diasporas to Albanians, Basque, Hindu Indians, Irish, Chinese, Japanese, and Koreans since the 1990s.

Stéphane Dufoix and Brubaker pointed out that the word, diaspora, was first derived from the Septuagint—the first Greek translation of the Hebrew Bible—on the Babylonian Exile of Jews. Dufoix demonstrated that the word "morphed from a religious to a secular word, from a negative to a positive inflection," according to Robin Cohen and Carolin Fischer. Cohen and Fischer noted the "social constructivism in diaspora studies" emerging with questions on: "how are diasporas made, who makes claims to be part of a diaspora, and what claims are made on behalf of a diaspora?" bringing more complexity in the present day.

As discussed earlier, Brubaker's definition of diaspora in 2005 included three elements: dispersion in space, orientation to a homeland, and boundary maintenance. Dispersion, being the "most widely accepted criterion of diaspora," denotes forced and traumatic crossing of state borders of people to live "outside of the homeland." Those people with a "homeland orientation" for a real or imagined homeland maintain "a collective memory or myth about homeland" regarding their ancestral state "as their true, ideal home and as the place to which they or their descendants would or should eventually return." They are also "collectively committed to the restoration of the homeland and to its safety and prosperity." The third element of diaspora, according to Brubaker, was boundary maintenance of preserving "a distinctive identity vis-à-vis the host society" which he viewed as indispensable. These are the elements represented in the Korean transnational's experience of forming and maintaining their diasporas.

Revisiting his initial 2005 definition of a diaspora, Brubaker offered in 2015 an expanded viewpoint of diaspora studies, which evolved and increased in the intervening ten years from "the age of the nation-state" to the "age of diaspora" in the 1990s. The field of diaspora studies since 2005 has proliferated and reached "a kind of saturation point," as Brubaker acknowledged in his 2015 article, "Revisiting diaspora' diaspora." He noted that new regions of disciplinary and conceptual space helped bring together topics of nation, nation-state, empire, and colonialism with globalization as a phenomenon affecting diaspora studies in the twentieth century.

Earlier works by Elaine Kim (1982) on Asian Americans or Korean Americans in the U.S., Aiwha Ong (1999) and Mia Tuan (1999) on the Hmong experiences laid the foundation of diaspora studies. They were expanded to ethnic diaspora studies by Monica Yang's anthology (2013), Kou Yang's comprehensive historiographical reviews on Hmong accumulation (2013), and Mark Edward Pfeiffer (2013) on the subjects of diversity, flexible citizenship, and crossing over territorial boundaries in transnational diasporas in the twenty-first century. Other scholars such as Appadurai's work on the cultural dimensions of globalization (2008), Dufoix's work on the semantic history of African diaspora (2012), Brubaker and Jaeun Kim's co-authored work (2011 and 2016) on the states' effort to recreate ties with their transborder populations in Germany (in Eastern Europe and the former Soviet Union) and Korea (in Japan and China) also told new stories on the language of diaspora which expanded by the globalization in the twenty-first century.

In summary, based on such a rich historiography on diaspora studies which matured over the past few decades, the subjects of this book—the Korean transnationals in the Russian Far East and Manchuria—fit all three elements of diasporic communities, as identified by Brubaker and other scholars. These Koreans in their transnational diasporas 1) had been forced to leave their homeland across national borders by dispersion due to natural disasters and lack of upward mobility in Korean society, 2) maintained their homeward orientation with collective memory and preservation of their customs and cultures with the hope of returning someday, and 3) maintained their distinctive identity vis-à-vis the host society. The Korean transnationals' migration and living in diasporas—the Arirang diasporas—will be examined in depth as the main subject of this book.

In the next section, the historiography on the history of Korea in the late nineteenth to the early twentieth century will be presented to set the stage on the subject of this book and provide background on the monumental contributions made by historians and other scholars as well as Western observers of Korea.

b.Historiography on the History of Korea in the Early Twentieth Century

Nearly a century and a half have elapsed since the opening of Korea to the world in 1876 and one hundred and fifteen years since the start of the Russo-

Japanese War in 1904. Many historians writing in English have provided the chronicles of what, why, and how things happened to force open Korea, hitherto known as The Land of the Morning Calm (Chosun, 朝鮮). Also known as The Hermit Kingdom in the late nineteenth century, Korea is a small peninsula, occupying approximately 84,616 square miles of land—North and South Korea combined—wedged in between China and Japan and Russia, in Far East Asia.

Koreans have historically been known as a people who possessed a strong sense of national spirit (民族魂) as a homogeneous race (tan'il minjok, 單一民族) and endured many foreign invasions throughout their thousands of years of written history. Historical evidence of Korea's origins date back to the Paleolithic Age, as archaeological sites with specimens of tools for hunting and fishing in the Old Stone Age were unearthed by a historian Son Pow-key in the southern region, Kongju (公州) of Choongchung Province, in the 1960s.

The first set of foreign accounts came in the form of travelogues, memoirs, diplomatic correspondences, war correspondents' reports, letters to friends and families, newspaper articles, as well as official reports and archival documents of governments such as China, Japan, Russia, the United States, and others in the 1880s-1900s. Isabella Bird Bishop's eye-opening travelogues (1898) of newly-opened Korea in the aftermath of the Sino-Japanese War were followed by the reports of the Russo-Japanese War correspondents, Jack London (1904) and Frederick A. McKenzie (1905).

Next came the early historiography by scholars who witnessed and shared their accounts on the opening of Korea, such as B. L. Putnam Weale (1903), H. J. Whigham (1904), K. Asakawa (1904), and Charles Oscar Paullin (1910).

These narratives were followed by the early historical interpretations on both sides of U.S.-Asia relations by Tyler Dennett (1925), Joseph Barnes (1934), and Yoshi S. Kuno (1937), offering critical assessments of the Open Door Policy of the United States. In the 1950s and later came the monumental contributions made by Hilary Conroy (1960) and Fred Harvey Harrington (1966) with detailed accounts of the commercial imperialism and exploitation of Korea employed by the superpowers of the world. Donald G. Tewksbury provided a bibliographical compilation of source materials in 1950.

Early works written in English by Korean historians include C. I. Eugene Kim and Han-kyo Kim (1967), Dae-Sook Suh (1967), and Young Ick Lew (1977) who were able to access and interpret multi-lingual primary sources in Chinese, Japanese, Korean, and English languages to shed lights onto what had happened in the late nineteenth and the early twentieth centuries.

Historians Kim and Kim, for example, were able to access official documents of the Chemulpo Treaty of 1882 first-hand and reveal discrepancies between versions as signed by national representatives of the U.S., China, and Korea. The American draft had "no reference to China's claim to suzerainty over Korea" but included "a ban on opium trade" at Commodore Shufeldt's insistence, whereas the Chinese version, which Li handed to Shufeldt as the "Korean draft" to be passed onto King Gojong for his signature, clearly mentioned that "Korea is a vassal state of China, but has always enjoyed autonomy in both its internal and external affairs" in Article I. The Chinese intention to maintain its superior position in the tributary relationship with Korea while appearing to stay out of Korean affairs became apparent.

Dae-Sook Suh's scholarly insights on the lives of Koreans in the Russian Far East and Manchuria were equally pioneering and revealing of the effects, positive and negative, of communism on the region as shared in titles including, The Koreans in the Soviet Union (1987), The Koreans in China (1990), The Korean Communist Movement (1967), and Documents of Korean Communism: 1918–1948 (1970). Suh's description of the impact of communism shown by the Lenin's leadership with a promise of support for independence endeavors of China and Korea against Japanese imperialism portrayed the standoff-ish stance of the United States and the American President Woodrow Wilson in stark contrast with the Russian's in the 1920s.

Traditionalist, conservative historical accounts of Korean King Gojong's modernization reform plans, political factionalism in the court, and the Tonghak Uprisings of the poor peasants of Korea were given in Korean or English languages by Korean scholars, Han Woo-keun (1970), Ki-baek Lee (1984), and Young Ick Lew (1998) in the late twentieth century. In the 1980s-1990s, works by U.S. historians such as Emily Rosenberg (1982), James Scarth Gale (1983), Ramon Myers and Mark Peattie jointly (1984), and W.G. Beaseley (1987) were published to shed renewed insights into the role of missionaries in U.S. relations with the Far East Asia at the turn of the twentieth century.

These works were followed by the 1990 collaborative work of Carter Eckert, Ki-baik Lee, Young Ick Lew, and Michael Robinson on the history of Korea, expanding on the Korean language version of Ki-baik Lee's 1984 book, which laid a foundation of Korean history as told by a Korean historian. The 1990 publication incorporated up-to-date archaeological discoveries of the pre-historical period of Korea by Lee as well as new analysis of new materials on the period of 1864-1910 by Lew, and chapters on Japanese colonial period by Robinson and post-liberation Korea by Eckert, yielding a work of scholarly collaboration.

Martina Deuchler (1992 and 2015), Akira Iriye (1992), John J. Stephan (1994), Peter Duus (1995 and 1996), and Gi-Wook Shin and Michael Robinson (1999) presented comprehensive studies of what had happened nearly a century ago, seen through the lens of Neo-Confucianism, colonialism, imperialism, nationalism, and racism. Deuchler's contribution to the study of Neo-Confucian influence on Korean society came under multiple titles over the decades, as were Duus's scholarship on the Japanese economic imperialism toward Korea. Shin and Robinson defined the term modernity as a Western phenomenon associated with Enlightenment, industrialism, nationalism, and the nation-state, giving birth to East Asian modernity. Iriye and Stephan brought transnationalism into the scholarship of global Korean communities in their understanding of what had happened over a century ago.

As the twenty-first century dawned, renewed interests on the affairs of Korea, China, and Japan in regard to the globalization and transnationalism began to be expressed through historical works by another generation of historians: Hyung Il Pai (2000), Jongsuk Chay (2002), Hyun Ok Park (2005), Evegeny Sergeev (2007), Alyssa Park (2009 and 2019), Takashi Fujitani (2011), Jun Uchida (2011), Henry Em (2013), Yumi Moon (2013), and Albert Park (2015). These scholars presented revisionist interpretations on wide-ranging issues from national sovereignty, Korea's entry into modernity, and the identity and reactions of Koreans in the new geopolitical environment under Japanese colonial occupation of Korea which began in 1905 and lasted for forty years. The movement of peoples from China, Japan, and Korea across national borders—whether voluntary, coerced, or in desperate attempt for survival and expansion— and the formation of transnational diasporas across the region were documented and debated by these scholars through the lens of imperialism, racism, nationalism, and transnationalism.

Historian Alyssa Park (2009) took the notion of living in transnational diasporas a step further and introduced borderland living by Korean migrants and "the attempts of multiple states to govern Korean migrants" in the borderland of Tumen Valley (2019). A nation (kukka=國家) constituted "not just the royal family or government, but a collective entity of people, land, and government (kunmin ilch'ae (君民一體)"—at least in theory. This way of thinking explains how the transnational migrants who left Korea in hardship to settle down abroad in diasporas still adhered to the Korean customs and lifestyles and were eager to come together in defense of Korea as a sovereign nation. Equally importantly, the King of Korea lamented the unfortunate situations of his former subjects and attempted to help out long after they left the realm of his protection.

Entering into the new millennium, the earlier historical accounts written in English were complemented by the contributions made by Korean historians Pak Hwan (1995), Kim Yong-p'il (2013), Kim Kyung-Il (2014), Sung Hee Lee (2004-2017), Sun Young Park (2006), Young-Jun Cho (2016), and others from the nationalist standpoint, expressed in the Korean language. Their contributions uncovered many primary sources hitherto ignored or buried in the deep archives of various governments, such as Japan, Russia, and Korea.

Most importantly, scholarly works by Russian-Korean historians such as Igor Saveliev (2004), Igor Ermachenko (2005), Evgeny Sergeev (2007), Sergei Kurbanov (2016), Jon K. Chang (2016), and Park Chong Hyo (2018) enriched the historiography by presenting Russian archival materials in English or Korean language. These scholars gave insights into the lives of Koreans in the Russian diaspora, trying to become good Tsarist subjects while maintaining their allegiance to their old country and fighting against the Japanese imperialism, as treated by the Russian news media and official government documents.

제1장

서양의 눈을 통해 본
대한제국의 아리랑 민족

상투를 튼 조선인들과 잭 런던.
"내 친구들(Some of my friends)"이라고 설명하고 있다.[1]

아리랑~ 아리랑~ 아라리오~
아리랑 고개를 넘어간다.
나를 버리고 가시는 님은
십리도 못가서 발병난다.

아리랑~ 아리랑~ 아라리오~
아리랑 고개를 넘어간다.
청천하늘엔 별들도 많고
우리네 가슴엔 꿈도 많다.

아리랑~ 아리랑~ 아라리오~
저기 저 산이 백두산이라지
동지섣달에도 꽃만 핀다.
아리랑~ 아리랑~ 아라리오~

1900년 초, 광산 전문가로 평안북도의 운산금광을 운영하던 미국인 부르스 테일러(Bruce Albert Wilder Taylor)는 영국인 부인 메리와 신혼살림을 하던 어느 날 밤, 청승맞게 부르는 아리랑 노래가 창문을 통해 들리자 이렇게 말했다. "이건 옛날 한국의 망명객들이 부르던 노래요.(It's an ancient Korean song of the Exiles.)"[2]

아리랑은 고향을 등지고 멀리 떠나야 하는 사람들과 그들을 떠나보내야 하는 이들의 애달픈 작별의 노래였다고 말하면서, 테일러는 아내에게 "저 노래는 항상 나에게 '볼가강의 뱃노래'를 연상시켜. 수많은 해석이 있지만, 무슨 말을 넣어도 저 곡조에는 항상 정치적 뜻이 있고, 일종의 암호이기도 하지."라고 말했다.[3] 테일러가 설명했듯이, 아리랑은 러-일전쟁 시에는 암호를 주고 받는 매개체였고, 일제강점기에는 항일투쟁의 상징으로 한(韓)민족

---

1. London, Jack. "Some of my friends," *Jack London Photographs and Negatives: Korea*, 10p. folio. JLP 440, Album 2, #00175, 1904. Housed in The Huntington Digital Library, San Marino, CA.
2. Mary Linley Taylor, *Chain of Amber*(Sussex, England: The Book Guild, 1991), 147.
3. Mary Linley Taylor, 호박 목걸이: 딜쿠샤 안주인 메리 테일러의 서울살이, 1917-1948. 송영달 옮김(서울: 책과 함께, 2014), 214.

의 국가(國歌) 역할을 하였다고도 한다.⁴

미국 작가 에드가 스노우(Edgar Snow)의 부인이었던 님 웨일즈(Nym Wales, 본명 헬렌 포스터 스노우)는 '아리랑'이라는 조선의 민요는 "비극의 상징"으로 "죽음의 노래"였으나 "수많은 죽음 가운데서 승리가 태어날 수도 있다"라고 썼다.⁵ 이 노래는 많은 조선인이 끝없이 이어지는 어려움 속에 "압록강을 건너 유랑"하면서도, "만주 벌판 어디에서나 조선인 의병이건(중국에 귀화한)조선인이건" 모두가 머지않은 장래에 고향으로 돌아가게 될 것이라 믿으면서 기쁨과 슬픔, 이별을 나타내는 노래였고, 1910년 나라를 빼앗긴 이후 "이 애끓는 노래가 조선의 모든 감옥에 메아리쳤다."라고 기록했다.⁶

아리랑은 모국에 있든 외국에 살든 많은 한국인들이 즐겨 불러온 민요이다. 대한민국 역사상 수많은 고난기에 극동 러시아, 만주, 일본, 미국과 중남미 등 세계 곳곳에 흩어져 살아야 했던 조선인의 애환과 공감대를 형성해 준 노래가 바로 아리랑이다.

이미 동서양의 역사가들이 1930-45년 사이에 많은 조선인들이 일본군에 자원 또는 강제 징집되어 참전한 사실을 논증했다. 예를 들어 역사학자 다카시 후지타니(Takashi Fujitani)는 일본이 조선인 특별 자원제도(special voluntary system for Koreans)를 시작했던 1938년부터 총 21만4천 명 이상의 조선인들이 일본의 육·해군에 참가하였고, 이 숫자는 태평양전쟁의 막바지인 1944년과 45년 사이에 강제로 징집되었던 19만 명을 포함한다고 밝혔다. 1938년부터 시작되어 일본의 패배로 종전된 1945년까지 36만 명 이상의 조선인들이 제정 일본군부에 의해 군인이나 일반인으로 고용되어 참여함으로써, 한

---

4. Taylor, Chain of Amber, 147.
5. 님 웨일즈와 김산, 아리랑: 조선인 혁명가 김산의 불꽃 같은 삶(서울: 동녘, 1984), 61.
6. 님 웨일즈, 아리랑, 61.

반도는 일본의 "최대 식민지의 역할"을 했다고 후지타니는 주장했다.[7]

그러나 한국이 일본의 식민지가 되기 이전인 1900년대 초에 조선인들이 일본군에 참여했던 사실에 관한 연구는 아직 충분히 이루어지지 않고 있다. 이 책에서는 일본이 1930-40년대보다 수십 년 전인 1900년대 초반에 군사·경제적 제국사업의 목적으로 조선인을 이용했던 사실을 증명하고자 한다. 러시아, 일본, 한국과 미국의 정부·외교·군사 기록을 통해 조선이 일본의 식민지가 되기 전인 러-일전쟁 당시 조선인들이 일본군뿐만 아니라 러시아군에도 참여하였던 사실과 어떤 이유나 방식으로- 자의로든 타의로든- 참여했던 것인지 밝혀보고자 한다.

19세기 말, 조선인들이 극동 러시아와 만주로 떼를 지어 이주해간 배후에는 세 가지 중요한 원인이 있었다. 첫째, 1869년을 전후로 계속되었던 홍수와 기근으로 인해 극심한 기아 상태에 빠진 가난한 소작 농부들에게는 백골징포(白骨徵布)라는 무서운 세제의 짐이 짊어져 있었다. 둘째, 조선 계급사회의 피지배층에 속해 있던 무력한 농민들은 국가의 보호를 전혀 받지 못한 채 세무와 군역(軍役)의 의무만 지고 있었다. 셋째, 힘없는 군주 고종(高宗)을 둘러싸고 궁내의 파벌싸움과 해외 세력 간의 상업권 쟁탈전이 벌어지고 있는 가운데 1894-95년에 일어나 한반도를 휩쓸었던 청-일전쟁과 잇달아 1904-05년에 일어난 러-일전쟁은 전국을 초토화시켰고, 그나마 농민들이 일구며 살던 농토가 더욱 황폐화되었다.

이러한 재난이 계속되어 조선의 평민들은 힘든 짐을 더는 감당할 수 없자 러시아와 만주로 야반도주를 하거나, 바다를 건너 하와이, 캘리포니아,

---

7. Takashi Fujitani, *Race for Empire: Koreans as Japanese and Japanese as Koreans during World War II* (Berkeley: University of California Press, 2011), 18.

멕시코와 남미로 떠나게 된 것이다.[8] 수년 후 러-일전쟁이 발발하자 극동 러시아와 만주로 떠났던 조선인들이 양쪽 진영에서 군인 또는 밀정으로 마주 보며 싸우는 비극이 초래되었다. 이런 한민족의 비극을 기술하기 전에, 간략하게나마 조선의 근대사를 외국인들의 눈을 통해 들여다보고자 한다.

I. 잭 런던이 본 러-일전쟁과 조선인

미국의 유명작가 잭 런던(Jack London, 1876-1916)은 『샌프란시스코 이그재미너(The San Francisco Examiner)』 신문사의 청탁을 받아 러-일전쟁 종군기자로 조선에 도착하였다. 기선을 타고 일본에 당도한 후, 일본 군부의 저지를 피해 돛단배를 타고 부산, 목포, 군산을 거쳐 1904년 2월 인천 제물포항에 도착했다.

그는 조선의 북쪽지방을 일본군과 함께 5개월 동안 종군하며 쓴 글과 직접 찍은 수백 장의 사진을 통해 많은 이야기를 남겼다. 런던의 신문기사와 보고서는 그의 약혼녀, 샤미안 키트릿지(Charmian Kittredge)에게 보낸 서신과 함께 보기 드문 조선의 구한말의 모습과 그 백성들의 삶을 미국인의 눈에 비친 모습으로 사실적으로 그려놓았다.

가난한 집안의 홀어머니 밑에서 자랐던 잭 런던은 조선 양반사회에서 평민들의 모습- 가난한 일꾼과 농부, 길을 헤매고 다니는 헐벗은 아이들이 런던을 따라다니던 모습- 을 카메라에 담아 동정심보다는 게으르고 느리다는 경멸에 찬 표현을 남겨 놓았다. 그는 구한말에 푸른 눈과 흰 피부의 서

---

8. *The Ho Young Ham Papers*, Special Collections of Research Library, University of California in Los Angeles(Seoul: Overseas Korean Cultural Heritage Foundation, 2013), 26.

일본군과 언쟁하고 있는 잭 런던. JLP 440.

양인을 처음 보는 시골의 구경꾼 무리에 대해 재치있게 묘사하였다. 잭 런던은 1882년부터 미국에서 시행되었던 중국인 배척법(Chinese Exclusion Act)의 중심지였던 미국 서부 캘리포니아주 태생이며 사회주의자였다. 일본군과 러-일전쟁에 관해 예리한 질문들을 던진 비판적인 기사 속에서, 잭 런던이 본 '일본군(Japanese soldiers)'의 정체를 밝히는 것이 이 책의 저술 목적의 하나이다.[9]

1904년 4월 18일 자로 『샌프란시스코 이그재미너』에 실린 기사에서 잭 런던은 "어찌하다 일본군은 발병이 났는가(How the Japanese 'sore feets' got along)"와 "발병 나고, 멍하게 얼어붙은 일본군들이 터벅터벅 한국을 뚫고 걸어간다(Footsore, Dazed and Frozen. The Japanese Trudge through Korea)"라는 제목으로 일본 병사들의 제일 큰 문제는 발병이었다고 썼다. "발병! 거의 90퍼센트가 그 문제였다!(But the sore feet! Fully 90 percent of the cases were of that nature!)"라고, 90퍼센트 이상의 일본 군인들이 발병으로 극심한 고생을 하고 있다

---

9. Jack London, *Jack London Reports: War Correspondence, Sports Articles, and Miscellaneous Writings*. Ed. by King Hendricks and Irving Shepard(Garden City, NY: Doubleday, 1970), 80.

"발병 나고, 멍하게 얼어붙은, 일본군들이 터벅터벅 한국을 뚫고 간다
(Footsore, Dazed and Frozen, The Japanese Trudge through Korea)." JLB60

고 런던은 보도했다.[10]

일본 군의관은 발병 난 병사들에게, "전에는 예비군이었던 너희들이 평생 짚신만 신고 다니다가, 이제는 군인이 되어 갑자기 서양의 딱딱한 군화를 신고 먼 길을 걸으니," 발이 구두에 쓸려 상처가 난 것이라고 했다는 것이다.[11] 이어서 런던은 "많은 군인이 딱딱한 가죽 군화를 벗어 버리고 원래 신던 부드러운 짚신을 다시 신고 다닌다"라고 썼다.[12]

필자는 이런 기사를 통해, 런던이 보았던 많은 수의 '일본군'이 실제로는 일본인이 아니라, 예비군으로 쓰였던 조선인이라는 확신을 가지고 집중적인 연구를 하였다. 전통적으로 일본인들은 나무로 만든 게다를 신었던 반면, 조선의 평민들은 대부분 짚으로 짠 짚신을 신었기 때문이다. 조선인이

---

10. *Jack London Collection*. MSS JLB60. "Footsore, Dazed and Frozen, the Japanese Trudge Thru Korea," a Newspaper article in *San Francisco Examiner*, April 18, 1904; *Jack London Reports*, 80.
11. *Jack London Reports*, 80.
12. *Jack London Reports*, 57.

짚신을 신었던 것은 영국인 이사벨라 버드 비숍(Isabella Bird Bishop, 1831-1904) 여사의 글에서도 볼 수 있다. 이사벨라 비숍은 자신이 한반도 곳곳을 여행할 때 갖췄던 행장을 아래와 같이 묘사했다.

> 따뜻한 겨울옷에 일본 구루마꾼의 모자(여행모로서는 최고)와 조선의 짚신으로 나의 여행 복장은 완벽하게 준비되었다!(영문 각주 1)[13]

한복과 짚신을 차려입은 비숍 여사(말 위)와 일행.[14]

그 당시 짚신은 조선인의 기본적인 복장의 일부로 외국인들에게도 널리 알려져 있었다.

또 하나의 사례는 최초의 주한 미국공사로 부임한 루시어스 후트(Lucius H. Foote)가 1883년 8월 21일 부임 즉시 미 국무장관 후레드릭 후렐링구이센

---

13. Bishop, *Korea*, II, 79.

(Frederick T. Frelinghuysen, 1817-85)에게 보낸 첫 보고서에서 볼 수 있다. 후트 공사는 이렇게 썼다.

> 조선 평민의 옷은 모두 목면이나 삼베 천으로 만들었고, 겨울에는 거기에 솜을 넣어 입는다. 발에는 짚신이나 노끈으로 짜고 가죽 창을 댄 신발을 신고, 머리에는 말총으로 짜서 만든 원뿔형의 모자를 쓰는데, 이를 망건이라고 부른다.(영문 각주2)[15]

짚신을 신고 있는 노인[16]   "윤웅렬, 군부대신(Present Minister of War)"[17]

위의 왼편 사진 '로즈 섬의 면장(Chief of the village of Rose Island)'에 보이는 사람은 상투와 짚신을 신은 송도의 면장이었고, 오른편은 궁궐에 들어갈 때 입던 예복 차림의 "윤(웅렬) 군부대신(Yun-Jung-Yul, Present Minister of War)"이다. 미국의 아시아 원정 함대가 1871년에 한국에 왔을 때 찍은 섬 노인의 모습과 비교해, 1904년에 런던이 찍은 윤웅렬 군부대신의 모습은 비단으로

---

14. Bishop, *Korea*, II, 78.
15. FRUS, No. 113. Mr. Foote to Mr. Frelinghuysen. Legation of the United States, Seoul, August 21, 1883, 247.

만든 관복에 가죽으로 만든 신발을 신은 것으로, 빈부와 사회 계급에 따라 다른 복장을 했던 조선시대의 관습을 보여준다. 이처럼 서양인들이 본 조선인의 모습을 통해, 러-일전쟁 시 일본군 속에 조선인 병사들이 있었으리라는 가설의 실마리를 런던의 보고서에서 찾았다.

런던이 제공한 또 하나의 실마리는 "스모하는 일본 병사들(Jap soldiers wrestling)"이라는 제목의 사진과 "둥그렇게 서서 스모를 구경하는 조선인 병사들의 모습"이라는 기사에 조선인 병사들이 일본 병사들의 스모 경기를 지켜보고 있었다는 명확한 기록이 있다.[18]

스모하는 일본 병사들 "Jap soldiers wrestling,"

잭 런던이 남긴 마지막 단서는 4월 29일에 있었던 압록강에서 목격한 의주전투에서 찾았다. 그는 압록강 남단의 조선 땅에 있는 일본군 진영에서,

---

16. "Chief of the village of Ron [sic.] Island" in Album of Photographs Made During the Expedition of the American Asiatic Fleet into Korea, May and June, 1871 [graphic] Felice Beato b. ca. 1825 photographer. Available in the New York Historical Society Print Room. PR-002-406 Non-circulating.

17. "Yun-Jung-Yul, Present Minister of War," with London's handwritten inscription, Jack London Photographs, Box JLP 447, Album 9, p. 7. #00959.

18. JLP449, Album #11, #01351/2. "Jap Soldiers wrestling."

강 건너 북쪽에 진을 치고 있던 러시아군과 벌인 전투를 지켜보았다.[19] 1904년 6월 5일 자 『샌프란시스코 이그재미너』지에 게재된 특별 기사는 '호랑이 언덕(Tiger Hill)' 위에 진을 치고 있던 러시아 군대가 좌우 양편으로 기어 올라가는 일본군들을 향해 퍼부은 대포 사격전을 묘사하고 있다.[20] 여러 시간에 걸친 포격과 돌격전 끝에 러시아군은 후퇴하였고, 일본군은 언덕 위 요새를 점령했다. 기사에서 잭 런던은 "러시아 병사들의 시체는 자신들이 파놓은 참호와 일본군이 쏘아댄 포탄 구덩이에 묻혔다"라고 썼다.[21]

잭 런던은 다음 날 압록강 북편에 있는 만주 안동(현재 단동)에서 "일본군은 왜 이런 정면 충돌을 하였는가?"라는 제목의 기사를 보냈다.[22] 이와 같은 "불필요한 정면 돌격전"으로 1천여 명의 일본 병사가 죽었고, 러시아 측에서도 2천3백24명의 사병과 73명의 장교가 죽었으며, 6백35명이 포로로 잡혔다.[23] 잭 런던으로서는 이해할 수가 없었다.[24]

왜 일본군은 이렇게 무모한 정면공격을 벌였는가? 일본군이 전날 밤인 4월 30일에 만주쪽의 양쪽 해안가 언덕으로 강을 건너갔다면, 러시아군이 이미 후퇴를 시작하고 있었기에, 손쉽게 승리를 거두었을 텐데…. 그러나 일본은 정면공격이라는 자살행위로 수많은 생명을 잃었고…. 유럽이나 미국의 백인 사령관이었다면 자기네 군인들을 그런 무모한 돌격전에 던져 넣는 일은 정당화될 수 없었을 것이다. 이렇게 생명을 아끼지 않는 일본군의 아시아식 공격방식은 아시아인 앞에서 백인인

---

19. *Jack London Reports*, "The Yellow Peril", pp. 341-342.
20. *The San Francisco Examiner*, Sunday, June 5, 1904.
21. London, "The Yellow Peril," 342.
22. *Jack London Reports*, 106.
23. *Jack London Reports*, 104; 심헌용(Sim), [A Study of the Russo-Japanese War], 201, 115.
24. *Jack London Reports*, 104.

러시아군이 면목을 잃게 하려는 것이다.*(영문 각주 3)*[25]

과연 그 병사들이 모두 일본인이었을까? 아니면, 조선인이었을까? 이때 많은 숫자의 조선인이 일본군 속에 있었다는 것이 앞으로 전개될 연구의 내용 가운데 중요한 부분이다.

『한성신보』 1904년 2월 24일 자 기사는 일부 조선인이 일본군으로 참전하기를 원했다고 전한다.

『한성신보』 1904. 2. 24.
뉴욕공립도서관
알렌 아카이브 소장
(NYPL Allen Archives).

일본에 있는 조선인 사관학도들이 일본군을 도와 러시아군에 맞서서 싸우게 해달라는 청원을 했다며 동경 주재 조선공사관에서 전문을 보내왔다.*(영문 각주 4)*[26]

---

25. *Jack London Reports*, 104-105.
26. Korean Newspapers Translations. Feb. 24, 1904. In Reel 8, In Horace N. Allen Papers, 1883-1923(bulk 1883-1905), Box 5, Reel 8, Vol. 5, Nov. 23, 1903 - March 17, 1904.

『한국신문 번역집(Korean Newspapers Translations)』의 1904년 3월 6일에 실린 또 다른 기사는 평남 안주로부터 온 전보의 내용을 보여준다:

> 조선인 의용군이 전투에 참가해서 러시아 군인들을 30명 이상 죽였는데, 조선인도 많이 살상되었다. 스무 명의 조선 군인들이…러시아 군인들과 조선 군인들을 백천까지 쫓아갔다.(영문 각주 5)[27]

이 기사는 조선인 의용군과 러시아군 사이에 격전이 벌어져, 많은 사상자가 양쪽 진영에 났다는 것이다. 이 기사는 조선인 병사들이 러시아군과 함께 있던 조선인들을 추격했다는 보고인가? 그렇다면 조선인 병사들이 양쪽 편에서 싸웠다는 것을 보여주고 있는가?

위 잡지에서는 또한 조선인 의용군에 관해 아래와 같이 보고했으나, 그들이 일본 측에서 싸웠는지 아니면 러시아 측에서 싸웠는지를 명시하지 않았다.

> 1904년 3월 8일 - 조선인 의병들이 위에서 총을 쏘아서 쫓아내었다. 나유석, 위홍석, 제락주 등이 경찰에 체포되었는데, 길영수는 도주해 붙잡으려고 애를 쓰고 있다.

> 1904년 3월 13일 - 체포된 세 사람은 폭파사건에 연루되어 있었다… 폭파사건을 일으킨 길영수와 예군택은 지금 궁궐 안에 있으므로 체포 명

---

27. Korean Newspapers Translations, March 6, 1904.

령은 나 있지만 경찰이 잡지를 못하고 있다.(영문 각주 6)²⁸

이와 같은 기사는 조선인과 의용군들이 러-일전쟁 중 직접 활동하거나 관여하고 있었음을 증명하는 중요한 단서를 제공하고 있다. 특히, 이름을 밝히고 있고, 그들이 어떤 행동을 하고 있었는지, 예를 들어 폭발사건을 일으키고 심지어는 궁에 숨어 있었던 일까지 적어놓고 있다.

우선 조선인들이 군사 활동뿐 아니라 일본군의 수송 작전에 대규모로 동원되었던 사실을 살펴보고자 한다.

1. 일본군 속의 조선인 노동자

일본인 사학자 후지오카 유키는 2017년 일본제국 군대가 러-일전쟁 시 노동자를 고용할 때 있었던 규칙과 문제점들을 연구하여 발표하였다. 후지오카는 분석 결과 세 가지의 문제점이 있었다는 결론을 내렸다. 즉, 이익 추구, 애국심, 가난 탈피.²⁹ 러-일전쟁 초기에 일본은 많은 수의 군속 노동자들을 긴박하게 동원해야 했기 때문에, 20세에서 45세의 유경험자로 연령제한을 했던 기존의 조건들을 완화했다.³⁰ 일본정부는 일본인 군속 노동자들의 외국 이주를 권장하였으나 빨리 진행할 수가 없었다. 반면에 조선인 노동자들은 돈을 벌고자 하는 의욕이 넘쳤다. 그들이 실제로 돈을 벌고 이익을 챙길 수 있었는지는 후에 알게 되겠지만.³¹

후지오카에 의하면 1904년(明治 37년)에 일본 군무성의 급료 지급기준에

---

28. Korean Newspapers Translations. March 8, 13, and 17, 1904. In Reel 8, In Horace N. Allen Papers, 1883-1923(bulk 1883-1905), Box 5, Reel 8, Vol. 5, Nov. 23, 1903 - March 17, 1904.
29. Yuki Fujioka, "日露戰爭の 軍役夫 [Laborers Hired by Military during the Russo-Japanese War: With Special Reference to Rules Regulating Military Laborers and their Enthusiasm]," 駿台史學 [Sundai Shigaku(*Sundai Historical Review*)], No. 161(September 2017), 21.
30. Fujioka, *Laborers*, 4 and 21.
31. Fujioka, *Laborers*, 21.

1904년 '만주 안동항'의 조선인 노동자들, JLP441.

의하면, 해외 주둔 노동자들은 국내 노동자들보다 1.25배의 높은 임금을 받았다. 철공 노동자들은 국내의 일당 720엔보다 높은 900엔을 벌었고, 철도 작업자는 800엔보다 높은 1,280엔, 전기 작업자는 900엔보다 높은 1,440엔, 심지어는 기술직이 아닌 일반 노동자도 320엔보다 높은 400엔을 벌 수 있었다.

1904년 3월 방위성에서 발표한 '전시 군역부 용역규칙 설정의 건(戰時軍役夫 傭役規則設定の件)'을 보면, 전시에 고용되는 군용 부역자들은 개개인이 과거에 일한 경력과 고용회사의 직원 규모에 따라 5백-1천 명, 1천-3천 명, 3천-4천 명, 4천-5천 명…1만 명의 그룹으로 분류되었고 세금 액수도 그에 따라 결정되었다.[32]

1904년도 기준 일본정부가 해외 직원들에게 준 급료가 국내 직원들에 비

---

32. "Establishing regulations for a post of employing wartime military worker, 戰時軍役夫傭役規則設定の件, 滿大日記 3月"(防衛省防衛研究所, The National Institute for Defense Studies) JACAR Ref. C03025497500, 陸軍省-陸滿普大日記-Meiji 37-8-29, 1904.03.01.

해 높았지만, 총 군용 노동자의 60퍼센트를 차지했던 짐꾼과 마부 등 막노동자의 급여는 대규모로 고용되었던 청-일전쟁 때보다 러-일전쟁 때가 훨씬 낮았다.[33] 그 이유는 일본의 내국인들이 보수가 낮은 막일을 하기 위해 집을 떠나는 것을 원치 않았으므로, 일본군은 손쉽게 구할 수 있는 조선인 노동자를 동원하였기에 잭 런던과 서양인 기자들의 눈에는 많은 조선인 노동자가 보였다.

잭 런던은 일본군에 고용되어 만주 국경지대까지 군사 물자를 수송하던 조선인 노동자들의 모습을 사진과 글로 많이 남겼다. 잭 런던은 그들을 "쿨리(coolies)"라고 불렀다.

> 서울, 3월 4일 — 조선인들에게는 일본의 점령이 말로 표현할 길 없는 기쁨의 원천이다. 전쟁물자의 값은 매일 오르고 있고, 쿨리들과 마부와 상인들은 돈을 거둬들이기 바쁘지만, 결국은 나중에 지배층에게 다 빼앗기고 말 것이다. 관리와 양반들은 겁을 잔뜩 먹고 있고, 불쌍하고 약해 빠진 황제는 어디로 피해야 하는지를 모른다.(영문 각주 7)[34]

잭 런던의 이와 같은 힐난은 불쌍한 조선 평민들의 상황을 정확하게 묘사한 것이다. 평민들은 생계를 유지할 기회를 포착해서 바쁘게 일하고, 양반 지배층은 평민들의 임금 가운데 70퍼센트를 상납받을 것을 침 흘리며 기다리고 있다는 것이다. 이 미국인의 눈에도 무기력한 조선의 왕은 속수무책인 채 안절부절못하고 있는 것으로 비춰졌다.

『샌프란시스코 이그재미너』 신문은 1904년 6월 19일 자 전면 기사로 "사

---

33. Fujioka, *Laborers*, 17.
34. *Jack London Reports*, 40.

"사람과 가축에 의해서 최전선으로 일본군의 보급품이 수송되고 있다. (Japanese Supplies Rushed to the Front by Man and Beast)," *The San Francisco Examiner, June 19.*

람과 가축에 의해 일선으로 급속 배달되고 있는 일본군의 장비들(Japanese Supplies Rushed to the Front by Man and Beast)"이라는 표제 아래 세 명의 조선인 노동자가 부상당한 일본 군인을 이송하는 잭 런던의 사진과 기사를 실었다.[35]

위 기사에서 런던은 아래와 같이 썼다.

의주(조선), 4월 21일.
여러 날에 걸쳐 우리는 말을 채찍질하며 흰옷 차림의 쿨리가 들끓는 길을 행진해 갔다. 그들의 어깨는 앞으로 휘었으며 얼굴은 땅을 향해 푹 숙여져 있었고, 등에는 쌀과 생선, 간장과 술(사케) 등 동양의 군대가 필요로 하는 온갖 식량과 물자들이 잔뜩 짊어져 있었다. 마을들은 내버려져 있고, 문짝과 창문이 뜯겨진 집들은 모두 텅 빈 채 볼품없이, 말없이 황폐함에 항거하고 있는 듯하다. 여기저기, 노상에는 남녀 늙은이들과 아이들이 피땀 흘리며 일하는 쿨리들에게 음식을 팔고 있다. 그리고

---

35. OAC Online Archive of California, *Jack London Papers*, Broadsides JLB48.

우리의 짐을 나르는 말들을 먹일 콩조차 산속에 숨겨놓아 곡창에서 싸움하다시피 흥정해서야 겨우 마련할 수 있었다.(영문 각주 8)[36]

"북으로 전진(Ever North)." 잭 런던의 사진.[37]

위 사진에서 보듯이 "흰옷 입은 짐꾼들(White-clad coolies)"이라고 잭 런던이 부른 이들은 전통적인 흰색 한복을 입고, 어깨에는 크고 무거운 일본군 식량 물자를 지게에 지고 걷는 조선인 노동자들이다.[38] 잭 런던은 이처럼 텅 빈 마을을 거쳐 조선의 북쪽지방을 향해 압록강까지 일본군과 함께 행군해 갔다.[39]

잭 런던은 또 이렇게 썼다.

이들 짐꾼의 왼쪽 뺨에는 일본군 수송대의 고용인이라는 것을 광고라

---

36. OAC Online Archive of California, *Jack London Papers*, Broadsides JLB48.
37. JLP439, Album 1, #00108. "Ever North: A line of Korean laborers with large loads on their backs walk up a trail lined with patchy snow"
38. JLP439, Album 1, #00108.
39. OAC Online Archive of California, Jack London Papers, Broadsides JLB48.

도 하듯이, 진홍색이나 보라색의 페인트가 찍 그어져 있었다…. 여기서 제일 괴상한 모습은 이 쿨리들이, 아니 조선의 온 백성들이 입고 다니는 부자연스럽게 보이는 흰옷이었다. 마치 검은 강 위에 흰 얼음덩이가 떠다니는 듯 보였다.(영문 각주 9)[40]

한편 국방부 군사편찬연구소의 심헌용 박사는 이 모습을 아래와 같이 달리 평가하고 있다.

일본군이 진군하는 길 일대에서는 한국인들이 명분도 모른 채 동원되어 일본군의 군수품을 운반하는 등 말할 수 없는 고통을 겪었다. 일본군은 한국인을 역부(役夫)로 징발하기 위해 수십만 개의 지게를 싣고 목포항으로 입항하였다. 일본군은 한국인 역부를 동원하기 위해 접대위원이란 한국 관리를 통해 철도 연변 지역의 한국인을 동원하였다. 일본군은 군수품의 행선지를 손쉽게 식별하기 위해 짐을 진 한국인의 뺨에 서로 다른 색깔의 점을 표시하는 만행을 저질렀다.[41]

잭 런던은 "쿨리들은 돈을 긁어 넣기 바쁘다"라고 보도했으나, 심헌용의 연구에 의하면, 이 노동자들은 "부역으로 동원되는 형식이어서 거의 고용비를 받지 못하였다. 일부 인원은 극히 낮은 임금이지만 고용비를 동화로 지급받을 줄 알았으나 군용표가 지급된다고 하여 언제 받을지 몰랐다."[42]

이들은 일본군을 위해 전투용 장비와 군수물자뿐 아니라 부상당한 군인

---

40. *Jack London Reports*, 43.
41. 심헌용(Sim), [A Study of Russo-Japanese War], 95.
42. OAC Online Archive of California, Jack London Papers, Broadsides JLB48.

들까지 실어 나르며 고된 일을 했으나, 일본인 노동자보다 훨씬 낮은 고용비마저도 제대로 받지 못한 것이다. 그들은 지급을 약속받았던 군용표도 전쟁터를 떠돌아다니다가 제때 받지도 못하고 전쟁이 끝난 것이라고, 『황성신문』은 1904년 3월 22일 자에서 보도하였다.[43]

〈잡보〉 금번 일본병이 지나갈 때 파주군 임진(臨津)에서 개성부까지 물품을 운송하는 고용비를 해당 병참에서 매 명에 지폐 3원씩 지급하기로 한 것을 다시 동화(銅貨) 60냥씩 인부에게 준다고 하더니, 다시 들은즉슨 동화 대신 군용표(軍用標) 1원 92전씩 지급한다고 한다.

이처럼 조선인 노동자가 러-일전쟁 시 일본 군수품과 부상자 수송에 대거 징발되었던 사실에 이어, 조선인들이 일본 병사가 되어서 전투에 참여했던 것을 살펴보고자 한다.

2. 일본군 속의 조선인 병사

『코리아 리뷰(The Korea Review)』라는 월간지 1904년 6월호에 실려있는 몇 가지 기사를 보면, 조선인들이 어떤 방법으로 일본군을 도왔는지 추측할 수 있다. 평남 안주를 지나가던 외국인이 몇 주 전에 직접 본 것이라는 기사가 그중의 하나이다.

2주 전에 여기서 일어났던 전투는 매우 흥미로웠다. 그 당시 여기에 일본 군인은 40명밖에 없었다. 이미 일본 군대는 오래전에 중국으로 이동

---

43. 황성신문 [*Hwangsung sinmun*] 1904. 3. 22; Sim, [A Study of Russo-Japanese War], 95.

했고, 적은 인원의 군인들만 주요 도로를 지키고 있었다. 이때 4백 명의 코작크 군대가 대로를 뚫고 안주를 점령하러 진군해 왔을 때, 40명의 일본군은 만반의 준비를 하고 있었다. 일본군은 많은 조선인을 벽 뒤에 앉혀놓고 총을 주어 쏘게 하였고, 일본인들이 고함을 지르면 함께 소리칠 조선인들도 대기시켰다… 일본군이 사격을 시작하면 조선인도 함께 쏘라고 명령했으며, 일본군이 고함을 지르면 조선인들도 따라 소리 지르게 해서, 40명밖에 없는 일본군이 4천 명쯤 있는 것으로 러시아군들이 생각하게 만든 것이다. (영문 각주 10)[44]

조선인들에게 일본군의 작전을 따라하게 하여 러시아 군인을 현혹했으며, 일본군의 숫자가 실제보다 훨씬 많은 것처럼 과장해서 겁을 줬다는 것이다.

잭 런던은 "강계전투(The Battle of Kang-gye)"라는 제목의 또 다른 기사에서 훨씬 더 공격적인 모습을 보여주었다. 그는 1904년 5월 1일의 전투가 있은 지 며칠 후, 평북 강계에서 러시아 군대와 조선의 호랑이 사냥꾼들 간에 벌어졌던 격렬한 전투를 보고했다.

이 격투 며칠 전에 4백 명의 러시아 군대가 조선의 압록강을 건너 강계로 행군해 들어갔다. 거기서 그들은 숙소를 차리고 그 지방 사람들을 괴롭히기 시작했다. 곡식과 말을 빼앗고, 여자들을 겁탈하며 온갖 만행을 저질러서, 주민들을 견디지 못하게 만들었다. 그래서, 김차옥 지사는 호랑이 사냥꾼 중에서 2백여 명을 조선 군인으로 채용하여 러

---

44. *The Korea Review*, June 1904, Vol. 4, No. 6, 248.

시아군에게 공격을 가하였다. 여섯 명의 러시아군이 그 공격으로 죽었고, 주민들이 들고 일어나서 조선인 군을 도왔고, 러시아군은 그곳에 더 머무를 수가 없어 모든 것을 버린 채, 쉽게 들고 뛸 수 있는 것만 거두어 철수하였다.(영문 각주 11)[45]

윗 기사는 정식으로 일본군에 가담하였거나, 아니면 징발되었던 조선인들이 일본군 진영에서 싸웠다는 것을 증명해 준다. 이런 기록을 볼 때 4월 30일과 5월 1일 양일에 걸쳐 잭 런던이 직접 지켜보았던 의주의 고지 쟁탈 돌격전(우회 공격도 가능했을 것을 무모한 정면공격으로 1천여 명의 일본군이 죽게 만들었던 작전)에서도 매우 큰 역할을 했을 가능성이 다분하다고 볼 수 있다.

역사학자 유미 문(Yumi Moon)이 쓴 저서 『포퓰리스트 협력자(Populist Collaborators)』에서 제기했던 한 가지 질문, 식민지 시대에 '식민지인'으로서 '협조'한다는 행위의 진정한 의미를 염두에 두고, 러-일전쟁 당시 조선인이 일본 측에 가담해 작전에 참여했던 정치적 환경을 살펴보고자 한다.[46] 또한 그 당시 조선 이주민들 간에도 고종 황제를 향한 충성심과 조국애가 강한 세력과 식민지인으로 협조하려는 세력 간의 파벌싸움으로 긴장감이 팽배해 있었던 점을 고려해야 한다.

다음에는 어떤 이유 때문에 조선의 이권을 가운데 놓고 이 땅에서 벌어진 타국 간의 헤게모니 전에서 조선인들이 러-일 양국의 진영으로 갈려 서로 전투를 벌이게 되었나를 당시의 1차 사료와 신문기사를 통해 살펴보고자 한다.

---

45. *The Korea Review*, June 1904, Vol. 4, No. 6, 214.
46. Yumi Moon, *Populist Collaborators: The Ilchinhoe and the Japanese Colonization of Korea, 1896-1910*(Ithaca: Cornell University Press, 2013), 3-4.

II. 서양이 본 조선의 19세기 말 - 20세기 초

1. 내란과 외란으로 황폐화된 조선

러-일전쟁이 발발하기 전부터, 조선의 조정에서는 친일 세력과 친러 세력 간의 갈등이 심해지고 있었다. 근대화와 개혁을 꿈꾸던 고종 황제와 이를 반대하여 통상수교를 거부하는 쇄국정책을 밀던 흥선대원군 이하응(李昰應, 1821-98)을 중심으로 한 세력 간의 싸움이었다.

역사학자 한우근(1915-99)은 대원군을 "유교의 모든 전통(all the virtues of the Confucian tradition)"을 따르며 타협하지 않고 정직하게, 올바른 사회를 만들려는 "위대한 현인(great sage)"이었다고 평가했다. 그런 반면 대원군은 유교 사상의 모든 결점도 신봉하고 있었으며, 고집이 세고 변화에 저항하며 자신의 믿음과 상반되는 현실은 거부하는 사람이었다고도 했다.[47]

1864년에 철종(哲宗)이 후손 없이 승하하자, 왕실의 가장 큰 어른인 신정왕후(神貞王后) 조대비(趙大妃)는 흥선군의 열두 살 난 둘째 아들 이재황을 왕위에 올릴 것을 명하였다.

> 대왕대비전(大王大妃殿)에서 흥선군(興宣君)의 적자(嫡子)인 제2자(第二子)에게 [명복(命福) [이재황의 아명]에게] 사위(嗣位)시키라고 명하고, 영의정 김좌근(金佐根)과 도승지 민치상(閔致庠)을 보내어 잠저(潛邸)에서 봉영(奉迎)하여 오게 하였다.[48]

---

47. Woo-keun Han, *The History of Korea*. Translated by Lee Kyung-shik and edited by Grafton K. Mintz(Seoul: Eul-Yoo Publishing, 1970), 362.
48. 철종실록 15권, 철종 14년 12월 8일 경진 9번째 기사, "대왕 대비전에서 흥선군의 제2자에게 사위를 시킬 것을 명하다."

고종 3년인 1866년에는 여흥(驪興) 민씨 집안, 민치록(閔致祿)의 딸을 왕비로 책봉하였다.[49] 대원군은 오랜 세월 동안 선대의 왕들이 척족에 휘둘렸던 '장인 세도정치(in-law politics)'라는 악폐를 뿌리 뽑고자 한미한 양반 가정에서 손수 며느리를 간택했다.[50]

스위스 태생의 한국학자 마티나 도이힐러(Martina Deuchler)는 인조(1623-49 재위) 때부터 조선 말기까지 열두 명의 왕비들이 노론(老論)파의 안동 권씨, 안동 김씨, 전주 이씨 등의 세도 가문에서 간택되었다고 하였다.[51] 역대 왕들은 막강한 세력을 가진 척족들의 손아귀에 잡혀 있었으며, 조정의 모든 관직은 상하를 막론하고 왕비의 친정 세력으로 채워져 파벌 싸움이 그치지 않았다. 세도정치는 곧 당파싸움으로 변질하였기에 대원군은 힘없는 양반 가문에서 아들 고종의 배우자를 선택한 것이다.

그러나 민씨 가문에서 왕비가 간택되자마자, 민비의 아버지, 형제들과 사촌들을 포함하여 민씨 가문의 많은 인물이 여러 관직을 차지하게 되었다. 민씨 가족 중 어떤 이는 서양식 교육을 받기도 했으며 젊은 지식층인 민영익은 조선의 개화에 어느 정도 기여했다.

다른 한편, 민씨 가문의 중심인물이었던 민영휘(閔泳徽, 구명 영준, 1852-1935)는 부정부패를 통한 치부를 하여, 조선의 왕실보다 더 큰 재산을 소유했다고, 사학자 류영익이 기록하고 있다.[52] 이런 폐단은 1910년 조선 왕조가 일본의 식민지로 전락되어 멸망할 때까지 계속되었다.

---

49. "고종실록 총서," 고종실록 1권, 고종 즉위년 12월 13일 을유 2번째 기사.
50. Historian James B. Palais wrote that T'aewongun was regent *de facto but never de jure in his review of Korea and the Politics of Imperialism, 1876-1910*, by C. I. Eugene Kim and Kim Han-kyo(Berkeley: University of California Press, 1967), in *Journal of Asian Studies*, Vol. 28, No. 4(Aug. 1, 1969), 863.
51. Martina Deuchler, *Under the Ancestors' Eyes: Kinship, Status, and Locality in Premodern Korea*(Cambridge, MA: Harvard University Asia Center, 2015), 241.
52. Kim and Kim, *Korea*, 75; Young Ick Lew, [*The Tonghak Peasant Uprising and the Kabo Reform Movement, 1894-1896: The Thoughts and Behavior of the Korean Leaders during the Sino-Japanese War*](Seoul: Ilchokak, 1998), 70.

대원군은 중국에서 일어났던 내란과 외세의 침략과 같은 내우외환을 방지하고자 조선의 왕조를 굳건히 만들려고 노력하였다.[53] 대원군은 강경한 쇄국정책을 펼쳐 불란서 선교사와 조선인 신자를 핍박하고 사형시키기도 했으며, 미국과 일본의 통상 교섭을 배척하여 미국의 셔먼호(USS Sherman)와 일본의 운양호(雲揚號)에 포격을 명하기도 했다. 이에 반해 고종은 조선의 개화의 필요성을 절감했다.

고종은 쇄국정책을 펴는 대원군의 섭정과 왕후 사이에서 군주로서 운신의 폭이 많이 제한되었으며, 당시 국내 사정은 수구파와 개화파의 대립으로 내정까지 불안했다. 1871년의 신미양요(辛未洋擾)와 1876년에 일본과 체결된 강화도조약(江華島條約)을 통해 무력(武力)으로 열린 조선에서 국내적으로는 고종의 근대화 개혁이 여러 번 시행되었으나 성공하지 못했다. 또한 대외적으로는 한반도의 풍부한 천연자원을 노리는 열강세력 간의 싸움 속에서, 수구파와 진보파의 갈등은 날이 갈수록 심해졌다.

외교와 통상의 문을 굳게 닫고 있던 조선은 1866년 7월 29일 미 해군 함대 셔먼호가 평양 대동강을 거슬러 올라갔다가 원인 불명의 화재로 침몰하는 사건을 시초로, 5년 후인 1871년 5월에 미국정부가 진상규명을 구실로 아시아 원정대(American Asiatic Expedition)를 조선으로 보낸 사건으로 서서히 열리기 시작하였다. 그 원정대는 다섯 대의 함대(HSS Alaska, Colorado, Monocacy, Benecia, Taloo)로 구성되어 있었고, 85개의 함포와 1천2백30명의 군인을 태우고 한강 어귀의 강화도에 정박한 후, 조선 군대와 교전을 벌여 3백50명의 조선 병사를 학살했다.

신미양요 또는 "1871 미국의 침공(American Incursion)"이라 불리는 이 사

---

53. Eckert, et al., *Korea Old and New*, 192.

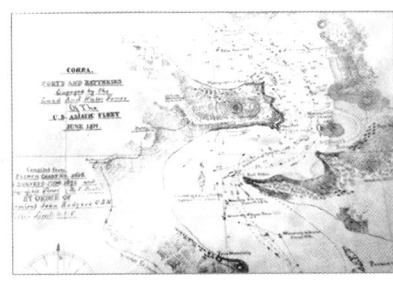
"조선의 항만과 포병대(Corea, Ports and Batteries)"[56]

"로저스와 로 제독"

"강화도의 조선군 사상자들," 1871[57]

"모노카시 함대의 병사들," 1871[58]

건은 미 해군 제독 존 로저스(John Rodgers)와 후레더릭 로(Frederick Low)의 진두 지휘로 벌어졌다.[54] 1871년 7월 3일 자 「아시아 함대 편지(Asiatic Squadron Letter)」에 의하면 미 해군 당국에서는 원정대가 서울까지 밀고 올라가기에는 준비가 미진하다는 이유로 미국으로 소환했다. 그러나 두 제독이 그냥 밀고 나갔다고 사학자 오스카 폴린(Charles Oscar Paullin)은 서술하였다.[55]

1871년의 신미양요는 조선의 문을 열지는 못했으나, 1876년 일본과 조선

---

54. Felice Beato, [Album of photographs made during the expedition of the American Asiatic fleet into Korea, May and June, 1871], 1871 May - 1871 June, housed in New York Historical Society Patricia D. Klingenstein Library Print Room PR-002-406, 25.
55. Asiatic Squadron Letter for 1871, quoted in Charles Oscar Paullin, "The Opening of Korea by Commodore Shufeldt," *Politicl Science Quarterly*, Vol. 25, No. 3(Sept., 1910), 476.
56. Beato, [Album,] 25
57. Beato, [Album,] 42.
58. Carter J. Eckert, Ki-baik Lee, Young Ick Lew, Michael Robinson, and Edward W. Wagner, *Korea Old and New: A History*(Seoul, Korea: Korea Institute, Harvard University, 1990), 200.

이 맺은 강화도조약의 전조였다. 셔먼호 사건과 신미양요 사건을 통해 미국이 조선의 문호를 열려던 시도는 성공하지 못했으나, 조선은 결국 1876년 일본과 체결한 강화도조약(또는 병자수호조약)으로 개항을 하게 되었다. 사학자들은 1876년 2월 22일에 조인된 강화도조약(정식명칭 조일수호조규)은 "한국 최초의 외교 조약(Korea's first modern treaty)"으로 긴 세월 동안 고립되어 있던 조선이 세계 무대로 나선 첫걸음이라고 본다.[59]

조선은 이 조약 체결 즉시 부산과 원산 두 항구를 일본과의 교역 항구로 지정했고 일본인 상인들에게 수많은 특혜를 부여했다. 조선의 상업적 개발은 제물포조약으로 일본에게만 개항된 원산, 부산과 함께 제물포, 군산, 진남포, 목포, 마산포와 성진이 연이어 열리면서 활발해졌다.[60] 미 통상 노동성(U.S. Department of Commerce and Labor)[61]에서 발표한 1904년 보고서에 의하면 1884년도에 한국이 올렸던 8만 달러 수입량이 1902년에 7백만 달러로 증가했고, 같은 연도의 수출량도 47만5천에서 4백20만 달러로 급증했다.[62] 이 보고서는 목면 제품, 등유(kerosene oil), 광산품, 철도 건설 재료, 담배류, 비단 제품 들의 수입이 활발했고, 쌀, 콩, 인삼, 짐승 가죽의 수출이 매우 중요했으며, 그중에서도 쌀의 수출은 1백만 달러로 최고였다고 했다.[63]

---

59. "Corea, Ports and Batteries, Engaged by the Land and Water Forces of the U.S. Asiatic Fleet, June 1871," compiled from French Chart No. 2618, U.S. Surveys, June 1871, and Photographic Views(By F. Beato) by order of Rear Admiral John Rodgers. Photographs presented in these figures were taken on the author's research trip in May, 2017 from: Felice Beato, [Album of photographs made during the expedition of the American Asiatic fleet into Korea, May and June, 1871], 1871 May - 1871 June, housed in New York Historical Society Patricia D. Klingenstein Library Print Room PR-002-406.
60. This port, located "about 100 miles northeast of Seoul" on the eastern coast, was called "Yuensan by the Chinese, Gensan by the Japanese, and Wonsan by most foreigners residing or doing business in Korea"—not to be confused with another open port of Gunsan [Kunsan], located on the southwestern coast.
61. U.S. Department of Commerce and Labor는 1903년 2월 14일에 Theodore Roosevelt 대통령 행정 당시 설립되었으나, 십년 후인 1913년 3월 4일에 Department of Commerce 와 Department of Labor로 분리되었다.
62. United States, Department of Commerce and Labor, Bureau of Statistics. *Commercial Korea in 1904: Area, Population, Production, Railways, Telegraphs, and Transportation Routes and Foreign Commerce and Commerce of United States with Korea [From the Monthly Summary of Commerce and Finance for January, 1904]*, (Washington: Government Printing Office, 1904), 2452
63. *Commercial Korea in 1904*, 2449.

런던 『폴 몰 신문(Pall Mall Gazette)』의 종군기자였던 앵거스 해밀튼(Angus Hamilton)은 1904년 서울에서 55마일 떨어져 있는 제물포항을 직접 본 후, 『한국』이라는 책을 출판해 그 당시 인천의 모습을 보여주었다. 해밀튼은 제물포가 외국과의 통상에 있어 중요한 유통 센터라고 썼고, 1904년에 이미 5천9백73개의 중개 상회와 미국, 일본, 불란서와 영국의 중개 사업소가 주재하고 있었다고 보고했다.[64]

해밀튼은 허버트 오스틴(Herbert H. Austin)과 마사다케 데라우치(寺內正毅)와 공저해서 1904년에 출판되었고, 1910년에 재판되었던 책 『한국의 역사, 민족과 상업 Korea: Its History, Its People, and Its Commerce』을 통해 조선인은 원래부터 농업에 종사하던 민족으로 농사를 주업으로 하며, 부인들이 여가를 이용해 목면, 비단, 마포, 식물로 만든 천을 만들었다고 썼다. 또한 옛부터 금이 많은 나라라고 알려져 있었던 조선은 1876년에 개항된 후 몰려든 외국의 금 채굴자들로 들끓었으며, "금, 은, 납, 구리, 철, 석탄이 전국에 매장되어 있으나, 그중 제일 수확이 풍요로운 것은 금이다"라고 해밀튼이 재

한반도에서 가장 금 채취량이 많았던 평안북도의 운산금광[66]

---

64. Harold F. Cook, *Pioneer American Businessman in Korea: The Life and Times of Walter Davis Townsend*(Seoul: Royal Asiatic Society Korea Branch, 1981), 72; Angus Hamilton, quoted in "Commercial Korea in 1904," 2450.

차 확인하였다.[65]

1884년 의료 선교사로 한국에 최초로 도착해 나중에 주한 미국공사로 있었던 미국인 선교사 호레이스 알렌(Horace Allen)은 1895년에 재빨리 고종을 설득하여 운산광산의 권리를 미국인 모스(James R. Morse)에게 넘기게 했다. 당시 싯가로 "5천6백만 원에 상당하는 9백만 톤의 금덩이들이 그후 1950년대까지 40여 년 동안 이 미국회사로 넘어가서 순이익금 1천5백만 불을 안겨줬다"고 해링튼은 추정했다. 한국인 광부들도 아니고, 일본의 세력가도 아닌, 미국회사의 손에 넘어갔다….[67] 사학자 휘검(H. J. Whigham)의 표현을 빌리자면, 당시 한반도는 "세계 열강의 이권 쟁탈전이 신나게 벌어지고 있는 땅(the happy hunting ground of the concessionists)"이었다.[68]

호머 헐버트 박사가 1902년 『코리아 리뷰(The Korea Review)』에 실렸던 조선 정부가 수출로 벌어들인 재정 상황을 보면 인삼, 쌀, 광산, 수산업과 염전 사업을 통해 1902년 한 해 동안 4백5만 달러의 수입이 있었다고 한다.[69]

세계 열강의 이권 쟁탈전이 이렇게 벌어지는 가운데, 일본은 이미 한반도를 일본 자본주의 성장에 없어서는 안 될 곳으로 확보해 놓았다.[70] 국토개발과 산업화가 손대지 않은 천연자원이 풍부했던 조선을 향한 서구 열강과 일본 제국주의의 야심이 팽팽해지고 있었다. 이런 상황에서 조선은 제국주의 침략 앞에 중국과 아시아 대륙의 관문으로 편리하게 또는 불편하게, 놓여 있었다.

---

65. Angus Hamilton, Herbert H. Austin and Masatake Terauchi. *Korea: Its History, Its People, and Its Commerce*(Boston: J.B. Millet, 1910), 74.
66. Fred Harvey Harrington, *God, Mammon, and the Japanese: Dr. Horace N. Allen and Korean-American Relations, 1884-1905*(Madison, WI: University of Wisconsin Press, 1966), 130.
67. Harrington, *God*, 144.
68. H. J. Whigham, *Manchuria and Korea*(London, 1904), 186.
69. *The Korea Review*, 1902, Vol. 2, no. 1(January), 27.
70. Hilary Conroy, *The Japanese Seizure of Korea: 1868-1910. A Study of Realism and Idealism in International Relations*(Philadelphia: University of Pennsylvania Press, 1960), 444.

> NEWS CALENDAR. 27
>
> monks from the Japanese quarter in Seoul. An immense crowd of Koreans surrounded the place to view the scene.
>
> The Seoul Fusan Railway will prove an inestimable blessing to the Korean people, but the Chŏng family are not able to see it just now, as the projected road passes close to the tomb of their great progenitor near Tong-nă. A great number of that family are besieging the Foreign Office to have the railroad go by some other route. If that railroad were to keep clear of all the graves between here and Fusan it would be a thousand miles long rather than three hundred.
>
> The Japanese local paper says that the revenues of the Household Department for 1902 will be as follows
>
> From sale of Ginseng..................$300,000
> ,, rice tax........................ 500,000
> ,, mining licenses............... 500,000
> ,, fisheries and salt.............. 100,000
> ,, minting........................ 500,000
> ,, sale of offices................. 1,000,000
> ,, Emperor's private purse...... 750,000
> ,, gifts for the Queen's tomb..... 500,000
> 　　　　　　　　　　　　　　　4,050,000
>
> The government contemplates the erection, just east the Imperial Altar of a large stone tablet commemorative of the achieve-

대한제국 1902년 수익보고, *Korea Review*, Vol. 2, No. 1

1884년에 젊은 개화파가 시도했던 갑신개혁이 사흘 만에 정변(3-day coup)으로 끝난 후, 고종은 1894년에 세금제도, 토지세제, 계급의 차별, 재정, 군사제도의 개혁에서부터 신분 철폐까지 제시한 갑오개혁(甲午改革 또는 光武改革)을 시도하였다. 마티나 도이힐러가 "진실로 혁명적(truly revolutionary)"이었다고 평가했던 갑오개혁은 한국사회의 2천 년간 고질적 병폐였던 양반제도를 혁파하고자 시도하였다.[71] 이와 같은 파격적인 사회제도의 개혁을 조선의 일반 백성들이 두 팔 벌려 환영했을 것이나, 아쉽게도 잇따른 일본의 식민정치와 간섭으로 인해 성공하지 못했다.

또한 갑오개혁의 광범위한 계획은 세 파벌 간의 갈등으로 끝나고 말았다. 영의정 김홍집이 이끌던 친청파(Chinese Party 또는 the old group)와 박영효와 서광범이 이끌던 개화파 또는 친일파(the new group 또는 Japan Party)와 이완용 등이 이끌던 친미파(American Party)로 갈라져 있었다고, 미국의 역사가 힐

---

71. Martina Deuchler, *Under the Ancestors' Eyes: Kinship, Status, and Locality in Premodern Korea* (Cambridge, MA: Harvard University Asia Center, 2015), 396.

러리 콘로이(Hilary Conroy)는 보았다.[72]

　이와 같은 갈등으로 조정은 대원군이 이끌던 수구파와 고종과 민비가 밀어주던 개화파로 갈라졌다. 갑오개혁은 결국 조선의 백성에게 보호와 안정된 사회를 주지 못했고, 급기야 동학란을 초래하였다.[73]

　1894년 1월 11일 전라도 고부에서 봉기한 조선 농민들의 항쟁인 동학란(東學亂)-동학운동(東學運動) 또는 동학혁명(東學革命)-의 첫 지도자였던 최제우(崔濟愚)는 양반계급이었으나, 개가한 모친에게서 출생했다는 이유로 과거를 치를 자격이 없었다. 그는 중인 출신의 학자들과 힘을 합쳐 339개의 지역에서 30만 명의 농민을 모아 동학운동을 이끌었다. 동학혁명군은 1894년 4월 6일 황토현에서 첫 승리를 맛보았다.[74]

　4월 27일에 전주성을 점령한 동학혁명군은 곧이어 5월 11일에는 전주화약을 맺음으로써, 정부가 무시할 수 없는 백성의 움직임을 보여주었다. 이 당시 혁명군을 이끌던 전봉준(全琫準, 1854-95)은 전라도 시골에서 논 세 마지기로 여섯 명의 가족을 부양했던 청빈한 선비였다. 그는 변변치 못한 무기와 농기구로 무장한 농민들을 이끌며 조선 관군에 맞서 싸운 "꼿꼿한 유교자(upright Confucianist)"였다.[75]

　동학혁명으로 위기를 느낀 민비세력과 고종은 1894년 6월 4일 청국에 도움을 요청했고, 청국은 6월 8일 즉시 두 척의 전투함에 1천5백 명의 병사를 태워 보냈다.[76] 이틀 후에 서울과 인천에 이미 주둔해 있던 일본군 4백 명을

---

72. Hilary Conroy, *The Japanese Seizure of Korea: 1868-1910. A Study of Realism and Idealism in International Relations*(Philadelphia: University of Pennsylvania Press, 1960), 274-275.
73. Albert L. Park, Building a Heaven on Earth: Religion, Activism, and Protest in Japanese Occupied Korea(Honolulu: University of Hawai'i Press, 2015), 24.
74. A. Park, Building, 36.
75. Young Ick Lew, "The Conservative Character of the 1894 Tonghak Peasant Uprising: A Reappraisal with Emphasis on Chon Pong-Jun's Background and Motivation," Journal of Korean Studies, Volume 7(1990), 154.
76. "駐韓日本公使館記錄" 권1. 諸方機密信2 in 김경록, 청일전쟁과 일제의 군사강점, 서울: 국방부 군사편찬연구소(2018), 38; 김경록, 청일전쟁, 37.

돕기 위해 일본에서 4천 명의 보충 군사가 파견되어 서울로 들어왔다.[77] 이와 같이 빠른 속도로 집결된 일본과 청국 군대의 반응에 조선 정부는 매우 놀랐으며, 전주화약(全州和約, 1894. 6. 6)으로 사태가 이미 종결되었다고 청, 일 양국 정부에 군대 철수를 요청하였다.

이에 청국의 이홍장(李鴻章, 1823-1901)은 군대를 철수할 의향을 보였지만, 일본은 한반도를 점령할 수 있는 절호의 기회를 놓치려 하지 않았다. 이미 칼집에서 빼낸 칼을 청국을 제거하기 전에 도로 집어넣을 뜻이 전혀 없었다.[78] 1894년 7월 마지막 주, 일본은 중국에 선전포고도 하기 전에 풍도 앞바다에서 무력행사를 시작했고, 8월 1일에서야 뒤늦게 천황의 칙령으로 선전을 포고하였다. 개전한 지 두 달만에 평양전투를 승리로 이끌어 1894년 9월 16일 자로 일본은 청국을 패배시키고 조선 정부로부터 모든 실질적인 행정권을 빼앗기 시작했다.

캐나다 태생 미국 신문기자였던 제임스 크릴만(James Creelman)은 9월 15일의 평양전투 후 17일에 본 평양 시가지의 참상을 이렇게 보고했다.

> 넓게 흐르는 대동강을 사이에 놓고, 일본의 오시마 장군은 2천 명의 중국 병사진과 이틀 동안 겨루고 있다가… 새벽 동이 텄을 때 평양은 일본군 손아귀에 들어가 있었다…. 시가지와 부근지역은 모두 초토화되어 죽은 말과 사람의 시체로 덮여있었다. 수천 벌의 붉은 밴드를 두른 청색의 중국 군복들이 널려 있었는데, 그 이유는 패배를 눈앞에 둔 중국 병사들이 상인으로 보이기 위해 군복을 벗어 던졌기 때문이다. 생포된 9백 명의 포로 중 단 한 명도 군복을 입지 않았다.(영

---

77. Kim and Kim, *Korea*, 78.
78. Kim and Kim, *Korea*, 79.

문 각주 12)[79]

크릴만의 경쟁자였던 불란서계 미국인 기자 드 게르빌(Amedee Baillol de Guerville)도 9월 19일에 다음과 같이 썼다.

> [평양] 시가지에 다음 날 들어서자 온통 황량한 모습이었다. 대부분의 조선인은 청군이 들어오기 전에 피난을 가고 없었고, 남아 있던 이들은 일본군에게 죽임을 당할까 두려워 청군들에 끼어 도망했던 것이다…. 어디를 봐도 끝없는 폐허였다. 집들은 문이 활짝 열려 있었고, 문짝도 창문도 온통 부서져 있었으며…수없이 많은 청군 병사와 조선인의 시체가 말, 소, 돼지, 개와 함께 핏속에 널려져 있었다…. 무엇보다도 괴상한 광경은 붉은 띠를 두른 푸른색의 청군복들과 수백 개의 긴 머리채들이었다. 패배를 직감한 청군이 군복을 벗어버리고, 머리를 잘라 조선인으로 보이려 했었던 것이다.(영문 각주 13)[80]

더 나아가서 드 게르빌은 청군 측 장군이 일본군의 머리를 가져오면 상당 액수의 돈을 주겠다는 말에 일본 군인의 머리뿐만 아니라 귀나 코도 베어서 바쳤는데, 그 통에 무고한 조선인들도 많이 죽었다고 보고했다.[81]

1895년 4월 17일, 청국의 이홍장은 시모노세키 조약에 서명함으로써 패배를 인정하였다. 또한 조선과 청국 간의 종주국 관계가 끝났으며 조선이

---

79. James Creelman, *On the Great Highway: The Wanderings and Adventures of a Special Correspondent* (Boston: Lothrop Publishing Co., 1901), 39 - 52.
80. A. B. de Guerville, "Letter from Pyong-yang," *The Japan Weekly Mail*, October 20, 1894 in Robert Neff, *Letters from Joseon: 19th Century Korea through the Eyes of an American Ambassador's Wife* (Seoul: Seoul Selection, 2012), 84.
81. De Guerville, "Letter," in Neff, *Letters from Joseon*, 84-85.

자주독립국임을 인정하였다. 청국은 패자로서 일본에 2억 냥에 달하는 전쟁배상금을 지불하기로 했을 뿐만 아니라, 대만, 랴오둥(遼東) 반도, 펑호 열도를 일본에 양도하는 것에 동의하였다.

그러나 러시아, 독일, 불란서는 일본에 극동의 상업권을 그냥 빼앗길 수는 없다고 결정하여, 4월 23일에 '삼국의 간섭(Triple Intervention)'이라는 반기를 들었다. 이로 인해 일본이 랴오둥 반도를 반환하는 대신, 청국으로부터 3천만 냥의 추가 배상을 받는 것으로 일단락되었으나, 러시아가 주동이 된 '삼국 간섭'은 10년 후에 러-일전쟁을 초래하는 원인이 되었다.[82]

청-일전쟁의 승리로 일본은 조선에 대해 독점적인 영향권을 확보했으며, 당시 국민총생산(GNP)의 3분의 1에 상당하는 3억6천4백51만 엔이라는 거액을 전쟁 배상금으로 거두어 들였다.[83] 결국 동학혁명은 청-일전쟁과 러-일전쟁의 촉매제 역할을 한 셈이었다.[84]

많은 조선인이 조국을 떠나게 한 직접적인 원인 중 하나는 상류계층이 저지르는 잘못과 악폐에 반기를 들고 일어났던 동학혁명을 진압한다는 구실로 시작된 청-일전쟁으로 인해 황폐해진 농토와 그로 인한 극심한 생활고였다. 청-일전쟁 후 한반도를 돌아본 선교사 아터 브라운(Arthur Judson Brown)은 다음과 같이 기록하였다.

> 1894년에 일어났던 중국과 일본 간의 싸움으로 인해, 조선 땅은 두 적국의 전쟁터가 되어버렸다. 평양 주변에서 치열한 전투가 벌어졌고… 그

---

82. Kirk W. Larsen, Tradition, Treaties, and Trade: Qing Imperialism and Choson Korea, 1850-1910(Cambridge: Harvard University Asia Center, 2008), 238.
83. Peter Duus, "Economic dimensions of Meiji imperialism: the case of Korea, 1895-1910," in Myers, Ramon, and Mark Peattie, eds, *The Japanese Colonial Empire: 1895-1945*(Princeton, NJ: Princeton University Press, 1984), 143.
84. Kim and Kim, *Korea*, 75.

통에 조선의 국토는 초토화되었고, 계급사회라는 맷돌에 목이 매인 백성들은 더욱 극심한 고통과 공포를 겪고 있다.(영문 각주 14)[85]

브라운은 이어서 설명했다.

백성들은 지독한 빈곤을 겪고 있으며, 몰려 들어오는 외래물자는 상황을 더욱 힘들게 만들었다. 조선의 광산과 산림의 소유 및 사용권은 왕이 직접 외국 회사로 넘겼고, 대가로 들어온 수입은 부패한 관료들의 손에 탕진될 뿐, 백성들은 아무런 혜택도 받지 못했다. 이렇게 조선의 재정은 고갈되었고 수입은 없으면서 지출만 계속됐다.(영문 각주 15)[86]

지방의 관료와 양반 틈새에 끼어있던 가난한 백성들의 생활고는 날로 심해졌다. 미 선교사 로버트 스피어(Robert Speer)는 1897년에 유사한 보고서를 미국 장로교 재단에 제출하여, 조선인들의 불평과 불만, 좌절과 비참한 사정을 알렸다.[87]

스탠포드 대학의 일본사학자 피터 두스(Peter Duus)는 아래와 같이 기록했다.

청-일전쟁 중 일본의 모험적인 상인들은 한반도의 내부지역으로 깊이 침투해 들어갔다. 일본군이 주둔해 있어서 평상시보다 여행하기가 훨씬 안전했기 때문이다. 평양 전투로 인해, 평양시의 대부분 지역은

---

85. Arthur Judson Brown, *The Mastery of the Far East: the Story of Korea's Transformation*(New York: Scribner's Sons, 1919), 507-508.
86. Brown, The Mastery, 48-49.
87. Arthur Judson Brown and Robert Speer, quoted in Albert Park, Building, 42.

주민들이 피난을 가 비어 있었고, 그때를 틈타 일본 상인들이 조선인의 빈집을 차지하고 들어가서 가게를 차리고, 사케, 담배, 설탕 등 여러 가지 물품들을 일본 군인들에게 팔고 있었다. 조선인들이 집으로 돌아와 자기 집을 일본인들이 점령하고 장사하고 있는 것을 보고 웃지 못할 난투극이 벌어졌으나, 전쟁이 끝났어도 일본인들은 계속 도시를 장악하고 있었다.(영문 각주 16)[88]

표면적으로는 서방 열강이 조선과 우호조약을 맺고 있었으나, 미개발된 조선의 풍부한 천연자원과 경제개발 이권을 둘러싸고 영국, 불란서, 독일, 러시아, 일본과 미국이 치열한 경쟁을 벌이고 있었다.

10년을 두고 한반도에서 벌어진 두 번의 전쟁, 청-일전쟁(1894-95)과 러-일전쟁(1904-05)은 모두 일본의 승리로 끝났다. 승자인 일본은 5백여 년간 조선의 '큰형(Big Brother)' 역할을 맡았던 중국을 한반도에서 몰아냈고,[89] '중국의 아우(China's Little Brother)' 노릇을 하던 조선을 청국과의 종주 관계에서 해방시켰다고 자화자찬했다.[90] 조선에 "독립의 선물(Gift of Independence)"을 주었으니 하루속히 서양 문물을 받아들여 독립국으로서 세계 각 나라와 동등한 위치에서 나라를 지켜나가라고 종용하였다.[91] 그 결과의 하나가 청국 사신을 맞아들이던 영은문 자리에 세워져 현재까지도 서울 시내에 우뚝 서 있는 독립문이다. 독립문은 아쉽게도 오늘날 많은 한국인들에게는 일본으

---

88. *Nikkon tsusho kyokai hokoku*(Sept. 1895), 99, cited in Peter Duus, *The Abacus and the Sword: the Japanese Penetration of Korea, 1895-1910*(Berkeley: Univ. of California Press, 1995), 267.
89. Hilary Conroy, *The Japanese Seizure of Korea: 1868-1910. A Study of Realism and Idealism in International Relations*(Philadelphia: University of Pennsylvania Press, 1960), 460.
90. Michael Breen, *The Koreans: Who They Are, What They Want, Where their Future Lies*(New York: St. Martin's, 2004), 86.
91. Henry Em, *The Great Enterprise: Soverignty and Historiography in Modern Korea*(Durham: Duke University Press, 2013), 4-5.

로부터 독립되었음을 상징하는 상징물로 잘못 이해되고 있다.

1880-1900년대 초의 조선의 모습은 서양인들의 여행기, 회고록, 외교문서, 종군기자들의 보고서와 신문기사 들을 통해 볼 수 있다. 그중에서도 스코틀랜드인 이사벨라 버드 비숍(Isabella Bird Bishop)의 견문기인 『한국과 그 이웃 나라들(1898)』에는 청-일전쟁 직후 조선의 모습이 자세히 묘사되어 있다. 1904-05년의 러-일전쟁 전후 조선의 모습은 미국의 유명작가 잭 런던(Jack London)과 캐나다 태생의 영국 신문기자인 후레드릭 맥켄지(Frederick A. McKenzie)의 저서를 통해 알려졌다.

1900년대 초 일본은 무엇보다도 한반도에서 모든 열강 세력을 제거하는 것이 일본 제국주의의 성공을 보장하는 열쇠라고 보았으며, 그중에서 가장 큰 걸림돌은 청국이라고 보았다. 한국을 청국과의 종주국 관계에서 풀어놓으려는 일본의 의지는 1885년에서 1894년 사이에 더욱 굳어졌다.[92] 그 이유는 1885년부터 1892년까지 조선의 대청국 수입량이 19퍼센트에서 45퍼센트로 증가한 반면, 대일본 수입량은 81퍼센트에서 55퍼센트로 감소했기 때문이다. 이와 같이 조선을 놓고 벌어진 청-일 간의 무역전쟁은 이토 히로부미가 일본 정부의 정상에 오르면서 외교전의 형태를 띠기 시작했다.[93]

일본은 1853년 미국의 매튜 페리(Mathew Perry) 해군제독이 이끌고 온 동인도 함대의 소위 '함포선 외교(gunboat diplomacy)'로 굴욕적인 개항 요구를 받아들여 개혁에 성공했다. 일본 정계는 명치유신(明治維新) 이후에도 조선의 군주가 일본 정부의 우월함을 부인하는 것을 오랫동안의 조선 문제(Chosen Mondai =朝鮮問題)로 여기어 못마땅해 했다.

---

92. Conroy, *The Japanese*, 460.
93. C. I. Eugene Kim and Han-Kyo *Kim, Korea and the Politics of Imperialism, 1876-1910*(Berkeley, University of California Press, 1967), 70.

청-일 간에 한반도 안에서의 상업적 경쟁이 심화되자 조선을 정복하자는 정한론(Seikan Ron =征韓論)이 대두되었다.[94] 미국처럼 무력으로 조선을 꺾자는 정한론파의 무츠 무네미츠(陸奧 宗光)와 온건파의 오쿠보 도시미치(大久保 利通) 세력이 일본의 외교 문제를 두고 대립하게 되었다.[95]

정한론파의 사다 하쿠보(佐田白茅)는 조선을 일본의 종속국으로 간주하며 신속히 손을 쓸 것을 주장했다.

> 행동이 빠른 자가 지배할 것이고, 느린 자는 지배를 받을 것이다⋯. 일본 황국이 이와 같은 좋은 기회를 외국에 넘겨주면, 우리는 입술[즉, 한국]을 잃는 결과를 가져올 것이고, 언젠가는 추위에 못 이겨 이빨도 다 빠질 것이다⋯. 한국은 금광이 많고, 쌀과 밀이 풍성하다.(영문 각주 17)[96]

이 같은 언술은 한국을 아시아 대륙으로 들어가는 디딤돌로 삼고, 중국 세력을 하루빨리 한국에서 제거해야 한다고 주장하는 일본 정치인들이 듣고 싶었던 바였다.

일본에서 조선 문제가 부각되고 있을 즈음, 조선의 고종은 1895년 1월 7일, 중국으로부터의 자주독립을 선언하고 대한제국의 황제, 즉 고종 황제(高宗皇帝)로 즉위한다고 선포하였다.

34년 정유년(1897) 9월에 의정부 의정(議政府議政) 심순택(沈舜澤)이 문

---

94. Duus, *The Abacus*, 32.
95. Duus, *The Abacus*, 31; Conroy, *The Japanese*, 20.
96. Sada Hakubo, "Sei-kan ron no kyumondan," 38-39, Quoted in Duus, *The Abacus*, 35.

무 관리들을 거느리고 황제의 칭호를 올릴 것을 청한 결과 17일 계묘일(癸卯日)에는 천지에 제사를 지내어 고한 다음에 황제의 지위에 올랐다. 나라 이름을 대한(大韓)으로 정하고 광무(光武)라는 연호(年號)를 사용하였다.[97]

34년 10월 13일 양력 2번째 기사
"국호를 대한으로 하고 임금을 황제로 칭한다고 선포하다"
짐이 덕이 없다 보니 어려운 시기를 만났으나 상제(上帝)가 돌봐주신 덕택으로 위기를 모면하고 안정되었으며 독립의 터전을 세우고 자주의 권리를 행사하게 되었다.[98]

고종은 진보된 외국-유럽이나 일본-의 방식을 도입하여 조선을 근대화하겠다고 선포하였다. 이사벨라 비숍이 직접 참관한 후 쓴 '왕의 선서(The King's Oath)'를 보면, 고종 황제는 조선의 나약함을 자인했고, 외국에서 진보된 제도를 들여올 것을 약속하였다. 이 선언문은 14가지 조항의 방안을 내놓고 중국과의 종주국 관계를 끊음과 조선의 자주독립(自主獨立)을 명백히 밝혔다.[99]

조선의 문호 개방과 근대화를 위한 개혁의 실패는 세계 열강국들이 벌인 19세기 말 제국주의와 민족주의의 외교전 속에, 마침내 5백 년 역사를 지켜왔던 조선 왕조의 몰락을 가져왔고, 이에 따른 국제적 음모와 천연자원의

---

97. 고종실록 1권, 고종실록 총서, 1863년 12월 13일 을유 2번째 기사.
98. 고종실록 36권, "국호를 대한으로 하고 임금을 황제로 칭한다고 선포하다," 1897년 대한 광무1년.
99. "The King's Oath," in Isabella L. Bird, *Korea & Her Neighbours: A Narrative of Travel, with an Account of the Recent Vicissitudes and Present Position of the Country*(London: John Murray, 1898), Volume II, 35; as published in Tewksbury, Donald G. *Source Materials on Korean Politics and Ideologies*. Volume II of the Series, Source Books on Far Eastern Political Idelogies(New York: International Secretariat Institute of Pacific Relations, 1950), 6-7.

착취는 청-일전쟁으로 인해 농토의 황폐를 겪어야 했던 조선의 백성들에게 더 큰 어려움을 안겨주었으며, 그들이 살기 위해 국경을 넘어가는 길로 몰아갔던 것이다.

1860-70년대에 극동 러시아와 만주로 대거 이주를 시작했던 조선 평민들의 배후에는 태어날 때부터 결정되어 도저히 벗어날 수 없는 양반사회의 계급 조직과 관료주의, 과분한 세제-백골징포-의 문제가 있었다.

"폐허 속을 뒤지는 조선인" JLP441

"대문과 문짝이 뜯어진 채 텅 빈 집"
(Deserted Village) JLP441)[100]

2. 백골징포(Skeleton Levy)의 악폐

백골징포(白骨徵布)라고 불렸던 제도는 문자 그대로 세금을 내지 못하는 사람의 경우, 죽어서 백골이 된 후에도 이름이 과세 장부에 남겨지고, 미납된 세금은 가족과 친척은 물론 이웃 사람에게도 부가되는 법이었다.[101] 백골징포의 악영향은 1507년 중종 때 시작되어, 1665년의 현종 때에도 『조선왕조실록』에 기록되어 있는 상황으로, 이는 온 가족과 이웃들이 왜 함께 떠나야 했고, 수많은 마을이 왜 통째로 삽시간에 비워졌는지를 보여주고 있

---

100. Jack London Photos 441, Album 3 and 2, #00171.
101. Lee, *A New History*, 226.

다.[102]

국가가 백성을 보호하려는 마음을 갖고 있어도 정사를 보면 백성을 보호하는 실상이 없는데, 기근마저 잇따라 천명(天命)이 거의 끊어지려 하고 있습니다. 무릇 독촉하며 징수하는 것 모두가 백성을 학대하는 일인데, 심지어 어린아이의 이름을 군사 명부에 올리는가 하면 이미 죽은 사람에게 포목을 징수하고 일족(一族)을 침해하기까지 하고 있으니, 이런 폐단이야말로 천하의 지극한 아픔으로서 재해를 불러들이는 큰 원인이라 할 것입니다. 한 번 더 조사해 바로잡아 어린아이나 이미 죽은 자는 모조리 탕척토록 하고, 도망한 자의 부자나 형제 외에는 먼 친척들까지 침해하여 요구하는 폐단을 모두 제거토록 하소서.

징병의 의무도 같은 폐단이 있었음이 1507년의 『조선왕조실록』에 기록되어 있다.[103]

'수군(水軍)·보군(步軍)·선상(選上)·기인(其人) 등의 폐단이 아직 다 고쳐지지 않아 견디지 못하겠다.'고 했습니다. 조종조(祖宗朝)에서는 수군의 봉족(奉足)이 넉넉하여 군역(軍役)을 서는데 지장이 없었는데, 요즈음은 봉족과 제 몸을 아울러 4명이 되지만, 봉족이 도망치면 단신으로 군역에 서다가 그도 따라서 도망쳐버립니다. 각포(各浦)에서 궐원(闕員)으로 본관(本官)에 보고하면, 본관에서는 그 일가와 가까운 이

---

102. 현종개수실록 27권, "사직을 청하고 시사를 논한 부교리 신익상의 상소문," 현종14년(1673) 12월 18일 3번째 기사.
103. 중종실록 4권, "시독관 김철문이 직간 받아 들이는 일과 군역, 순검사 들의 일을 논하다," 중종2년 11월 22일 1호 기사(1507).

웃에서 대가를 징수, 남을 대신시켜 군역을 세웁니다. 금년에도 이와 같고 명년 역시 이와 같습니다. 그리하여 그 일족과 이웃은 능히 안정된 생활을 못하고 있습니다.

조선의 모든 국토 소유권은 왕에게 있었고, 오직 왕만이 양반 관료들에게 토지 사용의 권한을 줄 수 있었으나, 관료들은 권력을 남용하여 왕으로부터 받은 토지를 후손에게까지 상속시키고 있었다.[104] 양반들은 왕으로부터 직책에 따라 하사받은 국토를 사유지인 듯 독차지하였으며 소작인이나 노비를 시켜 개간하여 농사를 짓게 하였다. 이렇게 거둔 수확물은 지주인 양반과 소작인이 반반 나누는 것이 관습이었으며, 양반이 걷어가고 남은 반 중에서 국가에 세금으로 내는 것이 상례로 되어있었다.[105]

소작 농민들은 땅을 일구어 좋은 수확을 내고 씨를 거두어 다음 해의 수확을 준비하는 전문가였고, 이런 소작인들은 천민이나 노비들보다 비교적 독립적인 위치에서 살아갈 수 있었다. 그러나 그들은 수확량의 십 분의 일을 토지사용세로 내는 부담을 견디어야 했는데 1444년 세종의 세제개혁에 준해 십이 분의 일로 낮춰졌다.[106]

이와 같은 양반-소작인의 관계는 18세기 후반에 노비의 숫자가 늘어나고서 세금을 내는 양민으로 교체되었다. 가난한 양반 선비들은 소수의 노비만 소유하더라도, 그들을 다른 사람의 농토를 경작하는 소작인으로 대여함으로써 수입을 잡아 견디어내기도 했다. 전라도의 경우에 이런 상황이

---

104. Ki-baik Lee, *A New History of Korea*. [Translation of Han'guksa Sillon(韓國史新論) by Edward W. Wagner] (Seoul: Ilchokak, 1984), 183.
105. Lee, *A New History*, 183.
106. Lee, *A New History*, 184.

전 농지 경작의 70퍼센트를 차지했다고 마티나 도이힐러는 설명했다.[107]

이와 같은 지주와 소작인 간의 관계가 평화 시에는 상호 이해가 되었을 수도 있었다. 그러나 1592년 도요토미 히데요시(豊臣秀吉)가 이끈 일본군이 한반도를 휩쓸고 서울까지 점령해서 칠 년 동안 일으킨 임진왜란으로 인해, 국토의 반 이상이 황폐화되어 농사를 지을 수 없는 상황이 되었다. 또한 대부분의 토지 장부가 화재로 파손되었고, 그로 인해 추정할 수 없는 '숨은 토지'가 전국적으로 늘어났다. 임진왜란 이후 광해군(光海君, 1608-23) 재위 때는 농토가 이전의 삼 분의 일로 줄어, 1백70만 결(結)에 해당하던 세금 수입이 54만 결로 급감하였다.[108]

이렇게 격감되는 토지세 수입으로 인한 재정난을 타개하기 위한 것이 1608년에 실시된 대동법(大同法)이다. 이 새로운 세제는 수확된 쌀의 1퍼센트(한 결의 경우 12두(斗))를 부과하고, 쌀 대신 천[大同布]이나 동전[大同錢]으로도 거두어 들이는 법이었다.[109] 광해군은 즉위하자마자 이름 그대로 '은혜를 베푸는 관청'이라는 뜻을 가진 선혜청(宣惠廳)을 설립하여 세금을 거두게 하였다.[110]

"선혜청을 설치하다."

각 고을에서 진상하는 공물(貢物)이 각사(各司)의 방납인(防納人)들에 의해 중간에서 막혀 물건 하나의 가격이 몇 배 또는 몇십 배, 몇백 배가 되어 그 폐단이 이미 고질화되었는데, 기전(畿甸)의 경우에는 더욱 심합니다. 그러니 지금 마땅히 별도로 하나의 청(廳)을 설치하여 매년

---

107. Deuchler, *Under the Ancestors' Eyes*, 348.
108. Lee, *A New History*, 224.
109. The term "tu" was a unit of weighing grains and "kyôl" a unit of measuring farm land for the purpose of taxation.
110. Lee, *A New History*, 224; 광해군일기중초본 4권, "선혜청을 설치하다,"(광해 즉위년 1608년 5월 7일) 2호 기사.

봄 가을에 백성들에게서 쌀을 거두되, 1결(結)당 매번 8말씩 거두어 본청(本廳)에 보내면 본청에서는 당시의 물가를 보아 가격을 넉넉하게 헤아려 정해 거두어들인 쌀로 방납인에게 주어 필요한 때에 사들이도록 함으로써 간사한 꾀를 써 물가가 오르게 하는 길을 끊으셔야 합니다….

전교 가운데에 '선혜(宣惠)'라는 말이 있었기 때문에 이 청의 명칭을 삼은 것이다. 의정(議政)을 도제조(都提調)로 삼고, 호조판서가 부제조를 겸하도록 하였으며, 낭청 2원(員)을 두었다.

이렇게 시도된 새로운 세제는 평민들에게 엄청나게 부정적인 영향을 미치게 되었다. 과세의 기준이 토지에 준하게 되어 농민들의 부담이 감소하였다고는 하지만, 경작 가능한 토지 또한 감소하였기 때문이다. 반면에 공인(公人)이라는 정부의 관료 급이 생겨서 이들은 구매입 관료의 역할을 부여받아 권한을 남용하고 있었다.[111] 공인들은 경제적으로 수입을 올리게 되었지만 농민들은 경작할 땅이 감소함으로써, 세금을 낼 수 없는 지경에 빠진 것이다. 그리고 농민이 내지 못한 세금은 그가 떠나거나 죽은 후에도 가족과 친척 심지어 이웃에게까지 넘겨졌다.

백골징포가 농민의 가족들에게 미친 폐단은 삼 년 전에 남편을 잃은 여인의 이야기를 우참판 송준길이 1665년(현종 6년) 11월 29일에 현종에게 보고한 것에서도 볼 수 있다.

'남편이 병들어 죽은 지 이미 3년이 되었는데도 대정(代定)을 하지 못

---

111. 광해군일기[중초본] 120권, "사간원이 탐욕을 일삼은 평안병사 성우길, 군관, 창고지기 등을 탄핵하다," 광해9년(1617) 10월 6일 2번째 기사; Lee, *A New History*, 225; Deuchler, *Under the Ancestors' Eyes*, 348.

하여 아직도 백골(白骨)의 신포를 바치고 있는데 지난해 일곱 살 난 아이가 세초(歲抄)에 들어갔고 등에 있는 네 살 난 아이도 올해 세초에 들었습니다. 종래 기필코 본토(本土)에 보존하고 있으려 했던 것은 단지 죽은 남편의 외로운 무덤이 여기에 있기 때문이었는데 이제는 감당할 수 있는 형세가 없어졌습니다. 장차 유망(流亡)을 면할 수 없게 되었기 때문에 남편의 무덤에 와서 영결을 고하는 것입니다.' 하고서 하늘을 부르면서 통곡하므로 그 얘기를 들은 사람은 딱하게 여겨 슬퍼하지 않는 이가 없었다고 합니다.[112]

송 참판은 아래와 같이 왕에게 백골징포의 폐단을 아뢰고 개선을 건의하였다.

아, 오늘날 백성들의 고달픈 일이 진실로 한두 가지가 아니지만, 그 가운데 가장 극심한 것을 뽑아서 말한다면 신역(身役)에 대한 징포(徵布)와 조적(糶糴)에 대한 포흠(逋欠), 이 두 가지에 불과합니다. 몇 명의 식구가 단출하게 사는 백성의 집에서 경작하는 전지(田地)가 얼마나 되겠습니까. 일 년 내내 부지런히 힘써서 풍년을 만나더라도 빚을 갚고 부세를 내고 나면 곡식은 벌써 바닥이 나기 때문에 부득불 다시 전택(田宅)을 팔아서 신포(身布)를 바치고 있습니다…. 처자식을 이끌고 울부짖으면서 떠돌게 되는데도 친척은 감히 만류하지 못하고 이웃도 머물러 살게 할 수가 없게 됩니다.[113]

---

112. 현종실록 11권, "우참판 송준길이 상소하여 임금의 도리, 군역, 환곡의 폐단을 아뢰다," 현종 6년 11월 29일(1665), 1호 기사.
113. 현종실록 11권, "우참판 송준길이 상소하여…," 현종6년(1665) 11월 29일 1호 기사.

가난한 농부와 평민들이 과중한 세금과 극심한 노동을 견디지 못하여 풍년을 맞아도 아내와 가족을 부양하기 힘든 상황 속에 눈물을 흘리며 유랑의 길을 떠났다. 그들의 친척과 이웃도 나을 것이 없는 생활 속에 도움을 줄 수도 없었음에, 함께 봇짐을 메고 떠나는 처지였음을 송준길 참판이 왕에게 상소한 것이다.

백골징포의 폐단을 보여주는 기록이 1665년 이후부터 1875년까지 『조선왕조실록』에 수없이 나타남을 볼 때, 이 문제가 오랫동안 해결되지 않았음을 알 수 있다. 극한 상황에 처한 백성들은 잡히면 국법에 의해 역적으로 몰리어 사형을 당하는데도 불구하고 국경을 건너 야반도주했던 것이다.[114]

1876년 7월 13일 기록에 의하면 드디어 고종이 일본인 미야모토 쇼이치(宮本小一)를 통해서야 이 사실을 듣고 신하들에게 질문을 던졌다.

> 함경도(咸鏡道) 6진(鎭)의 백성들이 국경을 몰래 넘어가는 폐단이 갈수록 심해지니 심지어 이번에 일본의 이사관(理事官) 미야모토 쇼이치(宮本小一)의 말까지 있었다. 이것은 무슨 까닭에서 그런 것인가? 필시 도신이나 수재(守宰)들이 잘 살피지 않아서 이렇게 되었을 것이니 잘 상의하여 조처하지 않을 수 없다. 그래서 경들을 부른 것이다.[115]

함경도를 비롯한 북쪽 지방, 즉 평안도, 황해도, 강원도의 주민들이 지난 십여 년 동안 계속된 기근에 밀린 세금을 낼 수가 없어 '열 집 중 아홉 집'을 비워놓고 떠나고 있다고 재상들은 답하였다.[116] 이에, 고종은 백성의 사

---

114. Jon K. Chang, *Burnt by the Sun: The Koreans of the Russian Far East* (Honolulu: University of Hawaii Press, 2016), 12.
115. 高宗實錄, "함경도의 백성들이 국경을 몰래 넘어가는 폐단을 방지하도록 하다," 13권(1876), 7월 13일, 1번째 기사.
116. 고종실록, "함경도," 1.

정을 안타까이 여기면서 말하였다고 기록되어 있다.

> 백성들이 국경을 넘어가는 것이 어찌 즐거워서 그러겠는가? 친척이 있는 고향을 떠나고 부모의 나라를 버리면서까지 법을 어기고 몰래 달아나는 것은 상정으로 헤아려보면 이치에 맞지 않는다. 하지만 백성들이 가지고 있는 억울함과 괴로움을 호소할 곳이 없어서 그랬을 것이다.[117]

고종은 백성들이 얼마나 힘든 상황이기에 고향과 조국을 등지고 떠났겠느냐 하면서, 대신들에게 해결책을 찾으라고 명하였고 대신 이유원(李裕元)은 다음과 같이 답하였다.

> 어리석은 백성들의 심정으로는 조그마한 이익이라도 보이면 범법(犯法)이라는 사실은 깨닫지 못하고 점차 국경을 몰래 넘는데, 한 번 넘어가면 그의 친척들이 그가 떠난 것을 보고는 뒤따라 또 떠나서 돌아오지 않기 때문에 이처럼 많아진 것입니다.[118]

조정의 대신들은 이 문제가 함경도 구석진 지방에서 더 심한 것을 인정하였고, 서울에서 천 리나 떨어진 거리로 인해 행정집행에 문제가 극심하다고 보고했다. 또한 함흥지역의 관리들은 임기가 끝나서 서울로 돌아갈 날만 기다리고 있다고 고종에게 알렸다.

---

117. 고종실록, "함경도," 1.
118. 고종실록, "함경도," 1.

함경도 수령들은 임기가 차기만을 학수고대하다가 임기가 차면 즉시 교대하고 오기 때문에 임금의 교화를 선포하는 데에는 뜻이 없다.[119]

고종은 자신이 왕으로서 고난을 겪고 있는 백성을 도울 수 없음을 개탄하였고, 신하들에게 상황을 계속 지켜보라고 하명하였다. 함경도지사 이회정(李會正)은 부령 외 여섯 마을이 홍수에 쓸려나갔고, 주민들은 모두 떠나서 밀린 세금도 징수할 수 없다고 보고했다. 이에 고종은 백성의 경제적 고난을 딱하게 여기어 대신들에게 도와줄 길을 찾으라고 명하였고, 1869년에는 전 해에 영남(嶺南) 지방에서 거둔 일만 석의 쌀을 함경도로 날라서 주민들을 도우라고 명하였다.[120]

그리고 왕은 대신들에게 부패한 지방 관료들을 엄중히 처분하고 파손된 재해지를 속히 손보라고 명하였다. 그러나 『고종실록』에 기록된 것만도 14번인 것으로 볼 때, 이와 같은 왕의 애틋한 명령과 지시는 극심한 당파싸움과 조정의 무능력으로 인해 실행되지 못한 것으로 보인다. 조선의 백성들이 겪은 경제적 곤란과 쌓인 불만은 그들의 대규모 이주 행렬로 이어졌다.

3. 양반사회의 악습

4계층(양반, 중인, 상인, 천민)으로 갈라져 있던 양반사회의 하층민으로 출생한 이들은 권리는 없고 병역과 세무의 부담만 있었다. 조선의 평민들은 관례적으로 수입의 칠십 퍼센트를 지방 관리들에게 착취당했고, 많은 지방 관리와 양반들은 평민의 딱한 사정을 이해하기는커녕, 중앙정부를 대신하

---

119. 고종실록, "함경도," 1.
120. 고종실록, "嶺南에 있는 還穀米 1만 石을 옮겨다가 함경도의 굶주리고 있는 백성들을 구제하라고 명하였다," 6권(1869.12.22), 1.

여 실무를 담당하는 자신들의 직위를 악용하여 이권을 챙기기에 바빴다.

영의정 이최응(李最應)이 고종에게 올린 아래 상소문에서 볼 수 있듯이, 대부분의 지방 관료들은 가난한 백성들에게 세금 징수와 횡령, 착복에 급급하였다.

> 백성들이 비록 쌀독을 다 비우는 한이 있더라도 틀림없이 거두지 못했을 리가 없으니, 간사하고 교활한 아전들이 멋대로 농간을 부려 결국 횡령해버린 것입니다. 도신(道臣)으로 하여금 엄명(嚴明)하게 조사하도록 해서 세금을 포탈한 것이 무거운 자는 효수(梟首)하여 경계시키고 가벼운 자는 형배(刑配)하며, 수령도 파직하고 처벌해야 합니다.[121]

문벌과 양반 사족의 계급의식은 18세기 조선사회에서 더욱 심화되었고, 그에 따라 억압받는 평민들의 사회적 불안감이 고조되고 있었다.[122] 양반 가문에서 태어났다 해도, 둘째 아들[次子]이나, 서자(庶子)들은 과거에 응시할 자격조차 없었으므로 관직을 받을 기회가 전혀 없었다.[123]

예를 들어, 1824년에 출생하여 1864년에 사형된 동학의 창시자이며 동학혁명을 일으킨 최제우도 양반의 집안에서 태어났지만, 어머니가 재혼한 이혼녀였다는 이유로 과거를 볼 자격이 없었다.[124] 조선의 정치는 양반 계급에 의해 독점되어 있었으므로, 상민들은 정치를 이해할 수도 없었고, 참여는 더욱 할 수 없었다고 마티나 도이힐러는 썼다.[125] 또한 조선의 백성들은 사

---

121. 고종실록 12권, "[황명실록]의 배포, 도적의 방지 등에 대하여 의논하다," 고종 12년 12월 5일, 1번째 기사.
122. Deuchler, *Under the Ancestors' Eyes*, 341.
123. Deuchler, *Under the Ancestor's Eyes*, 7.
124. A. Park, *Building*, 25.
125. Duus, *The Abacus*, 409.

회활동이나 정치에 참여할 기회가 전혀 주어지지 않고 있었다고 일본·동양사의 대가인 피터 두스도 개탄하였다.[126]

이처럼 지위의 높낮이와 무관하게 무조건 관료들을 백성의 위에 두는 조선사회의 악습과 폐단에 관해서는 영국 로얄 스코티쉬 지리사회(Royal Scottish Geographical Society)의 명예회원이었던 이사벨라 비숍이나 잭 런던과 같은 서양인들도 명기해 놓았다. 상기했듯이 비숍은 1894년에서 1897년 사이 아시아 지역과 한반도를 여행하면서 조선이라는 나라와 조선인들에 관해 깊은 관심을 가지고 쓴 기록을 바탕으로『한국과 그의 이웃들(Korea & Her Neighbors)』이라는 책을 썼다.

잭 런던은 1904년에 러-일전쟁을 취재하러 조선에 도착해 일본군과 함께 서울에서부터 평양과 압록강을 거쳐 만주까지 이른 여행담을 여러 보고서와 신문기사로 남겼다. 시골로 다니면서 본 조선 사람들의 의기소침한 모습에 대해 잭 런던은 조선인들이 체격은 건장하지만, 정신적으로 나약하고 게으르다고 보았고, 몇달 안 되는 동안에도 재촉하는 단어들을 재빨리 습득했다. "어서! 바삐, 얼른, 속히, 얼핏, 급히, 냉큼, 빨리, 잠깐(Os-saw! Pat-pee, Ol-lun, Soik-kee, Oil-ppit, Koop-hee, Ning-kom, Bal-lee and Cham-kan)".[127]

이사벨라 비숍은 1894년에서 1897년까지 삼 년 동안 조선을 네 번이나 방문하여 그 당시 서양인들은 많이 가보지 못한 시골까지 돌아봤다. 독신 여자로 묵을 곳이 없자 나룻배를 사서 하우스 보트로 개조하여 강을 따라 한반도 곳곳을 여행했고 그 여정에서 만난 조선인들에 관해 상세히 서술하였다. 귀부인이라는 자격 덕분에 고종과 명성황후 민비로부터 각별한 대접

---

126. Duus, *The Abacus*, 411; Yamaguchi Toyomasa, *Chosen no kenkyu*(Tōkyō: Ganshōdō Shoten, Meiji 44 [1911], 64-66; Arakawa Goro, *Saikin Chosen jijo* [最近 朝鮮事情](Tokyo: Shimizu Shoten, 1908), 74.
127. *Jack London Reports*, 47.

을 받았고, 어느 서양인 외교관이나 선교사의 부인들보다 궁궐 내의 여러 면모도 가까이 들여다볼 수 있었다.[128] 이런 비숍 여사도 "조선의 관리들은 백성의 피를 빨아먹는 흡혈귀"라고 표현하였다.[129]

1904년에 5개월간 서울에서부터 북쪽까지 한반도를 훑으며 종군했던 런던은 조선 사회의 악습들에 관해 비판적으로 보도했다. 한번은 박춘상이라는 지방 관리와 대면하여 압력을 넣기도 했다.

런던이 고용한 조선인 마부이자 안내자였던 만용이("Manyong-i")의 부탁을 받아 한 마을의 우두머리(Number One Man) 박춘상을 찾아가서 가난한 농민들로부터 "칠 할을 빨아먹는 관습(a squeeze of seventy percent)"에 대해 논쟁을 벌였다.[130]

> 박춘상은 가난한 사람들에게 매우 미안하다고 말했다. 그러나 나는 박춘상이 피해 나갈 구멍을 막기 위해, 말로만 사과하지 말고 좀 더 물질적으로 표시하라고 요구했다. 내가 무척 근엄한 표정으로 농민들로부터 짜 먹은 칠십 퍼센트를 돌려주라고 말하매, 박춘상은 알았다고 했고, 한푼도 남기지 않고 돌려주겠다고 약속했다…. 그래서 나의 임무는 성취된 것이다…. 그러나, 칠십 퍼센트를 되돌려주는 것에 관한 한, 박춘상이 절대로 이행치 않을 것을 나도, 만용이도, 박춘상 자신도 잘 알고 있었다.(영문 각주 18)[131]

---

128. Walter C. Hillier, "Preface" in *Korea & Her Neighbours: A Narrative of Travel, with an Account of the Recent Vicissitudes and Present Position of the Country*, by Isabella L. Bird, (London: John Murray, 1898), II, , v.
129. Bird, *Korea*, II, 103.
130. Jack London, *Jack London Reports: War Correspondence, Sports Articles, and Miscellaneous Writings* (Garden City, NY: Doubleday, 1970), 89.
131. *Jack London Reports*, 89.

런던 자신이 자랄 때 캘리포니아의 오클랜드 시에서, 영국 런던의 빈민촌 이스트엔드(East End) 지역에서, 직접 보고 경험했던 노동자계급이 겪는 고통과 부당한 대접에 관해 강렬한 반감을 지니고 있었던 것이 박춘상과의 대화에서도 보인다.[132] 이 당시 이미 성공한 미국의 작가로 인정을 받고 있던 런던의 마음속에는 신문기자이자 사회주의자로서 자신이 조선의 악습을 퇴치하는 데 기여할 수 있다고 생각했는지 모른다.

그러나 그는 박춘상의 집을 나오면서 조선의 상류층이 하류층을 부당하게 착취하는 관습이 멈추지 않을 것임을 깨달았다. 말로는 돌려주겠다고 했지만 박춘상이 그럴 의도가 전혀 없음을 런던도, 만용이도, 박춘상 자신도 잘 알고 있었다는 것이다.

비숍 여사 또한 지방의 관리들에게 비슷한 경험을 한 적이 있었고, 양반과 지방 관료들 간의 알력에 관해서 쓴 바 있다.

> 여주에 높은 계층의 양반들이 많이 있다고 들은 바 있는데, 주민이 칠백 가구밖에 없는 작은 도시의 지방관이 높은 지위에 있을 수는 없을 것이라고 짐작했다. 들리는 바에 의하면, 그가 임명되어 왔을 때, [지방 유지들이] 아랫사람에게 하듯이 "반말로 하대"를 했다 한다. 그 후 그는 주로 서울에 거주하면서, 낡아빠졌으나 요란하게 장식해 놓은 넓은 거처에 앉아서 공물만 걷어가고, 그 지방의 양반들이 뭐든지 하고 싶은 대로 하라고 내버려둔다고 한다. 그러나 이것이 여기에만 있는 예가 아니라는 것이다. 거의 모든 지방 치안관들은 부재중이고, 서울에서 시간과 녹봉을 받아 쓰면서 백성들을 빨아먹는 데 급급하다. 이

---

132. Daniel A. Métraux, *The Asian Writings of Jack London: Essays, Letters, Newspaper Dispatches, and Short Fiction by Jack London*(Lewiston, NY: Edwin Mellen Press, 2009), 94.

런 지방관들과 세 번이나 인터뷰를 한 적이 있다.(영문 각주 19)[133]

이와 같은 외국인들의 묘사를 통해 상류층에도 여러 계급이 존재하고, 그로 인한 폐단도 극심하여 조선사회의 바닥에 있던 하층민들이 겪는 고통은 날로 심해지고 있었음을 볼 수 있다.

호머 헐버트(Homer B. Hulbert) 박사가 1901년부터 1906년까지 출판했던 월간지 『코리아 리뷰(The Korea Review)』의 1904년 2월호에 이런 지방 관리를 '아전(Ajun)'이라고 소개했다. 헐버트 박사는 '아전(衙前)'이라는 계층을 조선에서 사회·정치적으로 매우 중요한 요원으로 보았다. 아전은 조정의 통치권을 평민 개개인을 상대로 직접 행사하는 정치적 단위였다는 것이다.[134] 그러나 아전은 1392년 조선의 양반사회 구조가 확립되었을 당시 '벼슬'이라는 공식적인 계급을 부여받지 못했다고 했다.[135]

그래서 아전들은 조상 대대로 살아오던 마을에서 조정의 사무를 공식적인 직책 없이 담당하였다. 양반 계층이라는 확고한 지위를 보장받지는 못했지만, 아전들은 평민들을 어느 정도의 한계 속에서 견딜 만할 정도까지만 억누르며 착복할 수가 있었다. 그래서 이들로서는 상습적인 70퍼센트의 착복도 자칫하면 도가 지나치다고 문제가 될 수 있었다.[136]

양반으로 태어나 미국에 유학하여 밴더빌트 대학(Vanderbilt University)과 에모리 대학(Emory University)에서 교육을 받은 윤치호(1864-1945)는 범 아시아(凡 亞細亞)주의자로 친일의 자세를 취하기 전에 조선의 개화와 독립운동을 위해서 활동했다. 그는 1883년에서 1943년까지 매일 일기를 썼는데 1902년

---

133. Bishop, *Korea*, I, 96.
134. Homer B. Hulbert, *The Korea Review*, Vol. 4(1904), No. 2(February), 63.
135. Hulbert, *The Korea Review*, 64.
136. Hulbert, *The Korea Review*, 65.

3월 7일에 영어로 쓴 일기 속에서 "조선의 아전은 사악한 부패 행위로 악명을 얻은 계층이고, 상부에는 개처럼 아첨하면서 하부의 평민들에게는 늑대처럼 간악하게 구는 … 혐오스러운 계층이다"라고 조선의 상하층 간에 있던 악습을 비난하였다.(영문 각주 20)[137]

한마디로 말해, 조선의 불쌍한 백성들은 정부의 관료제 속에 깊이 박혀 있던 차별과 억압의 대상이었고, 부당한 법제의 희생물로서 인생고를 벗어나기 힘들어 결국은 야반도주를 하여 국경을 넘어갔던 것이다. 그들은 1941년에 미국의 후랭클린 루즈벨트(Franklin Roosevelt) 대통령이 주장했던 네 가지 '자유' 중, 일상생활에 필요한 식량과 필수품을 가질 수 있는 즉, '궁핍에서의 자유'를 찾기 위해 조국을 등지고 떠나는 선택을 할 수밖에 없었던 것이다.[138]

---

137. *Yun Chi-ho's Diary:1897-1902*, Volume 5(Seoul: National History Compilation Committee, 1975), 329.
138. "Four Freedoms Speech," United States President Franklin D. Roosevelt, January 6, 1941. 루즈벨트 대통령이 연두연설을 통해서 밝힌 네 가지의 자유는 "freedom of speech, freedom of worship, freedom from want, and freedom from fear," 즉 언론의 자유, 종교의 자유, 궁핍과 공포로부터의 자유였다.

제2장

북녘으로 향한
아리랑 민족

런던이 본 조선의 여인들과 아이들, 1904

아리랑~ 아리랑~ 아라리오~
아리랑 고개를 넘어간다.
청천 하늘에 별도 많고
우리네 가슴엔 수심도 많다.

「아리랑」 가사에서 보이듯이, 고향을 떠나 외지로 간 조선인들은 사랑하는 조국과 친지들을 향한 애절한 그리움 속에 하늘에 뜬 수많은 별을 보며, 천 리 넘게 떨어진 고향의 사랑하는 이들도 같은 별을 보고 있으리라는 생각에 꿈을 담아 보았을 것이다.

십구 세기 말에서 이십 세기 초, 거의 같은 시기에 평행으로 북상을 하여, 각기 새로운 고장-러시아와 만주-에 이들이 정착하는 과정과 두 나라에서 어떠한 대우를 받았는지를 비교하며 살펴보고자 한다. 이 두 지역에 형성된 한국인 디아스포라는 조선왕조의 마지막 수십 년대에 형성된 것이었고, 이주민들은 새로운 고장에서 새 삶을 만들어가면서도 조선인으로서 모국에 대한 사랑을 항상 지니고 있었다.

초기에는 해뜨기 전에 월경했다가 해질 무렵 집으로 돌아오는 조경모귀(早耕暮歸)의 패턴으로 농사를 짓거나, 계절 이민, 즉 봄에 가서 농사를 짓고 수확을 한 후 가을에 돌아오는 춘경추귀(春耕秋歸)를 하였다. 이러한 일시적 이주는 정치적이라기보다는 경제적인 이유에서였다고 김경일 등의 한국학자들은 추정했다.[139] 논농사에 능숙하고 경험이 많았던 조선인 농부들은 우선 계절 농사를 하여 황폐하고 내버려졌던 메마른 땅에서도 성공적으로 벼농사를 하여 풍성한 결과를 낼 수 있었고, 점차 정착하게 되어, 러시아와 만주 지역의 군데군데에 조선인 마을을 형성하였다. 이렇게 시작된 조선인의 이주는 1869-70년부터였고 러시아 이민은 두만강을 건너 동북쪽으로, 만주 이민은 압록강을 넘어 서북쪽으로 향하여 진행되었다.

조선인들은 백골징포를 면하려고 가족, 친지와 심지어는 마을 전체가 함께 이주하는 경향이 많았다. 그 당시 월경은 법으로 금지되어 있었고, 잡히면 사형에 처해짐에도 불구하고 빈번히 행해졌던 것으로 기록되어 있다. 최초로 『조선왕조실록』에 기록된 것은 1395년 2월 1일, 조선 왕조를 건립한 태조 4년에 일어난 것으로, 일곱 사람이 함께 국경을 넘으려다 잡혀서 사형에 처해진 사건이다.

> 국경을 넘어간 서북면의 김법화 등 7인을 저자에서 목 베다.
> 서북면(西北面) 사람 김법화(金法華)와 정대(鄭大) 등 7인을 기시(棄市)
> 하였으니, 모두 국법을 어기고 국경을 넘어간 사람들이었다.[140]

상기 기록에 의하면 이들 일곱 사람은 같은 서북면 한 동네의 주민들이었다.

『조선왕조실록』에서는 또한 십육 세기 중반에도 중국과 조선의 두 정부가 월경/월강을 금지했음을 보여준다. 중국 측에서는 봉금정책(封禁政策)이

---

139. [Kyung-il Kim, et al.] 김경일, 윤휘탁, 이동진, 임성모, eds., 동아시아의 민족이산과 도시: 20세기 전반 만주의 조선인 [Korean Diaspora in Manchurian Cities in the Early Twentieth Century] (서울: 한국정신문화연구원 [Academy of Korean Studies], 2004), 29.
140. 태조실록, "국경을 넘어간 서북면의 김법화 등 7인을 저자에서 목베다," 태조 4년, 2월 1일, 1395.

라 했고 조선 측에서는 변금정책(邊禁政策)이라 불렀으며, 어느 쪽으로도 국경을 넘는 것이 서로 금지되어 있었다. 1542년 중종 때에도 중국인들이 강을 건너 조선 땅에 넘어와서 농사를 짓거나 거주하는 일들이 빈번하였고 그것은 양국에서 모두 금지되어 있었다고 기록되어 있다.[141]

> 영의정 윤은보(尹殷輔), 좌의정 홍언필(洪彦弼), 우의정 윤인경(尹仁鏡), 예조판서 김안국(金安國), 병조판서 이기(李芑) 등이 의논하여 아뢰기를,
> 협강(夾江)에 불법으로 거주하는 중국인은 호 어사(胡御史)가 자세하게 조치하여 이미 탕참에 엄히 경계를 내리고, 또 우리나라에도 통유(通諭)하여 양쪽에서 금한 이후로는 중국인이 함부로 경작하는 일은 이미 없어진 듯합니다. 그러나 그들이 비록 불법으로 협강의 땅을 경작하지는 않지만 강을 따라 수많은 가호가 살고 있는 것은 옛날과 마찬가지입니다…. 그리고 우리나라 고을과 아주 가까워 아무리 서로 통하는 것을 금하더라도 관문(關門)이나 성참(城塹)이 없는 한 막기가 어려운 형세입니다. 더군다나 이익을 좇아 죽음조차 두려워하지 않는 것이 간민(奸民)들의 상정(常情)이어서 틈만 나면 법을 어기고 몰래 통하기 때문에 금하기가 더욱 어렵습니다. 이 일은 나라의 큰 걱정인데 선처할 계책이 없습니다.

오랫동안 지켜져 왔던 국경 문제는 1883년에 양국의 합의로 해제되었고

---

141. 중종실록 98권, "중국인의 협강 불법거주와 대마도주의 서계에 대해 대신들이 아뢰다," 중종37년 윤 5월 11일, 1번째 기사(1542).

1884년 고종 때에 수립된 통상조약에 의해 해결되었다.[142]

국경을 넘어가서 정착한 조선인들은 경제적으로 할 수 있는 한 한국 고유의 생활양식을 지키며 살았다. 초가집 또는 기와집에 온돌을 깔고, 한식을 해먹고, 한국 고유의 흰옷을 지어 입고, 새로운 나라의 문화를 받아들이면서도 자식들은 한국식으로 가르쳤으며, 생로병사를 함께 지키는 여러 고유한 의식과 절기를 지켜나갔던 것이다.

이들은 힘든 여정을 마치고 도착한 새 땅에서도 계속된 심신의 고난을 견디어내면서 조국이 일본의 식민지로 전락하는 모습을 멀리서 지켜보며, 러시아 황제의 시민 또는 만주의 중국인으로서 해야 할 일들을 해나갔다. 1897년부터 일본의 꼭두각시 노릇을 하며, 대한제국의 황제로 즉위한 고종 또한 떠나간 백성들을 아직도 '나의 백성'이라 부르며 그들을 향한 애틋한 마음을 버리지 못했다.

우선 극동 러시아로의 한국인 이주 과정을 시기별로 나누어 보고자 한다. 1863년부터 시작된 초기 이민에서 시작하여, 1884년 이후의 이민사를 살펴보고, 러시아 정부에서 조선 이민의 도착 시기별 범주-포용이라기보다는 제외의 범주(a quota system of exclusion rather than of inclusion)-를 어떻게 적용했는지 분석할 것이다.

그 다음으로 만주로 갔던 한국인의 이주가 이미 초다국적 인종들이 섞여 살고 있던 만주 땅에서 어떻게 받아들여졌는지를 1860년대 초기와 1890년대 후기 이민으로 나누어 살펴볼 것이다.

---

142. 고종실록, "중국 길림과 조선 간의 무역규정을 체결하다," 고종 21년, 1884년 5월 26일.

I. 러시아의 고려인,
제정 러시아의 국민(Russified Koreans)

러시아 전국 지도,
극동 러시아는
짙은 색으로 표기됨.
Far Eastern Federal
District of Russia 제공.

1. 초기의 러시아 이주, 1863-

극동 러시아(Russian Far East, 약자로는 R.F.E. 또는 RFE)는 러시아 8행정구역 중 가장 큰 지역으로 전체 영토의 40퍼센트를 차지하고 있고, 중국과 한반도와는 육지로 연결되어 있으며 일본과는 동해바다를 접하고 있다.[143] 이 지역은 무한히 넓음에도 텅 비어있고 개발되지 않은 황무지와 산림, 바다로 이루어져 있으며 천연자원이 풍부하다고 알려져 있었다.[144] 이 넓고 텅 빈 땅이 조선의 불쌍한 농민들에게는 굶주림과 악독한 세금을 피해갈 수 있는 천국으로 보였던 것이다.

한국계 러시아인 사학자 스베트라나 남(Svetlana G. Nam)과 보리스 박(Boris D. Pak)은 초기의 조선 이주민들의 러시아 도착 연도를 1860년에 체결된 북경조약보다도 앞선 1849년 또는 1857년까지 소급해서 보고 있으나, 공식적

---

143. "Far Eastern Federal District, Russia," RussiaTrek.org.
144. Rensselaer Lee and Artyom Lukin, *Russia's Far East: New Dynamics in Asia Pacific and Beyond*(Boulder, CO: Lynne Reinner, 2016), 1.

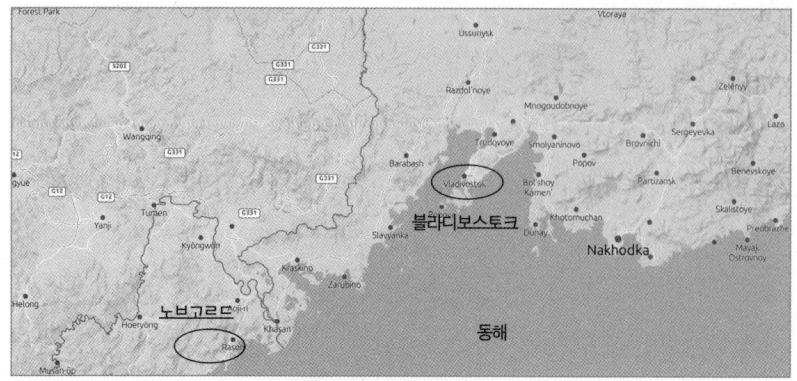

극동 러시아 남단의 블라디보스토크와 노브고로드.
중국과 한반도와는 육지로 붙어있고, 일본과는 바다로 나뉘어 있다.

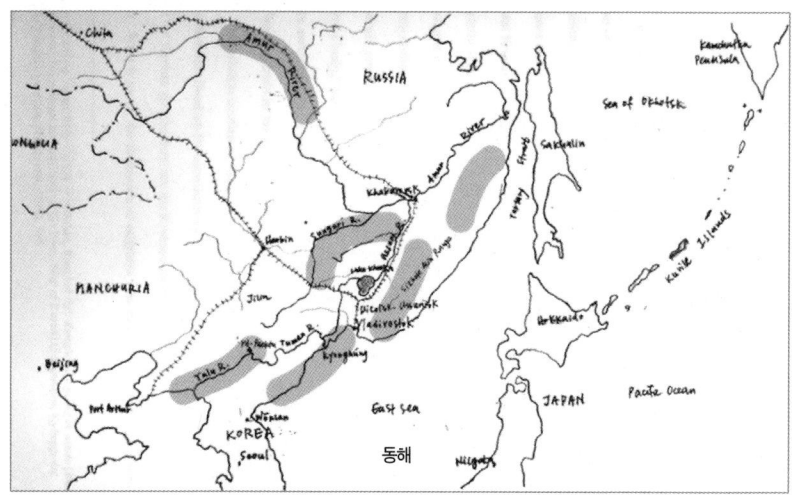

스탠포드(Stanford) 대학의 존 스테판(John Stephan)이 그린 여러 강으로 나뉜 접경지대의 지도(1994).
저자가 진하게 표시한 경계선의 역할을 한 강들은 압록강, 두만강, 송화강, 흑룡강이다.[145]

으로는 1863년에 최초로 시작된 것으로 인정되고 있다.[146]

    1860년의 북경조약은 청나라가 영국과 10월 18일에 체결하였고, 뒤이어

---

145. Alyssa Park, *Borderland Beyond*, 1.
146. Hyun Gwi Park, *The Displacement of Borders among Russian Koreans in Northeast Asia*(Amsterdam: Amsterdam University Press, 2018), 56.

서 10월 24일에 불란서와 러시아가 맺었던 것으로, 이 조약으로 인해 홍콩을 영국에 내준 것은 널리 알려진 역사적 사실이다. 그러나 이 조약에 의해 만주의 동부가 러시아에 주어졌음은 잘 알려지지 않았다. 프리모리(Primory) 변경의 우수리(Ussuri)강 동쪽 지방에 주로 한반도에서 온 이주민들이 정착하게 된 것인데 조선인들이 정착한 이 지역은 1860년 전에는 만주 땅이었다.

수천 명의 조선인이 국경을 넘어가기 시작했을 때, 마침 러시아 정부는 북경조약으로 획득한 아무르와 프리모리 지역의 방대한 황무지에 인구를 늘리려고 애쓰고 있었다. 러시아 황제 알렉산드르 II세는 1861년 4월 27일, 새로운 이민법을 제정하여 극동 러시아의 시베리아지역에 이주할 사람들에게 특혜를 주기 시작했다.[147] 이 법에 준하여 러시아 정부는 이주자들에게 가구당 백 데시아틴(330,526평)의 땅을 배분해줬고, 10년 동안 세금과 군 복무의 면제뿐 아니라, 여행 비용과 농사에 필요한 씨앗과 농기구도 무상으로 나눠주었다.[148]

그러나 이때까지 조선과 러시아 간에 외교 관계가 수립되어 있지 않았으므로, 조선인들은 이민 서류가 없었고, 제출하라는 요구도 받지 않았다. 많은 조선인은 그냥 국경을 넘어 소를 몰고 가서 불법으로 팔고 돌아왔다. 이들은 노브고로드(Novgorod)에 있는 국경초소를 피하여, 겨울에는 얼어붙은 강을 걸어서, 여름에는 헤엄쳐서 두만강과 포시엣만을 건너가곤 했다.[149]

알렉산드르 II세의 이민법이 세워진 2년 후인 1863년 겨울에 함경도 백안과 삼돈사에 함께 살던 열세 가구가 밤새 전 재산을 싸서 짊어지고, 한반

---

147. Chang, *Burnt by the Sun*, 11.
148. Chong Hyo Park, 러시아 연방의 高麗人 歷史 [*Rosia Yonbang ui Koryoin yoksa=Korean History in Russia*](Seoul: Sunin, 2018), 20; Chang, *Burnt*, 12.
149. C. H. Park, [*Rosia Yonbang*], 21.

도를 떠나 두만강을 건너서 러시아로 이주하였다. 이들에 관한 공식 보고는 당시 노보고로드의 국경 관리사였던 라지아노프(Razianov(Рязанов))가 쓴 기록으로 남아 있고, 이 고려인들이 생활방식이나 농업방식에 아무런 변화가 없이 지신허(地新墟, Tizinhe) 라는 마을을 형성하고 살았다고 썼다.[150]

> 최초의 조선인 이주민은 1863년에 13세대가 러시아에 들어와 노브고로드만(灣)(포시에트 지역)에 있는 해변의 국유지(國有地)를 아무 허가도 없이 자기들 멋대로 점유하였다.

라지아노프가 프리모리 지역의 군 담당 주지사, 카자케비치(P. K. Kazakevich)에게 제출한 보고서 No. 205에 의하면 이 조선인들은 조선식 초가집을 짓고 살면서 그 지역에서 계속 살 수 있게 해달라고 청원을 했고, 마적단이나 홍건적으로부터의 보호를 요청하였다.[151] 1932년, 역사가 오웬 라티모어(Owen Lattimore)는 이렇게 썼다. "병정들은 전문적인 도적이다. 도적은 마을을 공격하여 약탈하는 반면, 병정은 가만히 기다리다가, 내란이 일어나면 마을로 가서 약탈하고 상금과 권리를 차지하는 것이다."[152] 이런 점을 볼 때 그 당시 딱한 조선인들은 날뛰는 도적에 뜯기지 않으면 병정들에게 많은 학대와 위협을 받고 있었음을 알 수 있다.

1864년 2월 8일에 라지아노프의 보고서를 받은 카자케비치 지사는 5월 4일 자로 긍정적인 반응을 보이고 조선인들에게 보안상 보호를 해주도록 지시를 내렸을 뿐 아니라, 그 지역에 정착할 수 있도록 재정적인 도움도 주라

---

150. Chang, *Burnt*, 12; C. H. Park, [*Rosia Yonbang*], 27.
151. C. H. Park, [*Rosia Yonbang*], 27.
152. Owen Lattimore, *Manchuria: Cradle of Conflict*(New York: MacMillan, 1932), 235.

고 했다. 그는 조선인들을 "특출한 농부들"이라고 보았고, "도착한 후 이 년 안에 경제적으로 중요한 역할"을 하고, 러시아군을 위한 식량을 조달하리라 예측하였던 것이다.[153] 라지아노프의 보고서는 코르사코브(M.C. Korsakov) 총 주지사를 통해 황제 알렉산드르 II세에게까지 올라갔다.[154]

카자케비치 주지사는 또다시 체르카브스키(E.F. Cherkavskii) 대장에게 1865년에 보낸 보고서에서 조선인들은 도착 후 2년 안에 러시아를 위해 경제적으로 중요한 역할을 담당할 사람들이라고 주장했다.[155] 이런 보고는 당시 러시아에 얼마나 빨리 황무지를 개척하여 곡식을 생산해 내고, 가축을 길러 러시아 평민들과 군대를 먹일 수 있는, 일 잘하는 이민자들이 필요했었는지를 잘 보여준다. 상기한 카자케비치의 보고서는 조선인들의 러시아 이주에 관한 최초의 공문기록으로 남아있다.[156]

다른 한편, 러시아 정부는 지정학적 측면에서 중국과 일본을 거슬리는 것에 몹시 긴장하고 있는 상태였다. 그 이후로 중국과 일본과의 관계에 예민했던 러시아의 군사·정치 측면에서 본 조선 이주민들의 정착에 관해 수많은 보고서가 제출되었고 아직도 러시아의 국립문서보관소(РГВИА)에 소장되어 있다고 한다.[157]

계속되는 흉년과 기근을 견뎌내기 힘들어 위의 열세 가족의 뒤를 따라 1867년에 함경도의 또 다른 마을에서 5백 명의 이주민이 도착하였다.[158] 치

---

153. Chang, *Burnt*, 13.
154. C. H. Park, [*Rosia Yonbang*], 24.
155. A. A. Toropov, *Koreitsy na Rossiiskom Dalnem Vostoke*(Vladivostok: Alnevostochnyi Gos. Universitet, 2001), 18, quoted in Jon K. Chang, *Burnt by the Sun: The Koreans of the Russian Far East*(Honolulu: University of Hawaii Press, 2016,) 13.
156. C. H. Park, [*Rosia Yonbang*], 24.
157. Chong Hyo Pak, РГВИА: 러시아 국립문서보관소 소장 한러 군사 관계 자료집 [*Rosia Kungnip Munso Pogwanso sojang Han-Ru kunsa kwangye jaryochip*=Anthology of Military Documents in Korean-Russian Relations in the Russian National Archive](Seoul: Korea Foundation, 2015), 82-86.
158. Chang, *Burnt*, 12.

안이 없어 험한 길을 오는 동안 여자들은 겁탈당하였 겨우 입고 온 옷밖에 남은 것이 없는 상태로 도착하였다. 이주민들은 그야말로 맨주먹만 들고 간 격이었고 극히 비참한 상태에 처해 있었다.[159] 이러한 극한 상황은 1870년 1월 9일, 러시아 정부의 관료들-동부시베리아 총독 코르사코프(M.C. Korsakov)와 러시아 외무부 아시아 국장 스트레무호프(P.S. Stremoukov)와 노브로고드 주재 국경관리 담당자 디야첸코 대령(Colonel Dyachenko)-간에 주고받은 문서를 통해 볼 수 있다.[160]

블라디보스토크의 조선인들, 1869–70[161]

1869년의 대재해(大災害)로 그나마 수확한 농작물과 농지가 홍수로 씻겨 나간 함경도에서 7월에서 12월 사이에 6천5백여 명의 이주민이 끝없이 북상했다.[162] 남우수리 지방의 임시국경 담당자 트루베츠코이(Count Trubetskoi)는 러시아 정부에 "이 행렬을 중단시켜야 한다"는 보고서를 보냈다.[163] 옆의 사진에 보듯이 수많은 조선인이 블라디보스토크 거리를 일거리와 먹을 것을 찾아 헤맸으며 어떤 이들은 1869년 12월 동지섣달에 맨몸으로 국경을 넘다가 아사(餓死)했다는 기록도 있다.[164]

---

159. Chang, *Burnt*, 12; C. H. Park, [*Rosia Yonbang*], 43; Ban Byung-yul, "한국인의 러시아 이주사," in [Koreans in Russia], 158.
160. РГИА ИО, Vol. 24, No. 10, Единица Хранения 202, К. 2107 Т. 1, Лист 26 and Лист 20, cited in C. H. Pak, [*Rosia Yonbang*], 38-39.
161. C. H. Park, [*Rosia Yonbang*], 46, 142.
162. C. H. Park, [*Rosia Yonbang*], 38.
163. Alyssa Park, *Borderland beyond*, 30.
164. Ban, "Koreans," 158.

역사학자 박현귀는 두만강 근처에 자기네끼리 마을을 형성한 조선 이주민들은 '농민사회(krestiianskoe obshchestvo)'의 대우를 받았으며 러시아 땅에 사는 것이 허용되는 '러시아인 증(Russkii bilet)' 증서를 부여받았다고 했다.[165] 1860년대 후반에 러시아정교에 입교한 조선인들은 '시민권(grazhdanstvo=citizenship)' 대신 '제국인권(poddanstvo=subject-hood)'을 부여받았다고 했다.[166]

1864년 여름에는 1백40명(30세대)의 조선인들이 정착하여, 살 집을 짓고, 경작을 시작해서 곧 곡물, 수수와 조를 팔고 가축도 기르기 시작했다.[167] 포시엣만 주변에 진신허, 얀치해, 시디미 등에 일곱 개의 마을을 형성했고, 1865년 1월에는 그 중 세 명이 러시아정교회에서 세례를 받았다.[168] 이때 세례를 받은 이들은 조선인 최은국(Чхве Ынгык)과 그의 부인이 포함되었으며, "러시아에서 최초로 정교회에 입교한 조선인 이주민"이었다.[169]

1871년에는 조선인 오백 가구가 포시엣에서 프리아무르와 아무르 지역의 블라고벤시첸스크로 이주를 해서 마을을 형성했는데 블라고스로베노에(Blagoslovenie)라고 불렸다. 그들은 한 가구당 백 데시아틴의 땅과 함께 러시아인으로서 동등한 대접을 받고 살았다.[170]

러-일전쟁 시 잭 런던이 한반도를 여행하며 찍은 사진에 담긴 조선 농부들의 집들은 초가지붕에 진흙벽으로, 좀 더 부유한 집은 기와지붕으로 지어진 모습을 볼 수 있는데, 40여 년 전, 1867년경에 러시아로 이주한 조선인들이 짓고 살던 마을도 그와 매우 유사한 초가집이었음을 볼 수 있다. 비

---

165. H. G. Park, *The Displacement*, 57.
166. H. G. Park, *The Displacement*, 51.
167. Chang, *Burnt*, 12; C. H. Park, [Rosia Yonbang], 26.
168. C. H. Park, [Rosia Yonbang], 24-27.
169. C. H. Park, [Rosia Yonbang], 27.
170. H. G. Park, *The Displacement*, 51.

우수리 지역의 초가집들,
1867년경[171]

잭 런던이 본 조선
초가집들, 1904[172]

숱한 지형의 계곡 속에 다닥다닥 붙여 지은 초가집들 주변에서 논과 밭을 갈아 농사를 짓고 살았던 모습을 위 두 사진에서 볼 수 있다.

조선인 농부들은 옛날 방식 그대로 황소가 끄는 달구지를 써서 땅을 일궈 농사를 지었다. 그들이 흰색의 한복 저고리와 바지를 입고 나란히 논바닥에 엎드려 벼농사를 하는 모습을 1920년대의 사진에서도 볼 수 있다. 한 가지 다른 점은 훗날에는 불편한 한복 대신 서구식의 웃도리와 바지를 입고 일했다는 것뿐이다. 그들은 러시아와 만주의 디아스포라에서도 여전히

---

171. C. H. Park, [*Rosia Yonbang*], 36.
172. JLP Album 1, No. 93.

황소를 써서 밭 가는
조선농부[173]

논에서 벼농사를 하는
조선인 농부들[174]

옛날 방식으로 농사를 지었고, 자기네들끼리 모여서 함께 작업을 했다.
1863-70년 사이에 러시아 정부는 2천2백66명의 러시아인 농부들을 우수리 지역에 정착시키려 했다. 이 개척자들은 러시아 서부 지방의 20-30배 정도 큰 "1백 데시아틴의 평야를 약속받았으나, 정작 와보니 바위산뿐이었고, 쓸 만한 땅은 10데시아틴에 불과하다"라고 불평했다.[175] 이들은 코사크인, 에스토니아인 등의 백계 러시아인들로서, 습기와 안개가 심한 극동 러시아에서 농사에 실패한 후 돌아가고 말았으며, 1871-82년까지는 6백32명만 남아있

---

173. C. H. Park, [*Rosia Yonbang*], 26.
174. The Memorial Center of Kyu-Am Kim Yak-yun 소장.
175. Alyssa Park, *Borderland Beyond*, 72.

게 되었다.[176]

1883년에는 오뎃사, 우크라이나 등지에서 온 첫 러시아 이주민들이 블라디보스토크에 도착했다. 그중 한 명은 지구의 반을 돌아, 흑해, 콘스탄티노플, 수에즈 운하, 홍해, 인도양, 남중국해, 싱가포르와 나가사키를 경유하여 블라디보스토크까지로 46일이 걸려서 도착했다고, 편지에 썼다.[177] 1882년에 세워진 남우수리 재정착법에 의해 이들 러시아 이주민들은 가구 당 1백 데시아틴의 토지와 세금의 면제를 받았고, 18개월 상당의 식량과 여행비용을 지급받았다. 이런 여정은 일 년에 두 번씩밖에 주어지지 않았으며, 그 후 15년 간 고작 3만1천2백17명만이 우수리 지역에 정착한 것으로 기록되어 있다.[178]

반면에 조선인 농부들은 열심히 일을 했고, 농사기술이 월등해서 좋은 수확을 하였으며 그나마 남아있던 러시아인 이주민들은 조선인이나 중국인 농부들을 채용하거나, 땅을 빌려주어 수입을 챙겼다.[179] 그러므로 우수리 지역 정부는 살 곳과 일거리를 찾아오는 부지런한 조선인 농부들을 환영할 수밖에 없었고 그들에게 토지와 식량을 무상으로 주면서 이주를 권장한 것이다.

그러던 중 1871년 1월, 3천7백50명의 조선 피난민들에게 남우수리 지역으로 재정착하라는 명령이 내려졌다. 그중 1천2백 명은 레자노보에 1천2백 명은 수이푼 강변에, 1천3백50명은 다른 지역으로 옮기라는 명령이 나와서 또다시 새살림을 꾸려야 할 상황이 되었다.[180] 그러나 4천여 명의 조선인들

---

176. C. H. Park, [Rosia Yonbang], 34.
177. Alyssa Park, *Borderland Beyond*, 64.
178. C. H. Park, [Rosia Yonbang], 72; Alyssa Park, *Borderland Beyond*, 65.
179. Alyssa Park, *Borderland Beyond*, 73.
180. C. H. Park, [Rosia Yonbang], 45.

대부분이 많은 역경 속에서 고생하다가 이주한 조선의 가난한 농민들이었고, 양반사회에서 받던 극심한 차별대우와 무서운 세금 제도를 피해 떠나왔기에, 새로 정착한 극동 러시아에서 어떠한 고생도 마다하지 않고, 농사를 짓거나 다리와 도로공사에도 참여하여 중노동을 감수하였다. 이처럼 되풀이되는 이동 명령 때문에 어떤 이들은 조선으로 돌아가거나, 만주로 이주하기도 하였다. 4백 명 정도는 가는 길에 굶주림과 병에 시달려 죽기도 하였다.[181] 그러나 러시아 정부는 아무런 빈민구조의 손을 내밀지 않았고, 오히려 '부패한 빵'을 나누어 준 것이 고작이었다고 사학자 박종효는 기록했다.[182]

러시아 중앙정부가 조선의 난민들을 이렇게 마지못해, 조심스레 받아들인 까닭은 일본과 다른 세계 열국들과의 관계를 다치지 않기 위해서였거나, 조선과의 상업적 기회를 놓치지 않으려는 의도였다고 박종효는 주장한다. 1860년에서 1910년까지 이 점에 관해 언급한 1백여 개의 공식 문서들이 러시아 국립 아카이브에 보존되어 있고, 특히 개방된 조선 도시들의 치외법권과 무역, 탄광 사업, 철도 사업 등에 관한 문서들이 상트 페테르부르크(St. Petersburg)의 세르게이 비트(Serge Witte) 재상, 서울 주재 러시아 공사였던 웨버(K.I. Waeber), 우수리 주지사 코르사코브(M.C. Korsakov) 사이에 주고받은 기록이 남아있다고 한다.[183]

이와 같은 지정학적 환경 속에서 조선의 평민들은 계속하여 극동 러시아로 이주했으며, 이는 마침 그 지역에 백인계 러시아인들을 이주시키고자 했던 러시아 정부의 계획과 일치한 것이었다. 그로 인해 조선 이주민들은

---

181. C. H. Park, [*Rosia Yonbang*], 46.
182. C. H. Park, [*Rosia Yonbang*], 57.
183. C. H. Park, *РГВИА* [Rosia Kungnip … charyojip], 191-220.

법적인 권리와 의무를 다 갖춘 러시아 민족의 일원으로 인정을 받기 위해 더 큰 노력과 어려움을 겪게 되었는데 이제 자세히 살펴볼 것이다.

블라디보스토크의
한인마을과 한인.(1905년)[184]

2. 조선 이주민의 행렬, 1884-

버트람 레녹스 심슨(Bertram Lenox Simpson)이라는 영국인 저자는 주로 퍼트남 위일(B. L. Putnam Weale)이라는 필명으로 글을 많이 썼는데, 1908년에 출판된 저서 『극동 아시아에 다가오는 투쟁(The Coming Struggle in Eastern Asia)』에서 이렇게 표현했다.

> 참으로 의아스러운 것은, 지난 삼십 년 간 상당수의 조선인이 여기저기 흩어져 살면서 온갖 농사를 다 잘 지으며 살고 있고, 더 많은 조선인이 계속 이주하러 오고 있다는 사실이다. – 퍼트남 위일(영문 각주 21)[185]

---

184. 박종효, 러시아 연방의 고려인 역사(서울: 선인, 2018), 142.
185. B.L. Putnam Weale(pseud. for Simpson, Bertram Lenox), *The Coming Struggle in Eastern Asia*(London: MacMillan, 1908), 76.

러시아 정부의 환대 속에 조선으로부터 들어오는 농민들의 숫자는 계속 늘어가고 있었고 마침, 사할린섬이 "러시아의 호주"라 불리울 정도로 '감옥과 망명의 지역'이 됨으로써, 죄수, 간수, 주둔 군대가 늘어서 더 많은 식량이 필요하게 되었다.[186]

그와 동시에 1880년에 오뎃사와 블라디보스토크을 연결하는 해양 통로가 열리어, 유럽에서 오는 러시아 이민의 숫자가 열 배 정도 증가했고, 이런 현상은 1903년 시베리아 횡단철도(Trans-Siberian Railway)가 완공될 때까지 계속되었다.[187] 이들 러시아의 백인 이주민들은 정부로부터 대규모의 토지를 부여받았을 뿐 아니라, 여행 비용도 무료였고, 세금도 면제를 받았는데 이는 이 지역에 날로 늘어가는 인구를 먹일 식량과 철도 건설에 필요한 노동력이 필요했기 때문이다.[188]

1884년에 조선과 러시아 간에 최초로 우호 통상조약(Treaty of Amity and Commerce)이 맺어졌을 때쯤에는, 극동 러시아 매리타임과 아무르 지방에 이미 1만6천 명의 조선인들이 30여 마을을 이루고 정착해 있었다.[189] 1884년의 조약이 체결되기 전부터 이미 살고 있던 조선인들에게는 1888년의 보충 조약에 준해 러시아의 시민권과 15데시아틴(40에이커) 토지의 소유권이 부여되었는데, 이 또한 러시아 정부가 이 지역으로 이주를 권장하고자 하는 뜻에 따른 것이었다.[190] 1900년에 이 지역을 여행했던 불란서 작가 피에르 르로이-볼리유(Pierre Leroy-Beaulieu)는 1895년 청일전쟁 이후 조선인들의 러

---

186. Lee and Lukin, *Russia's Far East*, 30.
187. Lee and Lukin, *Russia's Far East*, 30.
188. Lee and Lukin, *Russia's Far East*, 30.
189. FRUS: Foreign Relations of the United States, "Mr. Foulk to Mr. Bayard," October 21, 1885. No. 245.
190. Igor Saveliev, "Militant Diaspora: Korean Immigrants and Guerrillas in Early Twentieth Century Russia," *Forum of International Development Studies*, 26(Mar. 2004),148.

시아 이주가 급증했다고 직접 목격한 사실을 알렸다.[191]

이 당시는 다국적 이민 현상의 물결이 이 지방뿐 아니라, 세계적으로 일어나기 시작한 때였다고 많은 역사가들이 피력하였다. 조선 내의 일본인 인구도 1880년에서 1890년 사이에 8백35명에서 7천2백45명으로 열 배 가량 늘었고, 십 년 후인 1900년에는 1만5천8백29명에 달했다.[192] 1894년에는 6만3천 명이 우랄산맥을 따라 시베리아로 이주했고, 1만7천 명의 유럽 이주민들이 아무르 지역으로 들어갔다.[193] 뒤에서 더 자세히 보겠지만 조선인의 만주 이민 또한 청일전쟁이 일본의 승리로 끝난 후에 20만 명으로 급증하였다.[194]

르로이-볼리유에 의하면, 1895년 블라디보스토크의 인구 분포는 도시 중심지에는 중국인 노동자 숫자가 훨씬 많아서, 남자 5천5백80, 여자 58, 총 5천6백38명이었던 반면, 조선인은 남자 6백42, 여자 1백77, 총 8백19명이 도시 외곽에서 살면서 농사를 지었다고 한다.[195]

이와 같이 중국인들은 홀몸으로 이주해 다니던 전형적인 모습을 보여주어서, 여자의 숫자는 1퍼센트도 안 되었는데, 조선인의 경우는 27퍼센트가 여자였음을, 아담 맥큔(Adam McKeown)이 보여주었고, 이와 같은 양상은 중국인의 하와이, 미국과 페루 이민 통계에서도 볼 수 있다고 한다.[196] 이처럼 조선인들이 부인과 가족들과 함께 이주하는 경향은 어디로 가든지 조선인들이 고유의 풍습과 생활방식을 유지하는 데 영향을 미쳤다고 볼 수 있다.

---

191. Pierre Leroy-Beaulieu, *The Awakening of the East: Siberia-Japan-China* (New York: McClure, 1900), 50.
192. Jun Uchida, *Brokers of Empire: Japanese Settler Colonialism in Korea, 1876-1945* (Cambridge, MA: Harvard University Press, 2011), 65.
193. Leroy-Beaulieu, *The Awakening*, 47.
194. K. I. Kim, [Korean Diaspora], 30.
195. Leroy-Beaulieu, *The Awakening*, 50.
196. Adam McKeown, *Chinese Migrant Networks and Cultural Change: Peru, Chicago, Hawaii, 1900-1936* (Chicago: University of Chicago Press, 2001), 31 and 36; see tables of Chinese population in the U.S., 1860-1940, on p. 31, in Hawaii, 1853-1940 with gender breakdowns on p. 36 and in Peru, 1876-1940 on p. 48.

퍼트남 위일도 1901년에 조선 이주민들에 관해서, 조선인 여자들이 러시아의 농민 여자들과 좋은 유대관계를 갖고 있었다고 썼다. "그중의 여자들도 러시아 여자들과 좋은 관계를 갖고 있다."[197] 이는 조선인들이 초국적 이민 디아스포라를 형성하고 유지할 수 있었던 것에 여자들의 힘이 컸음을 말해주는 것이라고 볼 수 있다. 그러나 또 다른 측면에서 본다면, 조선인 남자들이 노동뿐 아니라, 요리와 빨래 등의 살림살이도 여자들에게 많이 의지하였다는 것이다.

사학자 서대숙과 박 알리싸(Alyssa Park)는 조선 이민이 계절 이민 또는 순환 이민의 유형으로 육지로 들어가 변경지역에서 농사를 지으면서, 조선에서는 가져볼 수 없던 토지의 소유를 기대하였다고 서술했다.[198] 이 점은 1897-98년도에 조선 이민과 러시아 정부의 관료들이 주고받은 청원서, 보고서, 메모 들을 살펴보면, 조선인들이 우수리-카자크 지역에 자기네끼리 농촌을 만들어 계속 살면서 농사짓기를 청원했던 것에서 알 수 있다.[199]

카자크 사령관들 역시 조선 이민의 청원에 대해 긍정적인 반응을 보였다. 조선인들은 힘들게 구한 땅에서 계속 농사를 짓고자 했고, 조선식으로 세운 가옥들을 허물지 말아 달라고 하였으며, 15년 동안 병역의 의무를 면제해 주고, 조선으로부터 가족들을 초대할 수 있도록 허락해 달라고 청원하였다.[200]

1898년 6월 12일 우수리-카자크 사령관은 코즈로브스키 카자크 사령관에게 보낸 공식 답변에서 조선인 70가족에게 계속 체류하도록 하고 러시아

---

197. Weale, *The Coming Struggle*, 77.
198. Alyssa Park, *Borderland Beyond*, 73-76; Dae-Sook Suh, 김약연: 간도 민족독립운동의 지도자 [Kim Yak-Yon: Leader of the Kando Independence Movement](Seoul: Yuksa Gonggan, 2008), 40.
199. C. H. Park, [*Rosia Kungnip Munso...Han'guk kwallyon*], 602.
200. C. H. Park, [*Rosia Kungnip Munso...Han'guk kwallyon*], 602.

시민권을 취득할 수 있는 허가를 내주었다. 단 한 가지 필수 사항은 최초로 입국한 날짜, 이름, 종교, 직업, 재정 증명의 문서를 제출하라는 것이었다. 증명서가 없을 경우에는 사유서 정도로 대체하는 걸 허용하였고, 어느 지역에 거주하고자 하는지를 밝히라 하였다. 러시아 정부 측은 인구 분포의 조절과 통제를 목적으로, 이들이 국경 인접마을에 정착하는 것을 원치 않았다.[201]

1902년 통계에 의하면, 블라디보스토크 지역에 1만5천 명의 중국인, 2천4백 명의 일본인, 2천3백 명의 조선인이 1만1천5백 명의 러시아인과 1만3천 명의 수비대원과 어울려 살고 있었다.[202] 사학자 월터 콜라즈(Walter Kolarz)는 한 독일 신문기자의 말을 인용해 "블라디보스토크 기차역 대합실에 들어가는 순간, 수많은 중국인을 보면서 순간 아시아에, 아니 중국에 와 있다는 착각을 했고, 블라디보스토크는 완연한 중국의 도시"라고 하였다.[203]

블라디보스토크 시내에는 중국인 노동자가 현저히 많았던 반면, 그 주변의 러시아와 코사크 농장들은 조선인 농부들에게 많이 의존하였고, 포셋 지역은 거의 모두 조선인들에 의해 경작되고 있었다고 박 알리싸는 서술했다.[204] 페조츠키(V. D. Pesotskii)라는 개척자는 남부 매리타임 주의 인구는 거의 모두 조선인 농부의 농사로 먹고살고 있다고 했다.[205] 조선인 노동자들은 또한 금광과 탄광에서 광부로, 나무꾼이나 어부로 지역경제에 중요한 역할을 하였고, '형님'이라는 비공식적 노동조합을 구성하여 서로 도우며, 조국을

---

201. C. H. Park, *РГВИ*: 러시아 국립문서보관소 소장 한국 관련 문서 요약집 [Rosia Kungnip Munso Pogwanso sojang Hanguk kwallyon munso yoyakchip. Compiled by Chong Hyo Pak, Seoul: Korea Foundation, 2002., 602.
202. Walter Kolarz, *The Peoples of the Soviet Far East*(n. p.: Archon Books, 1969), 45.
203. Kolarz, *The Peoples*, 44-45.
204. Alyssa Park, *Borderland Beyond*, 87.
205. Alyssa Park, *Borderland Beyond*, 87.

마음에 간직한 채 러시아의 법적인 일원으로 기여하려고 노력했다.[206]

1900년 즈음, 블라디보스토크는 시베리아 횡단철도(Trans-Siberian Railway)의 동남 말단의 종점으로서 "러시아의 영향력의 중심지" 역할을 하고 있다고 르로이-볼리유는 썼다.[207] 양쪽으로 깊숙한 항만과 12마일 정도의 반도를 가진 블라디보스토크는 그보다 서쪽 서해안에 자리잡은 대련(大連 = Port Arthur)만큼 일 년 내내 부동항은 아니었지만, 러시아함대를 안전하게 정박해 놓을 수 있는 지역이었다. 르로이-볼리유는 또 블라디보스토크를 이렇게 소개했다. "시가지는 푸른색 옷에 머리를 땋아 내린 중국인과, 흰옷의 조선인과 기모노를 입은 일본인으로 인파를 이뤘다. 이런 동양인들 속을 병정들과 뱃사람들이 헤치고 다닌다."[208] 1900년대에 그 도시에 러시아 시민은 수천 명에 불과했지만, 1만87명의 러시아 군인과 가족들, 중국인 5천6백38명, 일본인 1천2백32명과 조선인 8백19명이 함께 북적거리며 살고 있었다.[209]

중국인들은 노동자, 하인, 뱃사람 등의 일을 하고 있었고, 일본인들은 "자그마한 거래상을 하고 있었고…적지 않은 이들이 스파이"였다고 르로이-볼리유는 썼다.[210] 그는 조선인들은 매우 건장하고 힘든 일을 잘 해내었으며, 철도공사에 많은 도움을 주었고, 고용주들의 신임을 받았으며, 관리자들도 그들의 근면하고 평화스러운 성품을 잘 보아서 특별수당도 주곤 했다"라고 썼다.[211] 조선인들은 러시아제국의 일원으로서 살아내느라 노력을 경주하였고 만주로 이주해 간 조선인들도 그에 못지않게 중국인으로서 인

---

206. Alyssa Park, *Borderland Beyond*, 88.
207. Leroy-Beaulieu, *The Awakening*, 49.
208. Leroy-Beaulieu, *The Awakening*, 50.
209. Leroy-Beaulieu, *The Awakening*, 50.
210. Leroy-Beaulieu, *The Awakening*, 50.
211. Leroy-Beaulieu, *The Awakening*, 51.

정받으려고 애썼다.

1902년경, 윤치호가 5월 7일 자 일기에 썼듯이, 조선 이주민들은 한반도의 북쪽 지방인 함경도나 평안도뿐 아니라, 경기도와 남쪽 지방에서도 많이 이주해 갔다. 그 전해의 가뭄으로 인해 13도 중 8도에서도 극심한 기근으로 고생이 많았고, 경기도와 충청도의 많은 지역에서도 마을의 주민들이 몽땅 죽거나 이주해서 텅텅 비워졌다.[212] 이같은 집단이주의 현상은 상기했던 대로 백골징포의 폐단이 1902년에도 계속되고 있었음을 잘 보여주는 것이다.[213]

러-일전쟁 당시 3만여 명의 조선인들-좀 더 정확히 말하자면, 1902년에는 3만2천4백10명, 1906년에는 3만4천3백99명-이 극동 러시아지역에 살고 있었다고 아무르 지역의 중국인, 조선인, 일본인에 관한 기록을 러시아 황제의 명령으로 파견되었던 조사단이 남겨놓았다.[214] 러-일전쟁 당시 합법적이고 비교적 큰 규모의 조선인 디아스포라가 극동 러시아에 이미 형성되어 있었고, 대부분의 주민들은 농업에 종사하였으며 러시아 황제의 백성의 자격을 가지고, 블라디보스토크에 마을을 이뤄서 함께 살고 있었다.[215]

약 5천 명의 조선인들이 금광에서 일하고 있는 것으로 기록되어 있는데 이는 극동 러시아의 광산 인부들의 삼 분의 일에 달했다고, 박 알리싸는 썼다.[216]

많은 광산이 조선인들 없이는 운영이 되지 않았다. 겨울의 중노동을

---

212. *Yun Chi-ho's Diary:1897-1902*, Volume 5(Seoul: National History Compilation Committee, 1975), 329.
213. K. Lee, *The New History of Korea*, 226.
214. Saveliev, "Militant," 149; Chang, *Burnt*, 11.
215. Saveliev, "Militant," 148.
216. Alyssa Park, *Borderland Beyond*, 88.

러시아인들은 견디어낼 수 없었고… 조선인들만이 그런 일을 하러 먼 길을 온다. 조선인 빼고 누구도 참을성 있게 늪지대와 같이 깊은 금광에 들어가 일하는 것을 견디내지 못한다.(영문 각주 22)[217]

이렇게 긍정적인 평판을 받는 조선인들은 극심한 조세와 악몽 같은 관료주의가 판치는 고향으로 돌아갈 수 없는 신세이므로, 악착 같은 결심을 붙들고 살아나가고 있었다. 그들의 투쟁은 러-일 간의 전쟁 위험과 일본의 식민정책으로 인해 나날이 심해지고 있었다.

버트람 위일이 1906년에 블라디보스토크에서 직접 본 조선인들에 대한 언급에 의하면, 아주 많은 숫자의 조선인이 니콜스크(Nicolsk)시 주변으로 이주해오고 있었는데, 처음에는 수확 계절에만 왔으나 나중에는 극동 러시아의 남단 지역에서 농사와 목축을 하며 눌러앉았다고 하였다.[218] 그렇지만 여기 사는 조선인들은, 조선에 남아있는 형제들에 비해 훨씬 강한 자신감과 유머를 가지고 있었고, 부인들도 러시아 여자들과 아주 좋은 관계를 유지하고 있다고 썼다.[219] 1897년에 극동 러시아를 방문했던 비숍도 이와 유사한 보고를 하였다. 위일과 비숍이 본 것은, 이 조선인들이 타향에서 많은 고생을 하고 있으나, 양반사회의 고질적인 폐단을 벗어난 데서 자신감과 긍정적인 관점이 생기는 등의 현저한 변화이었다.

하바롭스크의 중국인과 조선인 노동자들은 러시아인의 반값에 해당되는 조세가 부과되고 있었다. 왜냐하면 그들은 계절 노동자로서 러시아인 임금 8백50루불의 절반인 4백25루불만 받는 '반쪽 인간(half persons)'으로 간주되

---

217. Alyssa Park, *Borderland Beyond*, 89.
218. Weale, *The Coming*, 76.
219. Weale, *The Coming*, 77.

었기 때문이다.[220] 그리고 지방 관리의 재량에 따라 불교신자라고, 자녀에게 러시아 정교인으로 세례를 준다고, 또는 조선에서 한 결혼을 러시아법으로 인정해 준다는 등의 구실을 붙여 임의대로 과세를 했다.[221]

이 당시 대부분의 아시아 계통 사람들은 시베리아에서 극동 러시아로 이주해 온 유목민이었으며, 짐승 모피제품에 부가되는 이아삭(iasak)이라는 공물세를 내고 있었다. 그러나 중국인과 조선인 이주자들은 그들과는 다른 경우로 제정러시아 국민으로 대접받지 못하고, 이등 국민의 위치에서 디아스포라인으로서 위협적인 문제 집단으로 간주되고 있었다.[222] 백계 러시아인과 동등한 자격을 갖지 못하고, '외국인(inorodtsy = alien)'으로서, 토지 소유권도 없고, 납세의 의무도 없는, '불법인 또는 무국적 무단 거주자(illegals or stateless squatters)' 취급을 받았다.[223]

3. 조선 이주민의 세 등급

1860년에 연해주(Primorsky Krai) 지역이 중국에서 러시아의 영토로 넘어간 지 15년 후인 1875년 5월 7일, 상트 페테르부르크 조약이 러시아와 일본 사이에 맺어졌다. 이 조약은 사할린 지역의 통제권을 러시아에 넘긴 대신, 쿠릴열도 북쪽의 18개 섬을 일본이 차지했고, 1905년 러-일전쟁 종결 후 포츠머스(Portsmouth) 평화조약이 맺어질 때까지 양국 간에 있던 모든 섬과 국경 분쟁을 진정시키는 역할을 하였다.[224]

근면하고 생산적인 조선인들이 각박한 땅을 경작하여 세금 내는 시민이

---

220. Yanni Kotsonis, "Face-to-Face: The State, the Individual, and the Citizen in Russian Taxation, 1863-1917," *Slavic Review*, v. 63, n. 2(20040701): 243.
221. Chang, *Burnt*, 15.
222. Chang, *Burnt*, 16.
223. Chang, *Burnt*, 15.
224. C. H. Park, "[Study of Russian Kuril Islands]", 175.

되기를 장려하는 뜻에서, 아무르 지역의 초대 총독 코르프(Andrey Nikolayevich Baron von Korf)는 중국과 조선에서 온 이주민들이 극동 러시아의 지역경제에 "없어서는 안 될 존재"라고 인정하였다.[225]

코르프 총독은 1890년에 조선인들의 법적 지위 증진을 위해 관대한 정책을 수립하였고, 1891년 7월 21일 자로 운테르베르게르(Paul(Pavel) Fridrikhovich Unterberger)에게 그에 따른 시행령을 수립하라고 지시하였다.[226] 그리하여 조선 이주민들을 세 그룹으로 분류하는 극동 러시아의 이민정책이 수립되었고 그 다음 부임한 총독 두홉스키(S. M. Dukhovskoi, 1893-1898)도 이를 준수하였다.

세 그룹 중 첫째는 1882년 6월 25일 이전에 도착한 조선 이주민들, 둘째와 셋째 그룹은 1884년에 조선과 러시아 간에 최초로 맺어진 우호 통상조약(Treaty of Amity and Commerce) 이후에 들어온 주민들이 해당되었다. 두홉스키는 조선인 중 제2와 3 그룹에 속하는 이들을 러시아 국민으로 인정해 주었으나, 1906년에 그 뒤를 이어 취임한 운테르베르게르는 전임 총독 코르프의 포용적이고 개방적인 정책을 포기하였다.[227] 결과적으로 1884년에 맺은 조-러조약은 조선인의 이주를 "기술이나 자산"에 기준해서 받아들여 주는 방식이 아니고, 초기에 이주한 날짜에 따라 제한되는 쿼터 시스템으로서 조선으로부터의 이주를 저지하는 방해물이 된 격이었다.[228]

제2 등급에 해당하는 조선인들은 러시아 국민들에게 주는 15데시아틴의 토지를 받을 수 있었으나, 이는 코사크인들에게 주어졌던 1백 데시아틴의

---

225. Lee and Lukin, *Russia's*, 31.
226. C. H. Park, [*Rosia Yonbang*], 76.
227. C. H. Park, [*Rosia Yonbang*], 76; Chang, *Burnt*, 15.
228. Chang, *Burnt*, 15; C. H. Park, [*Rosia Yonbang*], 77.

15퍼센트에 지나지 않았다.²²⁹ 제2와 3등급에 해당하는 조선인들은 1890년대까지 시민권이 없는 게스트 노동자 취급을 받았다.²³⁰ 제2 등급의 조선인들은 1884년 이후에 러시아에 들어온 사람들로 5년간 임시 체류자 자격에 노비(serfs)로 일을 할 수 있었으며, 매년 5루블의 비자 처리 비용을 내야했다. 비자가 만료되면 체류 중 받았던 토지도 몰수되었다. 2년 이상 체류 했을 경우, 병역의 의무는 없고 토지세가 부과되었다. 제3 등급은 1884년 이후에 입국해 임금을 받으며 일하는 조선인들에게 해당되었는데, 토지사용료와 세금이 부과되었다.²³¹

1892-93년 사이 제2와 3등급의 조선인들은 프리모르스크(Primorsk)와 우수리스크 시넬리코보(Sinellikovo) 지역에 형성하고 살던 마을에서 또다시 퇴거당해 조선으로 돌아가든가 만주 지역으로 이주를 해야 했는데, 정확한 숫자는 알 수가 없다. 그렇더라도 1930년대에 본국으로 귀환한 수를 감안해도 극동 러시아와 만주로의 이주민의 숫자는 계속 늘었다.

4. 러시아인으로의 동화현상

1885년, 조선과 러시아 간의 우호 통상조약이 처음으로 맺어졌는데, 이는 조선이 영국과 독일과 맺은 조약에 준한 것이었다고, 미국 영사 휠크(George C. Foulk)가 미 국무장관 베이야드(Thomas A. Bayard)에게 보고하였다.²³² 최초의 조선 주재 영사로 1885년 10월 14일에 취임한 세르게 왜베르(Serge Waeber)는 조선이 중국과 압록강을 넘어 통상하는 것과 같은 이치로, 북동쪽 경계

---

229. Chang, *Burnt*, 15.
230. Chang, *Burnt*, 15.
231. C. H. Park, [*Rosia Yonbang*], 78-79.
232. FRUS, "Mr. Foulk to Mr. Bayard," October 14, 1885. No. 238.
233. C. H. Park, [*Rosia Yonbang*], 60.

조선인 학교 학생들과 정교회 신부. 동그라미 속의 인물이 최재형.[233]

선인 두만강을 건너 러시아와 통상할 것을 제안하였다.[234]

이는 1882년 5월에 중국과의 경계선을 열면서 설치되었던 거래소를 말하는 것으로 『고종실록』에도 기록되어 있다.[235] 러시아 측에서 제안한 거래소는 두만강 어귀에서 약간 남쪽에 있었으며, 극동 시베리아에서도 최남단에 있는 포시엣 가까이 위치해 있었는데, 이는 중국과의 변경이 너무 동쪽으로 치우쳐 있다고 주장하는 러시아의 입장을 보여주는 것으로 볼 수 있다고 휠크는 국무성에 보고했다.[236] 일주일 후, 휠크는 국무성의 베이야드에게 러시아 쪽의 거래소는 후일에 열기로 미루어졌다고 보고했다. 그러나 이 거래소는 1905년 러-일전쟁 종결과 포츠머스 평화조약으로 인해, 한국정부가 외국정부와 맺은 조약들이 모두 폐기되면서 더 이상 거론이 되지 않았다.[237]

---

234. FRUS, "Mr. Foulk to Mr. Bayard," October 14, 1885. No. 238.
235. Gojong Sillok, "중국 길림과 조선간의 무역규정을 체결하다 [A Treaty of Trade established between Jilin, China, and Chosun]," Gojong 21, May 26, 1884.
236. FRUS, "Mr. Foulk to Mr. Bayard," October 21, 1885. No. 245.
237. This later negotiation never took place because the 1885 Treaty was annulled in 1905 by the signing of Russo-Japanese War Portsmouth Peace Treaty which, in fact, nullified all treaties Korea had established with foreign governments. As the victor in 1905, Japan reclaimed Southern Sakhalin, nullifying the 1875 Saint Petersburg Treaty as well. Chong Hyo Pak, "러시아 쿠릴열도에 관한 러/일 분쟁사 연구: 러/일이 체결한 영토조약을 중심으로" [Study of Russian Kuril Islands and Russo-Japanese Disputes], 軍史 [Military History], 제80호(2011. 9), 202.

어쨌든 러시아 정부가 조선과 조선인에게 갖은 관심은 대체로 긍정적이었다. 1884년 이전에 이주한 조선인들에게는 1888년에 맺은 조약에 따라, 러시아 국민이 될 자격과 15데시아틴의 땅의 소유권을 부여했는데, 이는 러시아 정부가 이 극동지역에 이주민을 끌어들이고자 하는 정책에 의한 것이었다.[238]

1891년에는 1만2천8백57명의 조선인 농부들이 우수리 지역에 살면서 시민권을 신청할 수 있었고, 1893-99년 사이에는 훨씬 많은 조선인이 귀화할 자격도 있었다. 야니얀치 볼로스토브(Yanyanchi Volostov) 지역에 살던 1천3백 가구의 조선인들은 시민권을 받길 원했으나 1백여 가구는 거절하였고, 7백 가구는 자격이 안 되거나 원치를 않았다고 한다.[239] 어떤 이유로 이 1백여 가구의 조선인들이 귀화를 거절하였는지 분명히 알 수는 없으나, 조선 국적을 유지하여 훗날 모국으로 돌아가기를 원했다고도 볼 수 있다.

조선인들의 높은 교육열에 부응하여, 동시베리아 주지사 코르사코브(M.C. Korsakov, 1861-70)는 1870년 우수리 지역 두 곳에 조선인을 위한 학교를 세우라고 명하며, 1백50루블의 건축비를 책정해 주었다. 1872년에는 블라고스로베노에(Blagoslovennoe)의 조선인 사회를 위해 학교를 더 많이 열어주었다.[240]

1889년 즈음, 1884년 이후에 이주해서 제2 등급으로 5년 간의 임시 주민권을 가진 조선인들이 많아져, 러시아 농부와 동등하게 시민권과 토지소권을 소유할 수 있었다. 그들 중 어떤 이들은 상당히 부유해져서 '원호인(starozhil)'이라고 불린 반면, 뒤늦게 도착한 조선인들은 시민권 획득이 힘들

---

238. Saveliev, "Militant Diaspora," 148.
239. C. H. Park, [Rosia Yonbang], 79.
240. C. H. Park, [Rosia Yonbang], 58.

어져서 '여호인(novosel)'이라고 불렸으며, 러시아인 또는 귀화한 조선인 농부들 밑에서 소작인으로 일하였다. 이 개척자들은 자식교육에 대단히 열성적이어서, 러시아 학교에 보내기도 하였다.[241]

러시아인 대접을 받고자 하는 부모들은 자식들이 러시아인으로 융화될 수 있도록 기술교육 대학이나 러시아정교 학교로 보내 공부를 시켰다.[242] 그러나 조선인 후예들은 아시아인종의 특색인 타고난 노란색의 피부, 검은 머리와 작은 눈 등으로 라트비아, 에스토니아, 아르메니아에서 온 백계 러시아인들이나 유대인, 발틱 해의 독일인들처럼 쉽게 융화할 수 없었다. 이러한 신체적·골상학적 차이점은 교육이나 근면한 생산성과 관계없이 피가 섞여야만 해결되는 문제였다.[243]

날로 커져가는 슬라브 민족주의의 대두 속에 황색 노동자인 조선인들의 사회적 지위는 더욱 낮아졌고, 민족주의의 학자 블라디미르 그라베(Vladimir V. Grave)의 학설에 따라, '러시아인을 위한 러시아 설(Russia and Russian industry for Russians)'을 굳게 믿었던 운테르베르게르 총독의 재임 동안에 더욱 악화되었다.[244] 러시아인들은 중국인과 조선인 노동자들이 지역경제에서 힘이 세져, 러시아 관료들을 우습게 만드는 것을 막아야 한다고 그라베는 주장했다.[245]

그러나 듀홉스키의 재임 동안(1893-98)에는 조선 이민자들에게 우호적이었고 시민권의 취득도 도와주었다. 그는 러시아에 근면하고 생산적인 외국인들이 필요함을 인정하여, 러시아 제1 등급의 조선인들뿐 아니라, 제2 등

---

241. Byung Yool Ban, *Korean National Activities in the Russian Far East and North Chientao*, Ph.D. Thesis(Hawaii: University of Hawaii, 1996), 67-68; B.D. Pak, *Koreitsy*, 121, cited in H. G. Park, *The Displacement*, 60.
242. J. Chang, *Burnt*, 18.
243. J. Chang, *Burnt*, 19.
244. Chang, *Burnt*, 17.
245. Chang, *Burnt*, 18.

급의 조선인들의 귀화 신청도 승인해 주었다.[246]

조선 이주민들은 강한 교육열로 자식들이 하루속히 러시아인으로 융화(Russification)하기를 원하였다. 예를 들자면 고영준(Kogai Evegenyi)은 1866년에 상트 페테르부르크까지 가서 러시아어 교육을 받고 1871년에 돌아와 남우수리 국경행정부에서 통역관으로 일하였다.[247] 어떤 조선 이주민의 자식들은 러시아군과 정보기관에 들어가 러-일전쟁 때 큰 역할을 하기도 하였다.

비숍은 1897년에 포시엣 만과 노보키엡스크(NowoKiewsk, 현: 크라스키노) 지역을 방문하여, 러시아에서 다국적 디아스포라를 형성하고 살던 조선인들의 현황을 관찰하였다. 1850년대에 미국도 돌아보았고, 1875년 이후 하와이, 인도, 중국과 조선을 돌아보고 여행기를 쓴 그녀는, 빅토리아 시대의 전형적인 모성애와 가정주의에 구애되지 않고, 특정한 독단적 교리에도 기울지 않은 개화적인 관점에서 글을 쓴 것으로 평가되고 있는 저자이다.[248]

비숍은 1894년에서 1897년까지 조선을 네 번이나 방문하였고, 독신 여자가 여행하기에 힘들었던 한반도를 말을 타거나, 개조한 하우스 보트에서 거주하면서 중국인 요리사, 통역사 등의 가이드와 함께, 강을 따라 전국을 돌아보았다. 1894년, 그녀의 첫 번째 여행은 청-일전쟁의 발발로 인해 중단되어 국외로 추방되었다.[249] 1897년에 돌아와 만주의 봉천(현재 : 심양)과 블라디보스토크를 돌아보면서 청-일전쟁 이후와 러-일전쟁 이전의 조선을 살펴볼 수 있었던 비숍 여사는 러시아 국기 밑에서 생활하던 2만여 명의 조

---

246. Chang, *Burnt*, 15.
247. C. H. Park, *[Rosia Yonbang]*, 59.
248. Anna M. Stoddart, The Life of Isabella Bird(Mrs. Bishop) Hon. Member of the Oriental Society of Pekin(London: John Murray, 1908), vi.; Precious McKenzie, *The Right Sort of Woman: Victorian Travel Writers and the Fitness of an Empire*(Cambridge: Cambridge Scholars, 2012), 31.
249. Stuart Heaver, "Isabella Bird, Victorian pioneer who changed West's view of China," *Post Magazine*, 2015.

선 디아스포라인들을 직접 보았다.[250]

일본 나가사키(長崎)로부터 히고마루 배를 타고 블라디보스토크에 착륙한 비숍은 호텔 주변에서 호객 행위를 하는 조선인 젊은이들의 아우성 속에서, 러시아어, 한국어, 일본어와 영어 등 다국어로 부르짖는 정경을 "뭐라 표현할 수 없는 바벨"이라고 서술했다.[251] 그 당시 프리모르스크의 총독이었던 운테르베르게르 부부의 환대를 받으며, 블라디보스토크 시의 교외에 있던 규모가 큰 조선인 정착지로 안내받았고, 노보키엡스크의 군 기지에 살고 있던 1천 명의 주민들 중 대부분이 조선인과 중국인이었음을 확인했다.[252]

비숍은 군 기지의 막사와 창고 주변에 형성된 조선인 마을의 풍요로운 모습을 아래와 같이 설명하였다.

> 러시아 군대에 육류와 곡물의 조달업자로서 부유해지고 있다. 이에 [조선인들은] 중국인 이웃을 능가했고, 하물며 만주까지 들어가서 말라빠진 소를 산 후 살을 찌워 좋은 소고기를 만들어 팔고 있다. 하바롭스크 근처의 조선인 개척자들은 그 도시의 주민들이 필요로 하는 야채를 몽땅 손수 길러서 중국 상인들이 당할 수 없게 했다는 믿을 만한 정보를 얻은 바 있다.(영문 각주 23)[253]

비숍은 규모가 큰 조선인 개척자의 집을 손수 그려 보였는데, 조선 고유

---

250. Isabella L. Bird, *Korea & Her Neighbours: A Narrative of Travel, with an Account of the Recent Vicissitudes and Present Position of the Country*(London: John Murray, 1898), II, 1.
251. Bird, *Korea*, I, 252.
252. Bird, *Korea*, II, 3.
253. Bird, *Korea*, II, 4.
254. Bishop, Korea, II, 5.

비숍이 보고 그린
블라디보스토크
근처의 조선인
개척자의 농가.[254]

모습의 농가로서 방이 대여섯 개나 있는 큰집이었고, 가족과 농부들이 잘 유지하고 있었음을 묘사했다. 그녀는 조선 국내에서 본 집들보다 훨씬 윤택한 집들이 들어서 있는 조선마을이 극동러시아 시골 전역에 산재해 있는 것을 보았다고 했다.[255]

농부들도 본국에서 흔히 보았던 "소심하고, 의심 많고, 움츠린 태도"와는 달리 "솔직하고 남성적인 독립심"을 보여주었다고 썼다.[256] 이 농부들이 기근으로 인한 굶주림과 관료주의의 폐해를 피해 불과 십여 년 전에 도망친 후, 정직한 체제 속에서 소득을 보장받는 사회의 떳떳한 남자로 성공했음을 보고, 비숍은 그들의 재질과 성공 가능성을 포착했다. 이는 한 외국 여인의 동정적인 눈을 통해서 본, 즉 악한 정부가 조선 백성에게 끼친 심각한, 악영향이라고 볼 수 있다.[257]

또 다른 측면에서 보자면, 위에 그려진 개척 농부 가족의 모습에 남편과

---

255. Bishop, Korea, II, 5.
256. Bishop, Korea, II, 5.
257. Bishop, *Korea*, II, 18.

부인 외에 가족의 일원으로 보이는 남자와 그 옆에 쭈그리고 앉아있는 몇 명의 소작인이나 농사를 도와주는 고용인도 보인다. 이것은 전형적인 조선의 농촌 가족관계에서 볼 수 있던, 고용인이나 노비가 함께 거주하며 살던 규모가 비교적 큰 농가의 모습으로 조선의 지주사회의 모습과 유사하다고 볼 수 있다.

비숍이 방문했던 조선인 마을은 서로 삼사 마일쯤 거리를 두고 떨어져 있었는데, 모두가 "경제적으로 윤택해 보였고, 집들도 큼직하고 견고하게 지어졌으며, 어른들과 아이들 모두 옷을 잘 입은 편이었고, 마을의 부지들도 잘 정돈되어 있었다"라고 서술되었다.[258] 비숍이 방문한 또 다른 한 마을은 1백40가구가 7백50에이커의 비옥한 땅을 차지하고 있었고, 그들이 사는 가옥들은 전형적인 조선의 건축양식에 따라 지어졌고, 농토는 잘 갈아져 있었으며 짐승들도 깨끗한 우리에서 살고 있었다. 주민들의 복장은 조선에서 보던 바와 똑같았고, 상투(top-knot)를 흔히 볼 수 있었다고 했다.[259]

조선에서 살면서 여행도 많이 했던 미국인 앵거스 해밀튼(Angus Hamilton)은 상투라는 것은 조선사회의 오랜 습관으로 유지되었던 전통적인 남자의 머리 스타일이었는데, 조선 남자의 머리 형태는 결혼을 했는지 안 했는지를 알 수 있는 표징이었다고 설명했다.[260] 미혼일 때는 머리를 길게 땋아서 늘렸다가 결혼하면 한 뭉치로 묶어서 머리 꼭대기 정수리에 올려 놓고, 말총으로 만든 망건을 씌운 후 갓이라는 높고 챙이 넓은 까만 모자를 덮어 쓰는 습관을 말한다. 한 마디로 말해 상투는 조선의 성인 남성의 상징이었고, 극동 러시아의 디아스포라들도 지키는 조선의 전통이었다고 선교사 언더

---

258. Bishop, *Korea*, II, 9.
259. Bishop, *Korea*, II, 6.
260. Angus Hamilton, Herbert H. Austin and Masatake Terauchi, Korea: *Its History, Its People, and Its Commerce*(Boston: J.B. Millet, 1910), 32.

우드의 부인 릴리아스(Lilias Horton Underwood)도 설명했다.[261]

포시엣 만에 살던 조선인 농부들 외에도, 비숍 여사는 건장한 조선 목축인들이 60여 마리의 소떼를 한꺼번에 몰고 블라디보스토크로 가서 팔고 오는 것을 보았다.[262] 포시엣 만과 노보키에스크 사이에 조선인 마을들이 형성된 지역 옆에는 만 명 정도의 러시아 보병과 포병의 가족들이 사는, 창문 하나와 방 두 칸 정도의 작고 납작한 집들이 다닥다닥 붙어 있는데, 바로 그 옆에는 압도적으로 큰 러시아정교회 교회가 있었다.[263] 얀치혜라는 마을에는 러시아인과 조선인 아이들이 함께 공부하는 학교가 있었는데, 4백여 명의 조선인들이 자식의 교육을 위해 기독교로 개종하여 세례까지 받고 있었다고도 했다.[264]

백계 러시아인과 조선 이주민 가정들이 한 마을에 섞여 살면서, 그들의 자식들이 나란히 앉아서 학습하고 러시아정교회에서 함께 예배보는 모습을 비숍은 묘사하고 있었다. 더구나, 백계 러시아인들은 겨우 창문 하나 있는 협소한 진흙 벽의 집에 살고 있고, 조선인 이웃들보다 나을 것이 없는 생활을 하고 있음을 보았다. 조선이었더라면, 평민 특히 농부의 자식들이 양반의 자식들과 나란히 앉아서 공부한다는 것은 상상도 할 수 없는 것이었는데 마침내, 이 조선의 이주민들은 러시아인으로 귀화하여 모국에서는 꿈도 꿀 수 없던 풍요로운 생활을 타국에 와서 이루고 있는 것이었다.

극동 러시아에 자리 잡은 조선인들은 자기네 고유한 의상, 머리 스타일, 신발, 생활방식을 삼사십 년 동안 지키고 있었다. 만주의 조선 디아스포라

---

261. Lillias Horton Underwood, *Fifteen Years among the Top-knots or Life in Korea*(Boston: American Tract Society, 1904), 50.
262. Bishop, *Korea*, II, 2.
263. Bishop, *Korea*, II, 3.
264. Bishop, *Korea*, II, 7.

인도 마찬가지였을 것이다. 비숍 여사는 조선인 개척자들의 긍정적인 새 삶의 면모를 러-일전쟁이 발발하기 전인 1890년대 후반에 이미 확인해 주었다.

블라디보스토크를 떠나기 전에, 비숍 여사는 러시아, 중국, 조선의 경계선 지역을 한눈에 내려다볼 수 있는 높은 산꼭대기에서, 지정학적으로 매우 중요한 요점을 보았다. 11마일 거리에 상당하는 조-러 양국 간의 경계선이 서로 마주치는 지점을 표시하는 화감암 비석이 강 위로 높이 치솟아 있는 언덕 위에 우뚝 서 있는 모습을 본 것이다. 비숍 여사는 이 세 나라가 머리를 맞대고 있는 지점에서 네 번째의 머리, 즉 일본이 언제라도 튀어나올 것이라고 말하였다.[265]

1900년대 초에 들어서자, 조선인들의 이민 양상은 경제 이민에서 정치 이민으로 바뀌었다.[266] 일본의 침략적인 식민정책에 항거하여 수많은 정치 망명인이 밀려 나왔기 때문이다. 조선 왕조가 무너지기 시작할 때, 급증하는 조선인들의 정치적 망명은 아주 복잡한 문제를 제기하였다. 러-일전쟁의 승자로 일본이 일어서고 있는 시점에서, 일본의 위협에 못 이겨 무너져 가는 조국을 등지고 떠나는 조선의 백성들이 러시아의 주권을 인정하는 셈이 된다는 문제가 대두하고 있었던 것이다.[267]

러시아와 일본 사이에 커가는 정치적 갈등 속에 극동 러시아에 도착하는 새 이민자들은 항일 독립운동을 계속하고자 했지만, 기존 이민자들은 이미 경제적인 기반을 잡고 있었고, 러시아 백성의 일원으로 러시아군을 도와 러-일전쟁에 참여하고자 하였다.[268] 경제적 또는 정치적 이유에서 극동 러

---

265. Bishop, *Korea*, II, 9-10.
266. H. G. Park, *The Displacement*, 62.
267. H. G. Park, *The Displacement*, 57.
268. Savelieve, "Militant," 155.

시아로 이주한 두 그룹은 1904년 일본에 대항해 싸워야 할 러시아를 돕기 위해 힘을 합쳤다. 두 그룹이 가지고 있던 서로 다른 충성심, 즉 러시아라는 새 조국과 조선이라는 옛 조국에 언젠가는 돌아가리라 기대하는 충성심을 가지고 일본의 식민주의 야심에 대항하여 손을 잡고 싸우기로 한 것이다.

똑같은, 아니면 더욱 복잡한 주권의 문제가 만주로 이주한 조선인들에게도 들이닥쳤다. 다음으로 볼 것은, 러시아로의 이주와 나란히 발생한 조선인들의 만주를 향한 이주이다. 만주는 이미 다국적 디아스포라의 혼합성을 안고 있던 지역이었기에, 조선 이주민들의 처지는 복합적인 문제점을 안고 있었고, 또한 만주에 대한 일본의 제국적 야욕 때문에 더욱 심각하였다. 이런 상황에서 만주의 조선 이주민들은 사회 구조적으로 아주 미묘한 처지에 무국적 또는 일본의 국민으로 처해지게 되었다.

II. 만주의 조선인, 망향의 이주민 또는 망명한 애국자?

압록강의 한–만 국경선.
("Korea-Manchuria" border on the Yalu River,)
잭 런던의 사진, 1904[269]

---

269. Jack London Photographs, JLP444, Album 6, #00646.

1. 다민족 디아스포라에서 공존하는 조선인

한국인이 최초로 만주에 등장한 것에 관해서는 많은 역사적 기록이 있다. 기원전 37년까지 올라가면 고구려의 주몽이 발해 지역에 국가를 세우고 살았다는 것은 이미 잘 알려져 있다.[270] 서기 1세기에, 고구려의 6대 왕 태조(太祖, 52-146)가 요하(遼河) 강변에서부터 남쪽으로는 대동강까지, 북서쪽으로는 송화강변까지, 한반도의 북동지역의 평야를 평정하여 통일하고자 했다고 한다.[271]

태조대왕의 야망은 요동반도와 만주의 대부분 지역을 고구려의 영토로 만들었던 광개토대왕(재위 391-412)에 의해 성취되었다.[272] 이와 같은 민족주의적 역사관은 1883년에 일본군의 사카와 가게아키가 현 길림성에서 서기 414년도로 명기된 광개토대왕릉비를 발견함으로써 더욱 확고해졌다.[273]

동시에 이러한 고고학적 발견은 일본의 요시 사부로 쿠노와 같은 민족주의 사학자들이 받아들여, 일본의 제국 기원을 고구려의 만주 정복에 따라 4세기로 소급하는 것에 이용된 바 있다.[274] 고구려에 의해 세워지고, 거란 족에 정복된, 발해 왕국(698-926)의 함락과 함께 만주는 926년에 정치·문화적으로 한국의 일부에서 떨어져 나갔다.[275]

좀 더 근세로 들어와서는 1627년 정묘호란과 1636년 병자호란 때, 두 번에 걸친 청나라의 침입으로 인조 때 소현 세자와 수많은 양반, 하인들이 만주의 심양으로 끌려갔다. 무려 1만3천 명의 병정과 가족들이 만주까지 끌려가 노예로 매매되었다. 그 후 만주에 살아남은 사람들은 서로 혼인을 하

---
270. Eckert, et al., *Korea Old and New*, 15.
271. Eckert, et al., *Korea Old and New*, 17.
272. "Koguryo: Ancient Kingdom, Korea," Encyclopaedia Britannica.
273. Pai, *Constructing "Korean" Origins*, 26.
274. Yoshi S. Kuno, *Japanese Expansion on the Asiatic Continent*, cited in Pai, *Constructing*, 26.
275. Yi, A New History, 91.

였고, 고려인 마을을 형성하여 자기네 고유의 언어, 음식, 생활방식과 예식을 지키면서 살았다.[276] 이것이 최초의 한국인 만주 디아스포라였다고 볼 수 있겠다.

1689년에 러시아와 청나라 간에 맺어진 너르친스크조약(Treaty of Nerchinsk)에 따라, 만주의 일부는 러시아 손에 들어갔다. 러시아는 아무르강 북쪽으로 후퇴하였고 만주는 아무르강 남쪽에 국한되어, 그 사이에 있던 광

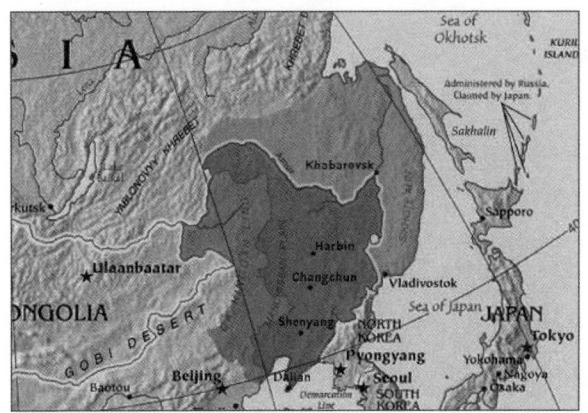

만주와 극동 러시아 남단 연해주 지도,
CIA – The World Factbook

압록강과 두만강, 1860[277]

---

276. 김영필(Kim, Yong-p'il). *Manchuria Arirang of Korean-Chinese Diaspora*=조선족 디아스포라의 만주 아리랑(Seoul: Somyong, 2013),113.
277. "The Romanov-Qing boundaries in Northeast Asia as amended by the treaty of 1860" in Pamela Kyle Crossley, *The Manchus*(Cambridge, MA: Blackwell, 1997), 166.

활하나 쓸모없는 황무지가 그후 2백 년 동안 두 나라를 갈라놓게 되었다.[278] 이 시기 송화강과 아무르강 주변에 흩어져 살던 유목민들은 밍크 모피 제품을 북경과 러시아 황제에게 조공으로 바치며 양쪽으로 교역을 하였다.[279]

사실상, 중국의 동북지방에 위치한 만주는 중국과 조선으로부터 이주민들이 들어간 19세기까지 수백 년 동안 비어 있었다. 36만5천 평방 마일에 달하는 만주지역은 흑룡강성과 길림성, 봉천성(현, 요녕성)의 동부의 삼성(Three Eastern Provinces) 중심지인데 하얼빈(哈爾濱), 연길(漣吉), 심양[奉天]을 중심으로 20세기 초반부터 정치와 상공 활동이 활발해졌다.[280]

위의 지도에서 보듯, 러시아와 중국 간의 국경은 1860년의 북경조약 조인으로 다시 변경되어, 조선은 극동 러시아와 국경을 접하게 되었다. 아무르강과 송화강은 남쪽의 만주와 북쪽의 시베리아 사이에서, 서쪽으로는 내몽고, 동쪽으로는 러시아 연해주, 압록강과 대련 밑의 서해가 자연스러운 경계선 역할을 해주었다.[281] 만주는 39°와 53°30" 사이의 위도에 있던 고로, 기후의 격차가 심한 편이었다. 길고 추운 겨울과 더운 여름 간의-1월에는 섭씨 -4.4℃ 24°에서 8월에는 섭씨 24.4℃로-격차가 심한 기후를 만주의 최남단인 대련에서도 느낄 정도였다. 하얼빈에서는 영하의 정월과 22℃의 7월의 기온이 보통이었다.[282]

만주는 항상 다국적이어서 중국의 일부라고 여겨지지 않았고 중국어에

---

278. Lattimore, *Manchuria*, 108.
279. Lattimore, *Manchuria*, 111.
280. South Manchurian Railway Company [Minami Manshu Tetsudo Kabushiki Kaisha], *Manchuria: Land of Opportunities*(New York: South Manchuria Railway, 1922), 1; 김경일, 윤휘탁, 이동진, 임성모, eds. 동아시아의 민족이산과 도시: 20세기 전반 만주의 조선인 [Korean Diaspora in Manchurian Cities in the Early Twentieth Century](서울: 한국정신문화연구원(Academy of Korean Studies), 2004), 18.
281. South Manchurian Railway, *Manchuria*, 1.
282. South Manchurian Railway, *Manchuria*, 2.

도 만주라는 명칭이 아예 없었다고 학자들은 주장해왔다.[283] 만주는 다섯 민족, 즉, 한(漢)족, 만(滿)족, 몽(蒙)족, 일(日)본인, 조(朝)선인이 공존했다고 하며, 심지어 어떤 학자들은 러시아(露)인까지 포함해서 여섯 인종이 이 지정학적 환경 속에 섞여 살았다고도 한다.[284]

이러한 견해는 비숍의 보고에 의하면 더욱 복잡해진다. 블라디보스토크에서 봉천에 이르는, 비숍은 약 3만 명의 조선인이 영구(營口, Newchwang)에 사는 것을 발견하였고, 만주의 온갖 민족들, "만주족(타타르족), 길리약족, 퉁구스족, 솔론족, 다우르족과 중국인들"이 섞여 살고 있었다고 보고했다.[285] 비숍은 또한, 북방 만주는 전범자들, 도망자들, 군을 이탈한 자들과 금이나 인삼을 캐러 다니는 사람들로 가득했고, 많은 조선인이 마적단에게 항상 괴롭힘을 당하며 살고 있다고 했다.[286]

청의 자희 태후(慈禧太后) 시절인 1860년대와 1870년대에, 세금 증세, 법치, 군 기율 등 정부의 권위와 책임이 다수 지방관리의 손에 넘겨졌다. 중앙정부가 의화단운동(Boxer Rebellion, 拳亂), 태평천국운동[太平亂]과 두 번에 걸친 아편전쟁 진압에 급급해 있는 동안, 내정은 지방관리의 손에 맡겨진 채 방치되어 있었다.[287] 1884년에 청국 정부에서 변금책을 없애고, 만주로의 이주를 합법화했을 무렵, 조선인들뿐만 아니라, 많은 중국인이 산동반도에서

---

283. Prasenjit Duara, ""Transnationalism and the Predicament of Sovereignty: China, 1900-1945," *The American Historical Review*, Vol. 102, No. 4(1997), 1043; Lattimore, *Manchuria*, 7.
284. 유선영(Yoo Sun Young). "동아" 트라우마, 제국의 지정학적 공간과 '이등신민'의 정치학 [East Asian Trauma: A Study of Politics of Geopolitical Space and Second-class Citizens," 사회와 역사(Society and History), v. 94(20120601), 219; 김경일 [Kim Kyung-Il], 윤휘탁, 이동진, 임성모, eds., 동아시아의 민족이산과 도시: 20세기 전반 [Transnational Diasporas and Cities of East Asia: The Early Twentieth Century](Seoul: Academy of Korean Studies [한국정신문화연구원], 2004), 278 and 302.
285. Bird, *Korea*, I, 218.
286. Bird, *Korea*, I, 219.
287. Boxers Rebellion(義和團運動), a popular uprising of anti-foreigners, anti-Christians, and anti-imperialists from 1897-1901, following the Taiping War of 1850-1864, and two Opium Wars of 1839-1860 between China and Britain weakened the Qing Dynasty to its collapse in 1912; Pamela Kyle Crossley, *The Manchus*(Cambridge, MA: Blackwell, 1997), 177-188; James L. Hevia, *English Lessons: The Pedagogy of Imperialism in Nineteenth-Century China*(Durham, NC: Duke University Press, 2003), 2.

만주로 이주하였다.

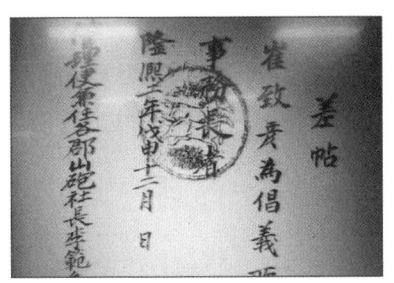
이범윤 임명장. 마패가 찍혀 있다.
극동문서보관소 소장.

그러나 만주의 지방 정부는 중앙 정부나, 다른 어느 곳에서도 수입이 들어오지 않았다. 그래서 이주자들에게 땅을 사유지로 판매하였으면서도 지주들을 보호도 해주지 않고, 그들이 사병을 고용하여 해결하도록 방치했다.[288]

고종 황제의 특명으로 1903년에 간도로 파견되어 조선 이주민들의 사정을 조사해 올리라는 임무를 받았던 이범윤(李範允)은 1만3천 명의 조선인들이 도적과 지방관리의 행패에 시달리고 있으며, 무척 위험한 처지에 있다고 보고하였다. 의정부의 재상 김규홍은 고종에게 만주 지역에 있는 조선인들을 보호하는 임무를 맡길 것을 고종에게 천거하였고, 고종의 윤허를 받은 이범윤은 간도관리사(間島管理使)로서 1903년 8월 11일 부임하였다.[289]

비숍 여사가 북경의 러시아 외교관리부에서 받은 정보에 의하면, 조선인들은 1868년 이래 정치적인 핍박과 관리들의 학정을 피해 조국을 떠나 극동 러시아로 이주했다는 것이다.[290] 조선의 황제가 이처럼 조국을 등지고 떠난 옛 백성들을 배려하였다는 것은 주목할 만한 점이다. 그 백성들이 법으로 금지되어 있었던 월경(越境), 즉 사형을 무릅쓰고 조선을 떠났던 과거사도 눈감아 주고, 새로운 외국의 디아스포라에 터전을 찾은 옛 백성들의 안

---

288. Hyun Ok Park, *Two Dreams*, 17.
289. Gojong Sillok, "이범윤을 특별히 관리로 임명하여 북간도에 주재시키다," Vol. 43, no. 1, 08.11.1903; Seungjong-won Ilgi(承政院日記), Vol. 3160, Gojong 40, 8.11.1903. *Seungjong-won Ilgi* is an archive of documented daily records of official activities of the government from 1623(Injo 1) to 1910(Soonjong 4).
290. Bird, *Korea*, I, 218f.

전과 보호를 위해 이러한 명을 내렸다는 점은 각별한 것이라고 볼 수 있다.

1858년 천진조약(天津條約)에 의해 개방된 항구 중의 하나인 영구시(營口市, Newchwang, 현, 잉커우 Yingkow)는 이로 인해 코스모폴리탄적인 성격의 도시가 되어 있었다. 여러 민족이 대련, 심양, 하얼빈을 중심으로 다국민적 디아스포라를 형성하고, 동화(assimilation)가 아닌 협화(harmony)로 서로 공존하는 도시였다.[291] 하얼빈시는 다국민·다문화성을 가진 변경지역의 중심지 역할을 하였고, 동청철도(東淸鐵道=China Eastern Railway)의 중요한 역으로 '붐타운(boomtown)'이 되었으며, 1903년에는 5만 내지 6만의 인구가 있었는데, 1912년에는 7만5천의 인구 중 3만9천 명이 러시아인이었다.[292]

사학자 매리 루이즈 프(Mary Louise Pratt)가 묘사했듯이, 하얼빈은 중국인, 일본인, 러시아인 등 여러 제국의 세력들이 만나는 교차점이 되어 있었고, 그 속으로 조선 이주민들이 뛰어들어간 격이었다.[293] 만주쪽 러시아 국경 가까이 위치한 하얼빈은 접경 도시로서 다양한 민족·문화적 양상에다 정치와 행정적으로도 정보, 첩보, 음모의 중심지 역할을 하고 있었다.[294]

미국의 역사학자 오웬 라티모어(Owen Lattimore)는 뉴욕의 사회과학연구소(Social Science Research Council of New York)로부터 연구자금을 받아 1929-30년 사이 9개월 동안 만주에 살면서 낸 저서 『만주 : 분쟁의 요람(Manchuria: Cradle of Conflict(1932)』을 통해, 동만주 간도 지역에 무시할 수 없이 "중요한 한국인 인구(an important Korean population)"가 있었다고 보고했다.[295] 간도라는 명칭은

---

291. K. I. Kim, et al., [Transnational Diasporas], 278.
292. Frank Grüner, "Russians in Manchuria: From Imperial to National Identity in a Colonial and Semi-colonial Space," Chapter Nine in *Crossing Boundaries: Ethnicity, Race, and National Belonging in a Transnational World*, ed. by Brian D. Behnken and Simon Wendt(New York: Lexington Books, 2013), 112.
293. Mary Louise Pratt, *Imperial Eyes: Travel Writing and Transculturation*, 2d ed. (London: Routledge, 2008), 8.
294. Grüner, "Russians in Manchuria," 108; K.I. Kim, et al., [Transnational Diasporas], 302.
295. Lattimore, *Manchuria*, 239.

조선인들이 만주로 이주, 정착해서 형성한 커뮤니티에 자신들이 부른 지명이었는데, 중국인들에게, 뒤에는 일본인들에게도 받아들여진 것이다.

라티모어가 본 만주의 조선인들은 이 책의 주인공들보다는 좀 후일에 만주에 살긴 했지만, 역시 분쟁의 요람 속에 있었는데, 주민의 대부분이 혁명가 또는 항일투쟁을 목적으로 이주를 했던 까닭이다.[296] 그러나 전체 조선 이주민의 90퍼센트를 차지했던 초기 이민자들은 주로 시골 농촌에 살면서, 만주나 극동 러시아에 있던 어느 다른 민족들보다 탁월한 벼농사 기술을 사용하고 있었다.[297]

2. 초기의 만주 이주, 1865-

1863년, 함경북도에서 열세 집이 두만강을 넘어 또는 러시아 해안을 따라 이주해 갔을 무렵, 또 다른 조선인들은 같은 지역에서 압록강을 건너 만주로 향하였다. 1869년 이후에도 홍수로 인해 조선 농민들의 생활 기반이었던 농토가 휩쓸려 내려가면서 이와 같은 불법 도강은 계속되었다. 십만 명에 달하는 조선인들이 강을 건너가서 5십7만6천 무(1畝=200평)에 상당하는 농지를 개간하였다고 하는데, 3만4천 명 이상의 조선 이주민들이 만주 연변의 네 지역에 정착하였다.[298]

이보다 훨씬 전인 17세기 초반에는 굶주림을 못이겨 조선의 농부들이 매일 또는 계절 따라 건너가 농사를 지은 전례도 있다. 박개손(朴凱孫) 외 스무 명 이상의 농부들이 1638년에 월경하여 나한이라는 마을에 살았다 하

---

296. Lattimore, *Manchuria*, 239.
297. C. Walter Young, *Korean Problems in Manchuria As Factors in the Sino-Japanese Dispute: An Analytical and Interpretative Study* by C. Walter Young, Technical Counsellor to the Far Eastern Commission of Enquiry; Far Eastern Associate, Institute of Current World Affairs, New York City. Study No. 9. Supplementary Documents to the Report of the Commission of Enqu3iry [Geneva: League of Nations, 1932], 7.
298. 김영필(Kim, Yong Phil), 조선족 디아스포라의 만주 아리랑 [Manchuria Arirang of Korean-Chinese Diaspora](Seoul: Somyong, 2013), 63.

며, 1710년에는 이만지 등 아홉 명이 인삼 뿌리를 채취하러 건너갔다가 중국 병정에게 잡혔다고 한다.[299] 초기에는 새벽에 넘어가서, 작은 규모의 땅에 씨를 뿌리고 밤에 집으로 돌아오거나 또는 봄에 넘어가서 농사를 지으며 살다가, 가을에 수확하고 돌아오는 등, 죽음을 무릅쓴 처절한 고생을 감수하였다.

초기의 이주민들은 압록강과 두만강 사이에 있는 통화, 집안, 장백, 신빈, 용정과 화룡 지역에 자리를 잡았으며, 1870년 기록에 의하면 28개의 조선인 마을이 압록강변에 밀집해 있었다고 한다. 1880년에는 집안에만 해도 1천 가구 이상이 살고 있었고, 1881년에는 1만 명에 달하는 조선인들이 연변 지역에 살았다.[300]

이 무렵, 조선 이주민을 억제하던 청국 정부의 정책이 누그러져서 1865년에는 조선인의 귀화를 허용하게 되는데, 이는 불법을 무릅쓰고 월강하는 수많은 사람을 억제할 길이 없었기 때문이라고 볼 수 있다. 1881년에는 돈화(敦化) 지역으로 들어가는 국경 통제가 완화되었다.[301] 1883년에 맺어진 조-청 통상조약에 의해, 양쪽 나라에서 국경을 오가는 이주민들의 단속이 해제되었다.

1884년 5월 26일 자의 『고종실록』에 의하면, 1884년에 조인·공포된 조선-중국 간의 통상과 교역 조약에 의해, 양국 간의 국경 단속이 먼저 길림성을 중심으로 완화되었다.[302] 이 조약은 16개 조항을 통해서, 조선이 청나라의 속국이 아님을 인정하고, 두 나라 간의 교역 관계를 새로 설정한 것이다. 두만강을 두 나라 사이의 경계선으로 두고, 차후 모든 교역은 중국 편의

---

299. Kim, *Manchuria Arirang*, 118-119.
300. Kim, *Manchuria Arirang*, 119.
301. K.I. Kim, [Transnational Diasporas], 30.
302. 고종실록, "중국 길림과 조선간의 무역규정을 체결하다," 21권, May 26, 1884.

길림시와 조선 쪽의 회령에서 다루게 하였고, 조석으로 강을 건너 물품을 나르는 교역자들은 적합한 세금을 내도록 하였다.

이 조약으로 중국 측에는 훈춘(琿春), 조선 측에는 종성(鍾城)에 교역소를 설치하였고, 제12조항에 따라 의술용 인삼에는 15퍼센트의 세금이 부과되었고, 야채, 오리고기, 생선류, 지붕 기와, 목재와 다른 일상품들의 교류에 대해서는 세금이 면제되었다. 아편과 무기의 교역은 철저히 금지되었고, 청국 정부는 팽광여(彭光譽), 조선 정부는 어윤중(魚允中)이 대표하여 조인되었다고 『고종실록』 21권(1884년 5월 26일 자)에 명기되었다.[303] 월강금지 제도 철폐(越江禁地 制度 撤廢)라는 규정으로 1883년에 도강(渡江)을 금지하는 법이 해제되었다고 북서 변방 책임자 어윤중이 보고했다.[304]

사학자 김경일, 윤휘탁, 이동진, 임성모에 의하면 청나라는 조선인들을 환영하고 이주하게 하여, 러시아가 남쪽으로 침범하는 것을 막기 위한 완충지대를 만들고자 계략적 정책을 쓴 것이라고 서술했다. 이는 이민실변(移民實邊)이라고 하여, 이주민들을 써서 국경을 강화하려는 정책이었다. 1881년에서 1885년 사이에, 1천1백33가구의 조선 이주민들이 연변 지역에 정착하게 되었고, 이들은 청나라 정부가 증여한 7천3백만 평의 버려뒀던 황무지를 개간하여 벼농사를 짓는 혜택을 받았다.[305]

1880년대 후반기, 거의 동시에 양쪽 나라에서 월경 금지령이 해제된 후 조선인의 이주는 하얼빈까지 미쳤다.[306] 중국의 관료들이 화룡낙월간국(和龍烙越墾局)을 설치해서 조선인의 월강과 이민을 종용했던 사실도 기록되어

---

303. Gojong Sillok, "중국 길림 [A Treaty]," Ibid.
304. K.I. Kim, et al., [Transnational Diaspora], 30.
305. Kim, [*Manchuria Arirang*], 87.
306. K.I. Kim, et al., [Transnational Diaspora], 30; Barbara J. Brooks, "Peopling the Japanese Empire: The Koreans in Manchuria and the Rhetoric of Inclusion," Ch. 1 in Sharon Minichiello, *Japan's Competing Modernities: Issues in Culture and Democracy, 1900-1930* (Honolulu: University of Hawaii Press, 1998), 29.

있다고 한다.³⁰⁷

청-일전쟁 이후, 청국 정부는 조선인들이 중국의 풍습과 복식을 따라야 한다는 동화정책을 썼다. 이미 이주하였으나 중국인으로 귀화하기를 원치 않는 조선인들로부터는 땅을 빼앗고 추방하였다. 머물고자 하는 조선인들은 귀화를 하고, 중국식 복장과 관습을 따를 것을 강요했다.³⁰⁸ 어떤 지방관리들은 조선인의 학교를 닫고, 모든 조선인이 중국 학교에 다닐 것을 명령하였다.³⁰⁹

극동 러시아에 살던 조선 이주민들이 러시아인으로 귀화했던 것같이, 만주의 조선 이주민들도 중국인으로 귀화는 하였으나, 그 지방 고유의 언어나 풍습을 따르지 않고 자기네들끼리 폐쇄된 환경 속에서 살았으므로, 외국 이주민으로서 통상 받는 차별대우나 핍박도 어느 정도 피할 수가 있었다.³¹⁰ 한마디로 말해서 만주의 조선인 개척자들은 러시아에서보다 더욱 폐쇄된 디아스포라 커뮤니티를 유지하고 살 수 있었다.

3. 청-일전쟁 이후 급증한 이주민, 1895-

남만주철도회사의 출판물 『재만 조선인의 실정』에 의하면 1892년에 처음으로 조선인이 하얼빈에서 눈에 띄었다 한다.³¹¹ 1894년 쯤에는, 4천3백8 가구의 2만8백46명의 조선인이 연변에 살고 있었다 하며, 1897년에는 8천7백 가구의 3만7천 명이 압록강 북쪽에 살고 있었다는 보고가 있다.³¹² 청-일

---

307. K.I. Kim, et al., [Transnational Diaspora], 31.
308. Kim, [*Manchuria Arirang*], 87.
309. Kim San and Nym Wales, *Song of Ariran: The Life Story of a Korean Rebel*(New York: John Day, 1941), 41.
310. Lattimore, *Manchuria*, 239.
311. 滿鐵産業部, [在滿朝鮮人ノ 實情], 1937, 8, cited in K.I. Kim, [Transnational Diasporas], 30.
312. Dae-Sook Suh and Edward J. Shultz, Koreans in China(Honolulu: University of Hawaii, Center for Korean Studies, 1990), 49.

전쟁에서 일본이 승리한 후 1898년에 맺어진 시모노세키조약으로 인해 중국은 긴 세월 동안 종주국 관계를 갖고 있던 조선을 내놓아야 했고, 만주의 요동반도와 대만을 일본의 손에 넘기었으며 중국 안에서 일본의 치외법권을 인정하게 되었다.

이 조약은 또한 양자강을 항해할 수 있는 권리와 항구도시에서 물품을 제조할 권리를 일본에 부여하였다. 청나라 정부는 일본이 국경 문제에 개입할 것을 우려하여, 조선의 이주민들에게 중국 시민으로 귀화할 것과 만주의 풍습에 따라 검은 화복과 머리를 길게 기를 것, 즉 변발흑복(變髮黑服)을 강요하였다.[313]

그럼에도 불구하고, 조선인들은 자기네 고유의 풍습과 농사법과 생활방식을 고집하여, 조선식 집-진흙 벽에 초가지붕이나 좀 더 부유한 농민들은 기와집-을 지어서 살았고, 고유의 방식으로 가족관계, 생로병사와 여러 절기를 지키며 살았다.[314] 이런 이유로 조선인들은 대개 만주의 외곽지대에 몰려 삶으로서, 중국의 관리나 일본 헌병대의 눈을 피할 수 있었다. 이와 같은 상황은 조선이 일본에 외교권을 빼앗긴 1905년 이후에 현저히 바뀌었으며 다음 장에서 더 자세히 살펴볼 것이다.

만주의 조선인들도 러시아의 고려인들과 마찬가지로 땅을 소유하고 싶은 간절한 마음에서 귀화하였다고 볼 수 있다. 그러나 만주에서의 사정은 러시아와 전혀 달랐는데, 1884년에 청나라 정부가 봉금정책을 해제하고 이민을 허가했을 당시에는, 중국에서 사유재산에 대한 관념이 희박했다. 이 당시 만주의 지방정부 관료들은 중국의 중앙 정부로부터 행정비를 받지 못

---

313. Hyun Ok Park, *Two Dreams*, 28.
314. Kim, [Manchuria Arirang,] 64.

하고 있었기에 이주자들에게도 땅을 팔았던 것이다.³¹⁵

황무지는 흔한데 개간할 손이 모자란다는 소문을 듣고 더욱 더 많은 이주민들이 국경을 넘어갔다. 일만 열심히 하면 조선에서는 가져볼 수 없었던 토지와 식구들을 먹여 살릴 수 있으리라는 꿈을 가지고 수많은 조선의 평민들이 국경을 넘어가서 지주가 된 것이다. 그러나 만주의 지방정부는 실권도 없고, 사유재산을 보호해 줄 재정적 여유가 없는 형편이었다. 조선인이든 중국인이든 개인이 소유하는 토지와 재산을 도적·마적으로부터 보호하기 위하여 사병을 고용해야 하는 실정이었다.³¹⁶

상기했듯이 청-러전쟁이 일어났던 1900년 이후, 중국 정부는 이민실변의 정책을 써서 러시아의 진입을 막으려고, 조선으로부터 몰려오는 이주민들을 받아들였으므로, 간도 인구의 삼 분의 이는 조선인들이었다.³¹⁷ 그들은 주로 벼농사를 지었고, 26퍼센트의 땅(151,238에이커)을 논농사에 썼다. 또 74퍼센트의 땅(492,541에이커)은 밭으로 개간하여 각종 곡물과 야채를 생산했다고, 평양의 숭실대학(Union Christian College, 1905-38)의 이훈구(Hoon K. Lee) 교수가 미국 지리학회(American Geographic Society)의 재정 보조를 받아 1932년에 출판한 보고서에 서술하였다.³¹⁸ 이 대학은 선교사 새뮤엘 모펫(Samuel Moffett)과 윌리엄 베어드(William Baird)가 1905년에 설립한 한국 최초의 4년제 대학이었다.³¹⁹

1900년 초에 일본의 제국 형성 야망은 더욱 강해졌고, 청나라는 조선 이주민을 써서 쌀농사를 격려하려는 정책과 일본의 제국주의의 앞잡이로 보

---

315. Park, *Two Dreams*, 17.
316. Park, *Two Dreams*, 17.
317. Park, *Two Dreams*, 43.
318. Hoon K. Lee, "Korean Migrants in Manchuria," *Geographical Review*, Vol. 22, No. 2(April,1932), 202.
319. Union Christian College of Pyongyang, https://americanpyongyang.com/2018/01/29/union-christian-college-of-pyongyang-1905-1938/

아 억제하려는 정책 사이에 고민하게 되었다고 역사학자 박현옥은 서술했다.[320] 중국 정부는 조선 이주민들을 중국의 생산적 자산으로 또는 일본 제국주의의 앞잡이로 간주해야 하는지의 갈림길에서 고민하였다고 또 다른 역사학자 바바라 브룩스(Barbara Brooks)는 말하였다.

브룩스는 이 딜레마를 간도문제(間島問題)라고 표현했고, 이 문제 -"the Jiandao problem(Kando mondai)"-가 중국과 일본 사이에 가장 고질적인 외교의 걸림돌이었다고 보았다. 이는 1905년에 조선이 일본에 점령되어 자주권을 잃은 상태에서 더욱 큰 문제로 부각되었다.[321] "고집불통에다 불평 불만에 찬 조선인들"이 만주 지역을 차지하고 있는 한, 청-일 관계는 어떠한 조약서로도 해결될 수 없었고 더구나 조선인들이 조국에 충성심을 버리지 않고 있던 점은 더욱 큰 문제였다.[322]

중국 정부는 조선 이주민들에게 제재를 가하기 시작하였다. 내국인에게만 토지 매매를 허용하고, 외국 출생자들의 고용 기간과 최고 임금액에 제한을 두는 등의 방법을 쓰기 시작하였다. 조선의 자립권을 억제하려는 일본의 간섭이 심화되면서 시민권에 준하는 토지소유권을 놓고 벌어진 줄다리기는 일본의 식민주의, 중국의 민족주의와 자본주의 간의 묘한 곡예의 무대가 되었다고 박현옥은 보았다.[323] 중국은 만주의 민족주의적 국가를 형성하는데 조선인들보다는 중국의 북쪽 지방으로부터 들어오는 내국인들을 선호하는 편이었다. 그러나 "이주, 경작, 축출, 재이주"의 악순환 속에서 조선인들에게 가장 중요한 자산은 "벼농사 기술(rice-farming skills)"이었다.[324]

---

320. Park, *Two Dreams*, 42.
321. Brooks, "Peopling," 30.
322. Brooks, "Peopling," 30.
323. Park, *Two Dreams*, 19.
324. Park, *Two Dreams*, 19 & 41.

조선인 농부들이 벼농사[水田] 기술자로 알려져 있던 반면, 중국인 농부들은 밭농사[旱田]를 주로 하였다. 한국인 학자 김영(Kim Young)은 『근대 만주 벼농사 발달과 이주 조선인』이라는 책에서 조선인, 중국인, 일본인들의 쌀 생산량을 아래와 같이 비교하였다.

국적	벼농사의 땅 면적	쌀 생산량(石)	1정(町)의 땅에서 수확된 쌀 생산량
조선인	244,003(85퍼센트)	6,752,004	27.67
중국인	34,223(12퍼센트)	689,231	20.13
일본인	7,353(3퍼센트)	146,246	19.88

민족별로 비교해서 본 만주에서의 쌀 생산량, 1939 [325]

만주에 살던 조선인들은 극동 러시아에 살던 조선인들과 마찬가지로 각자 형편에 따라 초가집이나 기와집을 짓고, 온돌을 깔고 살았다. 경제적으로 비교적 여유가 있던 이들은 재정난을 겪고 있던 중국의 지방정부로부터 토지를 사서 소유할 수 있었다. 이들은 조선 고유의 흰색 한복 저고리와 풍성한 바지를 입고 다녀 러시아인들에게 "백조(white swans)"라고 불렸다.[326]

4. 끊임없는 만주 이주민 행렬, 1899-

학자 가문의 다섯 가구가 함께 함경도 종성에서 만주로 향한 것은 1899년 2월 18일이었다.[327] 이들은 돈을 모아 함경도 회령에서 1백 리쯤 떨어진 곳에 6백만 평(坪)의 땅을 산 후, 그 지역을 명동(明東=밝은 동쪽)이라 부르고, 장재촌(長財村)이라는 마을을 세웠다.[328] 이 마을의 지도자는 김약연(金躍淵)

---

325. Kim Young, "근대 만주 벼농사 발달과 이주 조선인," 국학자료원, 2004, 207, in Kim, [*Manchuria Arirang*], 146. (Author's translation)
326. Chang, *Burnt*, 26-27.
327. 서대숙(Suh, Dae-sook), 김약연: 간도 민족독립운동의 지도자 [Kim Yak-Yun: The Leader of Kando Independence Movement](Seoul: Yuksa Gonggan, 2008), 28.
328. Suh, [Kim Yak-Yun], 29.

이었는데 그는 5대째 무관인 집안의 장자였다. 전통적으로 문관보다 대우를 못 받던 무관, 더군다나 한반도의 북방 외곽지대에 살았다는 이유로, 김약연의 조상들은 양반사회의 일원으로 과거에 급제했음에도 불구하고 반반한 직책을 받지 못하고 있었다. 김약연은 이러한 부조리-교육을 받아도 사회적으로 지위 향상이 될 수 없는-의 나라인 조선을 떠나 북쪽 경계선을 넘어가 새로운 삶을 추구하기로 했던 것이다.[329]

이 김씨 가문 중 두 계열의 94명은 문씨 가문의 40명, 남씨 가문의 7명과 안내인/통역들과 함께 아직도 얼어붙은 두만강을 걸어서 넘었다.[330] 총 25가구의 142명이 대단한 규모의 조선인 디아스포라를 형성하였다. 이들은 조선인들의 교육, 문화, 풍습 전래에 크게 이바지하였고, 훗날 일제강점기에 들어서면서 군사 훈련에도 전력을 다했다. 이 지방에서 조선의 유명한 시인 윤동주, 기독교 지도자 문익환 등의 지도자가 배출되었다. 이들 초기 이민 다섯 가문의 가장을 "오현(五賢, Five Wise Men)"이라고 일컬었다.[331]

1899년에 다섯 가정이 도착 즉시 함께 사들인 육백만 평에 달하는 대규모의 토지 중 1퍼센트는 훗날 학교를 세우기 위해 남겨두고, 나머지 땅을 농지로 개간하고 경작하여 전체 마을사람들이 윤택한 생활을 할 수 있도록 하였다.[332] 이들이 소유한 토지는 천일경(千日耕)의 규모로서, 조선인 농부들의 농지 계량식으로 볼 때, 한 마리의 소가 천 일 동안 다니며 경작을 할 규모였다 한다.[333] 만주로 이주해간 조선인들의 대부분은 가난과 부채를 피해 간 사람들이었으므로, 이러한 큰 규모의 명동촌은 주민들의 농업과 복지

---

329. Suh, [Kim Yak-Yun], 9.
330. Suh, [Kim Yak-Yun], 28.
331. Suh, [Kim Yak-Yun], 33.
332. Suh, [Kim Yak-Yun], 44.
333. Suh, [Kim Yak-Yun], 27.

향상에 중요한 기반이 되었다.[334]

조선인 학생들이 서당에서
공부하는 정경, 1901년경.
규암 김약연기념사업회 소장[335]

1908년 학교 건물이 개관하기도 전인 1901년에 명동서숙(明東書塾)이라는 서당을 열고, 자식들에게 한문과 언문 교육을 시키기 시작했다. 김약연은 1901년에 자신의 호를 따서 규암재(圭巖齋)라는 서당을 열었고, 같은 시기에 소암 김하규는 소암재(素岩齋)를, 남위언은 오룡재(伍龍齋)를 열었다.[336]

규암재에는 수백 권의 중국 고전 문헌이 소장된 도서관이 있었다. 1908년에 규암재가 명동서숙으로 명칭을 바꾸어 다시 열었을 때에는 42명의 학생이 등록되어 있었다.[337] 다음 장에서는 이런 학교들이 어떤 방식으로 만주와 극동 러시아의 후세대에게 민족주의적 애국심을 불어넣었는지를 살펴볼 것이다.

이때 만주로 향한 조선인 이주민들은 초기의 이주와 많은 차이가 있었

---

334. Park, *Two Dreams*, 43.
335. Suh, [Kim Yak-Yun], 55.
336. Suh, [Kim Yak-Yun], 54.
337. 서굉일, 김재홍. (Suh Gweng-il and Kim Jae-hong). 북간도민족운동의 선구자 규암 김약연 선생 [Kyuam Kim Yak-yun: the Pioneer of Buk-Kando Korean Nationalist Movement](서울: 고려글방 [Seoul: Koryo Gul-bang], 1997), 132

다. 초기에는 대부분 경제적 이유로, 배가 고픈 가족을 부양하기 위해 떠나갔으나, 후일의 이주자들은 사회적 지위 향상과 토지 소유 또는 정치적 이유로 간 것이다. 특히 간도 지역에서 조선인의 증가는 러-일관계가 악화되는 속에 조선의 정치적 환경에 큰 변화가 오고 있음을 보여주고 있다.

결론

1860년대부터 1940년대까지 극동 러시아와 만주에 살던 조선인들에 관한 정확한 통계는 구할 수 없으나, 여러 가지 문헌을 통해 아래와 같이 잡아보았다.

연도	극동 러시아(RFE)	만주(Manchuria)
1863	13(가정)	-
1867	1,801(명)	-
1869	3,321	???
1881/2	10,137	10,000
1892/4	16,564	34,000
1897	23,000	37,000
1904	32,410	78,000
1906/7	34,399	71,000
1910	54,076	200,000
1916/7	81,825	337,461
1920	106,000	456,983
1930	150,895	607,119
1936	172,000	888,181
1945	-	1,600,000

극동 러시아와 만주의 조선인 인구분포도[338]

제2장에서 논의했던 바, 몇 십 년 간 힘들게 얻은 경제적 안정을 누리던

---

338. The RFE numbers are based on Grave, Kitaitsy, 129-130 and 1929 Census data, quoted in J.Chang, Burnt, 11, 87 and C.H. Pak, [Rosia Yonbang], 100 and Saveliev, "Militant Diaspora," 149, 154; The Manchurian numbers are based on Wada, "Koreans in the Soviet Far East, 1917-1938, 30, quoted in J. Chang, Burnt, 11 and Manchurian Railway Co. data in K.I. Kim, et al., [Korean Diaspora], 30, 41, and 49. The number of "100,000" for 1869, cited in Kim, [Manchurian Arirang], 63, cannot be confirmed for accuracy. Nor can the Korean population in the RFE in 1945 be ascertained.

초기 이주민과 망해가는 조선을 등지고 온 후기 이주자들 간의 알력이 생기기 시작했다. 무슨 이유에서든지-부자와 빈자, 양반과 상놈, 교육받은 자와 못 받은 자, 러시아 시민이나 중국 시민권자 또는 나라가 없는 조선인, 이 모든 사람은 하나 같이 힘든 여행길을 떠나, '틀림없는 죽음'의 땅에서 '알지못할 죽음'의 땅-'이지(已知)의 사지(死地)로부터 미지(未知)의 사지(死地)'로 새로운 기회를 찾아갔던 것이다.[339]

만주와 러시아로 향했던 조선인 이주민들은 많은 사람이 짐을 싸서 함께 국경을 넘어갔던 점에서 공통점을 갖고 있지만, 만주로 갔던 사람들은 모국의 백성들과 더 밀접한 관계를 유지했다. 그들은 조선인으로서의 특성과 생활양식을 러시아 이주민들보다 더 강하게 지니고 있었는데, 그 이유는 만주보다 러시아에서 더 강한 인종 차별을 받았기 때문이라고도 볼 수 있다.

앞으로 다가오는 일본의 제국주의적 식민 사업들-러-일전쟁과 조선합병-속에서 러시아와 만주에 있던 조선 이주민들은 다국적 이민자로서 살아남기 위해 어느 진영에 속해야 하는가를 결정해야 하는 시점에 있었다. 이럴 때 러시아와 만주로의 조선인 이주 현상은 경제적인 성격에서 정치적으로 변하였다. 다음 장에서는 조선의 디아스포라인들이 러-일전쟁때, 어떤 이유로 러시아와 일본군에 참여하여 서로를 향하여, 왜 남의 전쟁 에서 총대를 메게 되었는지, 그 원인을 살펴보고자 한다.

---

339. K. I. Kim, et al., [Korean Diaspora], 24.

제3장

러-일전쟁과 아리랑 민족, 1904-05

잭 런던이 본 일본군 속의 조선인 노동자 모습, 1904.

아리랑~ 아리랑~ 아라리오~
아리랑 고개는 탄식의 고개
한번 가면 다시는 못 오는 고개
아리랑 고개를 넘어간다.

1895년 일본의 승전으로 청-일전쟁이 종결된 후 고종 황제는 대한제국의 중립선언을 신중히 고려하고 있었다. 바로 이때, 당시 일본 외무대신 무쓰 무네미츠(Mutsu Munemitsu)와 서울 주재 일본대사 오토리 게이스케(大鳥圭介) 사이에 주고받았던 특기할 만한 전보문이 일본 아시아기록관에 남아있다. 그것은 50명의 조선 군병들이 와타나베 육군 소장(渡邊 陸軍少佐, Watanabe Ryukun Shoja)이 이끄는 일본군의 뒤를 따라 북상해 가는 모습에 대한 보고였다. 무엇보다도 이들이 고종 황제의 명령으로 일본군의 "육군중장(陸軍中將)"의 지휘하에 중국까지 싸우러 간다는 것이었다.

한병아군대수후행군 건(韓兵我軍隊隨後行軍 件)
전송제59권호(電送第伍九卷號)
영, 미, 불,,, 러(英, 米, 佛,,, through 露) 8개국에 직송함(8)

아산 전투를 계기로 몇 명의 한국군들이 일본군을 따라서 행군했다는 특기할 사실이 보고되었는데, 그들은 조선의 왕명을 받아서 갔다는 것이다. 몇 명은 도망쳤으나, 대부분은 매우 용감하게 싸웠다 한다. 무츠 외무대신. 1894. 8. 16.(영문 각주 24)

전수 제723호(電受第七二三號)

무츠 외무대신(陸奧外務大臣).(723.)

"오십 명! 한국인 병사들이 와타나베 육군 소장을 따라 중국군과 대전 하러 북쪽으로 9월 2일에 떠났다.(Fifty! Corean soldiers under the command of 渡邊 陸軍少佐 started 九月 二日 for the north to fight Chinese with 野津 陸軍中將.) 오토리(大島) 서울주재 일본영사 1894년 9월 2일 오후 10:25 발송.(Seoul Sept. 2, 1894. 10.25 p.m.) 9월 3일 오후 1시 수신(Rec'd Sept. 3, 1894. 1 p.m.)³⁴⁰

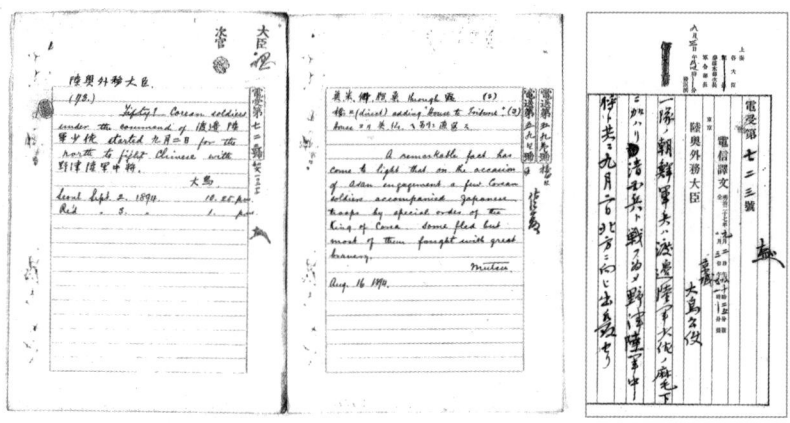

외무대신 무츠(Mutsu)의 1894년 8월 16일 자 전송문을
서울주재 일본대사 오토리(大島)가 받고 1894년 9월 2일에 회답한 전문.

---

340. "Marching of Korean Soldiers following Japanese troops," by Minister Otori, 1894.08.16, Diplomatic Archives of the Ministry of Foreign Affairs, Prewar Diplomatic Records, Series 5: Military affairs, Category 2: War, Section 18: Miscellaneous, Miscellanea related to Japan, Qing and Korea negotiation incident Vol. 1, Ref. code: B08090003100, Japan Center for Asian Historical Records(JACAR), National Archives of Japan.

상기 8월 16일 전송문에 의하면, 이 내용은 러시아를 통해 영국, 미국, 불란서 등의 정부에 별도로 전달됐다.[341]

이와 같은 극비의 외무성 문서가 1894년에 존재했다는 것은 러-일전쟁이 발발한 1904년보다 십 년 전인 청-일전쟁 시에, 이미 50여 명의 조선의 군병들이 일본군과 함께 북쪽으로 행진하여 청나라의 군대에 맞서 싸웠다는 기록이므로 큰 의미가 있다고 본다. 그것도 고종 황제의 명을 받아서 참여했다는 점은 특기할 만하다. 이는 바로 이 책에서 밝히고자 하는 바, 제2차 세계대전 시, 일제강점기의 조선인 병사들이 일본군에 참여했다는 역사를 국권침탈 전, 수십 년 전으로 앞당겨 놓는 증빙 자료 중의 하나인 것이다.

제3장에서는 고종이 대한제국의 국제외교 중립선언을 하게 된 이유와 과정을 살펴본 후, 그로 인해 일본과 러시아 사이에 쌓여왔던 긴장감이 급기야 전쟁으로 터지게 된 점과 일본 정부가 1904년 급하게 마련한 한일의정서(韓日議定書 = Korea-Japan Protocol) 수립의 배후 사정을 논한 다음, 조선인들이 모국에서 일어난 러-일전쟁에 말려 들어간 이유를 살펴보고자 한다. 수십 년 전부터 조선을 떠나 살던 디아스포라인들은 각기 다른 이유에서, 다른 방법으로, 모국을 지키기 위해 남의 전쟁에 휘말려 들어갔었기 때문이다.

---

341. "Marching of Korean Soldiers following Japanese troops," by Minister Otori, 1894.08.16, B08090003100.

I. 한반도, 일본 제국주의의 디딤돌

1. 대한제국의 중립선언, 1904

러-일전쟁을 촉발한 하나의 중요한 역사적 사건은 대한제국의 고종 황제가 1904년 1월 21일에 조선의 중립선언을 한 것이었다. 그러나 고종이 발표한 대한제국의 중립국 선언은 국내는 물론 국제사회에서도 별다른 주목을 받지 못했고 연구의 대상이 되지도 못하였다. 그럼에도 불구하고, 몇몇 학자들이 제시하는 중요한 사실은, 고종의 중립선언이 러시아와 일본 간의 전쟁을 유발하는 촉진제 역할을 했다는 점이다.[342]

러시아와 일본이 조선의 고종 황제가 내린 중립선언에 대응해서 그 당시 조선과 만주의 상권과 이해관계를 놓고 팽팽히 줄다리기하던 러-일 양국 간의 외교적 책략을 2000년과 2010년에 역사학자 진상필, 피터 두스와 박종효가 소개하였다.[343]

이 책에서는 중립선언이 러-일전쟁 시 일본이 조선인들의 참여에 미친 여파와 궁극적으로 일본이 조선을 합병하게 된 것에 초점을 맞출 것이다. 일본 외교문서(Nihon Gaiko Bunsho[日本外交文書])와 일본 외무성의 공식 자료집에 포함된 문서를 통해 1904년 – 명치 37년-에 어떤 일들이 벌어졌는지 살펴보고자 한다.

고종은 조선의 군사가 고작 2만5천2백 명으로, 18만 명의 강력한 일본군이나 백만 명의 군사를 자랑하는 러시아의 육군과 세계 4위에 달하는 해군의

---

342. 김윤희(Yun Hee Kim), "러일 전쟁기 일본군 협력 한인 연구 - 일본 정부의 훈포상자를 중심으로 [A Study on Koreans to Cooperate for Japanese Army during Russia-Japan War]," 한국사학보 [*The Journal for the Studies of Korean History*], 35권 0호.(2009년 5월), 295.

343. Sang Pil Jin, *Korean Neutralisation Attempts(1882-1907): Retracing the Struggle for Survival and Imperial Intrigues.* Ph. D. Dissertation in Korean Studies, School of Oriental and African Studies(University of London, 2016), 193-198; Duus, The Abacus, 173-175; Park Chong Hyo, 격변기의 한러 관계사 [*Historia Korenisko-Rossiiskis Othopenii*](Seoul: 선인, 2015), 540-544.

기동력에 비교가 안 됨을 잘 알고 있었다.[344] 그러므로, 고종은 일본, 러시아, 미국 사이에 만주의 상업 이권을 두고 일어나고 있는 경쟁과 군사적 충돌에 대비하여 조선의 중립을 선언해 자주독립권을 보호하고자 하였다.

고종의 중립화계획 배후에는 극소수 측근의 도움이 있었는데, 그중에는 독일인 묄렌도르프(Paul von Möllendorff)가 인천항을 중립화하자는 제안을 하였다는 기록도 있다.[345] 고종은 미국인 윌리엄 샌즈(William F. Sands)에게 중립화계획의 총책임을 맡겨 진행시켰다. 윌리엄 샌즈는 1898년에 일본 동경 주재 미국영사관과 서울에서 일하던 외교관이었는데, 1899-1904년에는 고종의 신임을 얻어 황실의 내신을 맡고 있었다.[346]

고종 황제는 1903년 11월, 러시아의 니콜라이 II세(Nikolai II)에게 중립화하는데 동의를 해달라는 내용의 친서를 현상건(玄尙健) 대령을 통해 보냈다. 현상건은 고종의 친서를 니콜라이 II세에게 직접 전달하였고, 즉시 러시아가 조선의 중립화를 지원한다는 확답을 러시아 황제로부터 받았다.[347] 1904년 1월 12일에 서울에 도착하자마자 현상건은 니콜라이 II세의 친서를 고종에게 올렸다.

러시아 황제는 총리대신 세르게이 뷔트(Sergei Witte), 파블로프(A. I. Pavlov), 외상 람즈도르프(B. H. Ramzdorf)의 조언을 받고, 조선의 중립화를 통해 일본, 러시아, 미국의 보장 속에 무력을 쓰지 않고도 조선 내의 러시아 상권을 보호할 수 있다고 믿었다.

러시아군의 총사령관 알렉세이 쿠로파트킨(Aleksei Nikolaevich Kuropatkin)과

---

344. Jin, *Korean Neutralisation*, 222.
345. NGB 37, 3월 2일, No. 355, 322.
346. Sands had gained Gojong's trust as an American diplomat, having served in the U.S. Legation in Tokyo earlier and in Seoul in 1898. He served as Gojong's advisor in the Imperial Household Department from November of 1899 to January 1904. Jin, *Korean Neutralisation*, 157.
347. Chong Hyo Park, 격변기의 한러 관계사 [Historia Korenisko-Rossiiskis Othopenii](Seoul: 선인, 2015), 540.

파블로프 재상, 알렉시에브 장군(General Alekseev), 일본 주재 러시아공사 로젠(R. R. Rosen), 외무대신 람즈도르프와 니콜라이 II세 간에 주고 받았던 무려 20여 가지의 공문들이 러시아 국립문서보관소(РГВИА)에 지금도 소장되어 있다.[348]

이러한 공문들은 러시아가 갖고 있던 의지의 심각도-즉 철도사업과 압록강 지역의 산림권은 물론 조선과 만주와의 변경 지역을 무력으로 방어, 유지 또는 확대하고자 함-를 증명하였다. 러시아 정부는 한반도에서 끓고 있던 상황을 매우 긴급하게 여기고 있었으나, 총사령관 쿠로파트킨은 이미 러시아의 패배를 예견하고 군사 동원에 반대하였다.[349] 쿠로파트킨은 1909년에 쓴 회상록에서 이렇게 회고하였다.

> 우리는 조선과 8만 평방 마일의 땅으로 인접해있고, 그 땅에는 일천일백만의 인구가 밀집해 있는데, 그중 이천 내지 일만 명은 중국인, 사만오천 내지 오만오천 명은 일본인, 삼백 명은 유럽인들이다…. 우리 러시아는 조선을 점령할 필요가 없고, 단지 조선이 자주권을 보유하여 일본이나 다른 외세의 속국이 되지 않도록 도와야 한다.[350]

일본의 군사력을 잘 알고 있었기에, 쿠로파트킨은 러시아와 1만1천 마일의 국경을 끼고 있는 아홉 국가 중 하나인 조선을 놓고 일어날 수 있는 일본과의 전쟁을 피하고자 했다.

---

348. Chong Hyo Park,. *РГВИА*. 러시아 국립문서 보관소 소장 한러 군사관계 자료집 [Rosia Kungnip Munso Pogwanso sojang Han Ro kunsa kwan'gye charyojip](Seoul: Northeast Asian History Foundation, 2015), 128-135.
349. C. H. Park, [Rosia Kungnip…Han-Ro Kunsa], 132-134.
350. Alexei Nikolaievich Kuropatkin, *Guerra Ruso-Japonesa, 1904-1905: Memorias del General Kuropatkin*. [러시아 군사령관 쿠로파트킨 장군 회고록], Tr. from the Spanish version published in Barcelona, Spain, 1909, by Shim Guk-wung(심국웅)(Seoul: Korea University of Foreign Languages, 2007), 39.

고종은 서울 주재 러시아 공사 파브로브에게 손을 내밀어 자신의 피신처를 찾는 데 도와달라고 하였다.[351] 그러나 이러한 고종의 간청을 파브로브는 일축했는데, 그 이유는 지난 1896-97년에 있었던 아관파천(俄館播遷)의 사례를 되풀이하고 싶지 않았고, 러시아가 만주를 포기하면서까지 조선을 탐내는 것-만한교환(滿韓交換)-은 아니었기 때문이었다.[352] 상기의 아관파천 사건은 1895년 10월 8일 새벽 3시에 왕후 민비가 궁녀 셋과 함께 30여 명의 일본인 검객들에 의해 무참하게 살해되고 시체도 알아볼 수 없도록 태워진 후, 고종이 신변의 위협을 느껴서 세자와 더불어 러시아 공관으로 야간 도피하여 1896년 2월 11일부터 1897년 2월 20일까지 일 년 이상 머물러 있었던 사건이다.[353]

민비는 당시 불란서인 샤를르 레정드르(Charles Legendre) 장군과 러시아공사 칼 이바노비치 웨버(Karl Ivanovich Waeber)와 박영효 재상의 보호 속에 "장기판 위에 유일하게 남아있던 유망주(one powerful piece that still remained on the chessboard)"였으며, 러시아, 미국과 좋은 유대관계를 유지하려는 일본의 조선 독점에 위협을 주는 존재였다. 민비의 일거수일투족을 지켜보기 위해 파견된 미우라 고로 신임 공사는 강경파였고, "민비를 제거하라(deal with the fox)"는 임무를 받고 왔던 것으로 추정되고 있었다. 여기서 역사가 로저 테난트(Roger Tennant)가 말한 "여우"는 다름 아닌 민비였으나, 시녀 세 명과 함께 불태우는 증거 인멸로 인해 민비 시해사건은 오늘날까지도 입증이 되지 못하고 있다.[354]

그러나, 미 국무성의 외교 서신집(Foreign Relations of the United States(FRUS),

---

351. C. H. Park, [Historia Korenisko], 541.
352. Duus, *The Abacus*, 173.
353. *The Independent*, Vol. 1, No. 114(1896.02.26).
354. Roger Tennant, *A History of Korea*(London: Kegan Paul International, 1996), 228.

Diplomatic Dispatches)에 있는 기록 중 1895년 10월 9일 자 87호, 주한 공사관 던(Dun)이 국무성의 리차드 올니(Richard Olney)에게 보낸 공문에 의하면, 대원군이 평복의 일본인들과 함께 궁으로 들어가는 것을 보았고, 민비와 세 궁녀가 살해되었다는 알렌의 보고를 전하고 있다.[355]

아래의 전보를 알렌으로부터 받았음, 서울, 10월 9일.
어제 아침 왕의 아버지가 일본인들의 보좌를 받고 궁궐에 강제로 (forcibly) 들어갔다. 왕비를 구하려다가 두 병사가 죽었다. 왕비와 세 궁녀도 살해됐다. 살해자들은 민간인 복장을 한 일본인들이었다. 왕의 아버지는 궁 행정에 대단히 많은 변화를 만들고 있으나, 사람들은 모두 조용하다. 궁궐은 일본군에 장악되어 있다. 던.(영문 각주 25)

당시 주한 미국공사로 있던 존 실(John Mahelm Berry Sill)의 부인 샐리(Sally)의 회고록 『조선에서 온 편지들(Letters from Joseon)』에도 이날 벌어진 사건이 기록되어 있다. 8일 새벽 4시에 "궁궐의 대문이 강제로 열렸고(The Gates were forced) … 흰옷을 입은 침입자들이 궁궐을 에워쌌으며 15명 정도의 일본 군인들이 고종의 궁쪽에 나타났다."[356] "미친듯 왕비를 찾는(…a mad search for Her Majesty, the Queen began)" 일이 벌어졌고, 왕비와 궁녀들이 무참하게 살해됐는데 "어느 시체가 왕비였는지도 알 수 없을 정도였다(It was difficult to discover which one among the women was the Queen)"라고 썼다.[357]

민비의 시해사건은 No. 125, 156, 157, 158, 159, 160 등의 보고서에도 기록

---

355. FRUS, "Political Events, Mr. Dun to Mr. Olney," [Telegram], Tokyo, October 9, 1895.
356. Neff, Robert, *Letters from Joseon: 19th Century Korea through the Eyes of an American Ambassador's Wife*(Seoul: Seoul Selection, 2012), 283.
357. Neff, Letters from Joseon, 284.

되어 있다. 미국공사 존 실의 비서로 있던 호레이스 알렌(Horace Allen)이 국무성에 이 사건의 진상조사를 간청하였으나, 국무성은 알렌과 실 공사가 조선의 내정에 간섭하지 못하도록 5-6번에 걸쳐 공문을 보내 엄격한 지시를 내렸다.

이런 점을 볼 때, 미국의 외교 관계에 있어 조선의 미약한 비중, 또는 일본과 조선 두 나라 중 후자가 갖고 있던 가치의 부족을 분명히 알 수 있다.[358] 다른 나라 정부 대표들이 조선을 돕기 위해 애썼던 것과 달리 미국 정부는 별 볼 일 없는 작은 나라 왕비의 죽음이 일본과의 외교 관계에 걸림돌이 되는 것을 원치 않았던 것이다. 이렇게 차가운 미 국무성의 반응은 이 사건을 통해 분명히 보여졌고, 1905년에 러-일전쟁을 종결시킨 포츠머스 평화조약 체결에서도 확인되었다.

이미 조선으로부터 들고 나는 모든 통신 채널이 일본의 통제와 검열 밑에 있던 관계로, 고종은 상해에 있던 불란서 영사관을 통해 중립선언을 세계에 통고하기로 결정했다. 러시아 공사 파블로프는 중립선언문을 중국 제푸(Chefoo, 현 Yantai시) 주재 불란서 영사 플랑송(G. A. Plençon)의 손을 빌려 1904년 1월 12일에 세계 각국에 전달했다. 그러나 이와 같은 불-러 협조는 막강한 영국의 군사지원이 약속된 영-일 조약과 비교할 때, 한 장의 백지에 쓰여 있는 몇 마디의 말뿐으로 아무 의미가 없었다고 조-러 관계 전문 역사학자 박종효는 주장했다.[359]

주한 미국공사 호레이스 알렌도 미국 정부가 조선의 중립선언에 호의적인 반응을 보이지 않을 것이라고 보았고, "국가의 자주성과 민족 자결권"을

---

358. FRUS, "Mr. Olney to Mr. Sill," [Telegram], Washington, November 20, 1895; FRUS, "Korea" Mr. Olney to Mr. Sill, No. 125, November 21, 1895.
359. C. H. Park, [Rosia Kungnip… yoyakjip], 274; Jin, *Korean Neutralisation*, 198.

주장하는 몬로주의(Monroe Doctrine)에 입각해서 이 문제에 대해 중립을 지킬 것이라고 보았다.[360]

일본의 러시아 공사 고무라 주타로(Komura Jutaro)는 런던 주재 하야시 곤스케(Hayashi Gonsuke) 공사에게 극비로 일본 정부의 입장을 영국 정부에게 전달하라고 지시하였다.

> 조선과 같이 자체 방어력도 없고 제대로 행정도 못하는 국가의 중립화는 사전의 이해가 없는 상황에서 보장될 수 없다.(영문 각주 26)[361]

이처럼 조선은 어느 나라의 눈에도 군사적으로나 정치적으로나 자위력이 없는 것으로 보여졌다. 그런 나약한 나라의 중립선언은 국제관계에서 아무런 비중도 영향력도 없었다. 이태리의 엠마누엘 III세(Victor Emmanuel III)만이 호의적인 반응을 보였으나, 2월 28일에 도착하여 시기적으로 너무 늦었다. 일본 군대는 2월 8일에 이미 한반도에 들어와 있었고, 2월 23일에 조-일 협정이 맺어진 후였다.[362]

중립선언문을 통해 고종은 세계 각국에 일본과 러시아 간에 전쟁이 날 경우, 조선은 중립을 지킬 것이라고 통고했다. 『고종실록』 1903년 11월 23일 자 제43권, 제1호에 의하면

> 각국에 선언하기를, '장차 일본과 러시아가 전쟁을 할 때 우리나라는 관여하지 않고 중립을 지킨다'고 하였다.[363]

---

360. Jin, *Korean Neutralisation*, 197; Eckert, et al., *Korea Old and New*, 276.
361. JACAR, Ministry of Foreign Affairs, "Telegram 1179, Komura to Hayashi," 9. 22. 1902, B03041191400.
362. Jin, *Korean Neutralisation*, 200.
363. Gojong Sillok, "일본과 러시아가 전쟁을 할 때에는 중립을 지킬 것을 선언하다," Vol. 43, No. 1, 1903. 11. 23.

고종은 1904년 1월 21일 자로 중국 제푸에서 조선의 외무대신 이지용의 이름으로 선언하였다.

잇달아 일본과 각국 정부는 거의 동시에 전문으로 통고를 받았는데, 일본 외교문서(Nihon Gaikyo Bunsho, NGB)에 기록된 내용은 다음과 같다.

> 러시아와 일본 사이에 벌어진 복잡한 문제 및 협상이 평화적인 해결점을 찾는데 어려울 것을 감안해 대한제국은 황제의 명에 의해, 이 두 세력 간의 대화가 어떤 결과를 가져온다 해도, 엄격한 중립을 지킬 것을 선언하는 바이다.(영문 각주 27)[364]

이와 같은 고종 황제의 방어 태세는 국제사회에서 엇갈린 반응을 초래했다. 일본은 고종 황제가 사전에 통고하지 않은 점에 경악을 금치 못했고, 반응도 없이 일축해버렸다. 러시아는 호의적으로 받아들였으나, 영국은 일본에 군사적으로 위기가 있으면 서로 돕겠다는 영-일수호조약을 맺고 있어 거부해버렸다.[365]

반면 외세의 침략이 있으면 서로 돕겠다는 조항이 들어 있는 조-미우호조약을 맺어 놓고 있었던 미국 또한 이를 완전히 무시했다.[366] 친일의 자세와 필리핀에 욕심을 갖고 있던 미국 대통령 시어도어 루즈벨트(Theodore Roosevelt)는 조선의 중립선언에 일언반구도 없었다.[367]

이런 상황에서 중국은 러시아와 일본이 조선 때문에 전쟁을 할 경우, 중립을 지키겠다고 선언하였고, 미국 정부는 이러한 중국의 입장을 수용할

---

364. Nihon Gaikyo Bunsho(NGB), 37(1), No. 334, 311-312, 328.
365. C. H. Park, [Rosia Kungnip… yoyakjip], 430.
366. Jin, *Korean Neutralisation*, 220.
367. Jin, *Korean Neutralisation*, 220.

것이라고 외교문서를 통해 확인하였다.

> 그리스콤 씨가 고무라 남작에게(보낸 공문), 1904년 3월 16일.
> 남작님께 : 미 합중국의 북경 대사 콩거 씨가 워싱턴 국무성에 보고한 바, 중국 정부가… 완전 중립의 입장을 취하고, 어느 쪽에도 편을 들지 않을 것을 결의했다는 것을 통고받았음을 확인해드립니다. 로이드 그리스콤.(영문 각주 28)[368]

그리하여, 조선의 통제를 위해 러시아에 맞설 준비가 되어있는 나라는 오직 일본뿐임이 명백해졌고, 중국과 미국을 비롯한 열강 세력들이 국제무대에서 조선보다 일본을 선호하는 분위기가 확인된 것이다.

역사가 타일러 데넷(Tyler Dennett)은 이렇게 주장하였다. "중국인들을 쓸데없이 흥분시키고 교란시키지 않기 위해 루즈벨트 대통령은 애당초부터 중국 정부의 중립화 의지를 일본과 함께 수용했다.[369] 미 국무장관 존 밀튼 헤이(John Milton Hay)는 교전국 및 중국 측에 2월 20일 자로 보낸 공문을 통해, 미국 정부가 중국에 대해 갖고 있는 관심사를 표명하였으나, 조선에 대해서는 전혀 언급이 없었다고 데넷은 밝혔다.[370]

제국 열강이 이렇게 지켜보는 가운데 조선과 만주를 놓고 일어났던 러시아와 일본의 외교적 싸움은 점점 더 예측을 불허하며 격렬해졌다. 국제사회에서 조선의 중립선언이 무시된 상황에서도, 조선 정부는 파벌싸움에 급급하였고, 일본은 러시아와의 전쟁 준비를 일사천리로 밀고 나갔다.

---

368. FRUS, "Mr. Griscom to Baron Komura," March 16, 1904, 423.
369. Tyler Dennett, *Roosevelt and the Russo-Japanese War: A Critical Study of American Policy in Eastern Asia in 1902-5, Based upon the Private Papers of Theodore Roosevelt* (Garden City, NY: Doubleday, 1925), 27.
370. Dennett, *Roosevelt*, 28.

그러나 한반도 안에 살고 있든 디아스포라로 살고 있든 모든 조선인은 자신들의 삶을 뒤집어놓게 될 코앞에 다가오고 있는 전쟁의 위협을 알지 못하고 무방비 상태에 버려져 있었다.

2. 한일의정서

일본 정부는 1904년 2월 23일에 제1차 한일의정서를 공표하고, 제4조항에 입각하여, 대한제국 정부의 전권을 일본에 위임할 것을 요구하였고, 조선의 모든 인적 · 물적 자원과 국토까지도 일본제국의 필요에 따라 징발해서 쓸 권리를 행사하기 시작하였다.[371]

이에 따라 일본은 서울과 원산, 부산, 인천, 평양 간의 철도를 한국주차군의 행정 밑에 두고, 위반자들은 일본 사령관의 재량에 따라 처벌할 것임을 공포하였다.[372] 곧 이어서 국토의 징발이 시작되었다. 전쟁이 진행되는 동안, 일본 정부는 한일의정서의 여러 조항에 따라 조선을 식민지화하기 일보 직전인 보호국으로의 기반을 닦기 시작하였다.

일본의 고무라 대신은 일본 외무성에서 일하던 미국인 직원, 덜함 스티븐스(Durham White Stevens)에게 전문을 보내 8월 21일 자로 고종 황제의 외교관계 총책 자문으로 임명하겠다는 제안을 하였고, 스티븐스는 8월 22일 자로 이를 수락하였다.[373] 이 계약서는 고용인인 조선의 고종 황제가 스티븐스에게 월 8백 원(圓)에 상당하는 금을 월급으로 지급할 것이고, 적당한 거주지를 찾아줄 것과 주거지 관리비용으로 매달 1백 원 가치의 금을 무기한으

---

371. NGB 37(1), No. 382, February 25, 1904, 343-344.
372. Sim Heonyong, 한반도에서 전개된 러-일전쟁 연구 [A Study of the Russo-Japanese War on Korean Peninsula](Seoul: Ministry of National Defense, Military History Institute, 2011), 89.
373. NGB 37(1), No. 411(August 21, 1904), 365-366.

로 지급할 것을 못 박아 놓았다.³⁷⁴

스티븐스를 고종 황제의 외교 자문으로 임명하면서 일본 정부는 고종의 궁궐 여러 분야에 자문들을 집어넣었다. 메가타 주타로를 경찰 자문으로, 가토 마수오를 궁궐 내의 자문으로, 노즈 시게다케는 군 관계 자문으로 임명하였다. 이들은 각 분야에서 총괄적인 권리 행사권을 부여받았고, 러-일 전쟁이 종료되기 훨씬 전부터 일본의 영향력은 조선의 중앙정부에 샅샅이 미치게 되었다.³⁷⁵ 이리하여, 고종 황제는 일본과 합병되기 오 년 전에 이미 일본 정부의 꼭두각시 신세로 전락한 것이다.

일본의 외무대신 고무라의 주도하에 주한 전권대사 하야시 곤스케(林權助)는 조선의 외무담당 이지용의 이름으로 1904년 2월 23일에 조인된 '일한 협약(日韓協約)' 또는 '한일의정서(韓日議政書)'의 조항들을 시행하기 시작하였다.³⁷⁶ 이 의정서의 원제목은 '한일 외국인 고문 용빙에 관한 협정서(韓日外國人顧問傭聘에 關한 協定書)'였다.³⁷⁷

여섯 가지의 조항이 나열된 이 협약서는 보호조약이나 다름없어³⁷⁸ 조선의 모든 외교권이 일본에 넘어갔고, 일본군이 조선의 국토를 징발해서 쓸 권리를 얻었다. 또 조선의 군권을 포함한 모든 통제권을 일본에 허용하였다.³⁷⁹ 그 내용을 일본 외교문서 No. 382를 통해 살펴보자면 아래와 같다.

> 제1조항. 일본과 조선의 영구적이고 돈독한 우정을 유지하고, 극동지역의 평화유지를 위하여, 대한제국은 일본제국을 전적으로 신임하고

---

374. NGB 37(1), No. 432(December 28, 1904), 378-379.
375. Duus, *Abacus*, 187.
376. Sands, *Undiplomatic Memories*, 215; NGB, 37(1), No. 382, February 25, 1904, 343-344.
377. No. 382, February 25, 1904, 344.
378. Duus, *Abacus*, 182; Jin, *Korean Neutralization*, 226.
379. Duus, *Abacus*, 182; Jin, *Korean Neutralization*, 226.

행정개혁을 위한 후자의 조언을 따른다.

….

제4조항. 조선 왕국과 그 국토가 제3국으로부터 위협을 받을 경우, 일본제국 정부는 즉시 필요한 제반의 조처를 할 것이고, 조선 정부는 일본제국 정부가 시행하는 데 필요한 모든 행위를 허용한다. 일본제국 정부는 상기의 목적을 달성하기 위해 필요한 모든 지역과 장소를 점령할 수 있다.(영문 각주 29)[380]

일본 정부는 평화유지와 조일 간의 우호관계를 지킨다는 명목하에, 한일의정서의 여섯 가지 방침에 명시된 대로, 조선의 행정을 완전히 통제하기 시작했다.

1904년에 일본 의회에서 확립된 대한방침(對韓方針)과 조-일의정서 제 IV조항에 입각하여, 주차군은 서울, 평양, 의주의 주요 지역들, 총 9백75만 평에 달하는 땅을 군사용으로 점령하였다. 또한, 이 대한방침에 준하여, 고종황제로 하여금 접대위원 또는 군사작전과 정보사업에 종사할 상급 관리들을 임명할 것을 요구하였다.

이렇게 하여, 고종은 일본이 한반도를 러-일전쟁의 싸움터로 쓰는 것을 허용하였을 뿐 아니라, 자신이 공표한 전시 중립선언-즉 적국의 전쟁을 위해 조선의 영토 사용을 금지했던 선언- 을 스스로 위반한 셈이 되었다.[381]

이 의정서는 러-일전쟁 중 일본 정부가 한반도의 조선 국토, 군사용 말과 사람들을 필요한 만큼 제한 없이 쓸 수 있도록 허용하고 있다.[382] 마지막

---

380. NGB 37(1), No. 382, February 25, 1904, 343-344.
381. Jin, *Korean Neutralization*, 226.
382. Yun Hee Kim, "A Study of Koreans," 295.

구절은 "조선인 관료와 직원들을 병사나 노동자로 일본의 군사 작전상 필요한 대로 차출할 수 있도록" 조선의 문을 활짝 열어준 것이었다.³⁸³

제1차 한일의정서는 명실공히 병합조약이었으며, 그대로 일본의 가쓰라 내각이 받아들였고, '조선에 대한 일본의 한국 시설에 관한 공적 결정 건(對韓方針並二對韓施設綱領決定件)'으로서 자리를 잡았고, 1904년 5월 31일에 일본 의회에서 비공식이지만 실질적으로 최고의 권한을 갖고 있던 원로회(元老會)의 동의도 받았다.³⁸⁴ 이 방침은 '제국 대한 시설강령(帝國對韓施設綱領)'이라고 일본 황제의 공식적인 방침으로 선포되었고, 조선의 존망이 일본제국과 극동지역 제국의 안보에서 차지하고 있는 중요성을 인식시키려 했다.³⁸⁵

 V. 대한 정부는 대일본 정부가 추천하는 일본인 한 명을 재정고문으로 하여 대한 정부에 용빙하고, 재무에 관한 사항은 일체 그의 의견을 물어 실시할 것.

 VI. 대한 정부는 대일본 정부가 추천하는 외국인 한 명을 외무 고문으로 하여 외부에서 용빙하고, 외교에 관한 용무는 일체 그 의견을 물어 실시할 것.

 VII. 대한 정부는 외국과의 조약 체결이나 기타 중요한 외교 안건, 즉 외국인에 대한 특권 양도와 계약 처리에 관해서는 미리 대일본 정부와 토의할 것.

광무 8년 8월 22일

---

383. FRUS, "Japanese Supervision over Korean Foreign and Administrative Affairs," Minister Allen to the Secretary of State, No. 902, May 30, 1905.
384. NGB 37(1), No. 390, May 31, 1904, 351; Duus, *Abacus*, 182; Moon, *Populist*, 246.
385. NGB 37(1), No. 390, May 31, 1904, 351.

외부대신 서리 윤치호(尹致昊)
메이지 37년 8월 22일
특명 전권 공사 하야시 곤스케(林權助)[386]

이 방침은 여섯 분야에서 일본의 공식적 입장을 분명히 세워놓았다. 1) 일본의 육군과 해군 기지를 조선에 세울 것, 2) 일본 정부는 조선의 외무와 3) 재무를 총괄할 것, 4) 조선 내 경부, 경인, 경원, 서울-마산을 연결하는 철도시스템을 일본이 총괄할 것, 5) 전신, 전화, 우편 서비스뿐만 아니라, 6) 두만강과 압록강 지역의 농경, 목축, 산림 산업의 경제적 발전을 총괄할 것 등이었다. 또한 고급 고질의 광산개발과 일본인 개척자들이 소유하거나 차용해서 쓸 수 있는 공유·사유 토지를 조차 지역에 국한되지 않게 개발할 것과 조선에서 농업 다음으로 큰 기업인 어업을 관장할 것을 밝혔다.[387]

1904년의 제1차 한일의정서에 기반을 둔 제2차 한일의정서가 1905년 11월 15일에 조인되었는데, 을사년에 강제로 조인된 협약이라는 뜻에서 을사늑약(乙巳勒約)이라 부르며 이완용을 비롯해 5명의 배반자들-5적(五賊)-이 조선을 일본의 속국으로 넘겼다고 한다.[388]

3. 전쟁 준비태세

1904년까지는 러시아의 평민들에게 조선은 멀리 떨어진, 보이지 않는 전방의 조그마한 땅덩이에 불과했다. 극동 변방의 오지에 있는 '이상한 나라(strange country)'로만 알려져 있던 조선은 러시아인들이 관심을 둘 필요가 없

---

386. https://ko.wikipedia.org/wiki/제1차_한일_협약.
387. NGB 37(1), No. 390, 351-356(May 31, 1904); Duus, *Abacus*, 184-186.
388. Duus, *Abacus*, 192.

는 극히 작은 나라였다.[389] 1900년에 와서야 러시아 재무부에서 1,250쪽의 서적을 출판하여, 조선이라는 멀리 있는 작은 나라를 대중에게 부각시켰다.[390] 그 이후 러-일전쟁 무렵에 와서야 조선은 군사적 요지로서 군인들의 숙박과 자원 조달을 위한 중요한 땅이 되었다.[391]

사실상 전쟁 전 러시아는 조선을 만주를 대신할 교환물로 보았다고 러시아 외상 람즈도르프(В. Н. Ламздорф)가 1904년 1월 18일에 러시아 황제와 주고받은 극비문서에 쓰여 있다.[392] 람즈도르프는 그 문서에서 여러 차례 '만한교환(滿韓交換, Man-Kan kokan)'을 주장하였고 조선의 중립화를 선호하였다.[393]

일찍이 1900년에 일어난 러-청전쟁(露淸戰爭)에서 러시아는 중국을 침범하여 요동반도(遼東半島)의 일부를 임대하라고 요구하였는데, 그 이유는 모스크바에서 블라디보스토크까지 달리는 시베리아 횡단철도를 관통하고자 함이었다. 이 프로젝트는 만주의 북동지역 세 지역을 하얼빈에서 봉천을 통해 대련까지 연결할 수 있고, 흑룡강성(黑龍江省), 길림성(吉林省), 봉천성(奉天省)과 하얼빈(哈爾濱), 연길(漣吉) 그리고 선양(奉天) 시를 번창시킬 수 있는 계획이었다.[394]

시베리아 횡단철도는 결국 1891년과 1903년 사이에 러시아가 건설을 완료하였다.[395] 지도에 표기되어 있듯이, 러시아는 모스크바를 서쪽의 상트 페

---

389. Igor Ermachenko, "Korea and the Koreans in the Russian Press of 1904-1905," *International Journal of Korean History*, Vol. 8(August 2005), 226.
390. Ermachenko, "Korea," 223.
391. Ermachenko, "Korea," 224.
392. ГАРФ. Ф.568, оп.1, д.181, лл.18-21об and лл.22-24об, copies of the documents, collected by C. H. Pak, preserved, and retrieved at The 100th Year Memorial Center, Korean War Archives at Korea University, Seoul, Korea.
393. ГАРФ. Ф.568, оп.1, д.181, лл.18-21об.
394. South Manchurian Railway Company [Minami Manshu Tetsudo Kabushiki Kaisha], *Manchuria: Land of Opportunities*(New York: South Manchuria Railway, 1922), 1; K. I. Kim, [Korean Diaspora], 18.
395. Duus, The Abacus, 137.

시베리아 횡단철도
(Map of Trans-Siberian Railway)
Courtesy of Frontiers of Travel, 1956.

테르부르크와 극동의 블라디보스토크까지 연결하는 세계에서 가장 긴 철도를 소유하게 된 것이다. 러시아는 만주를 조선과 맞바꿔 지키고자 하였으나 몇 년 후 러-일전쟁에서 패함으로써 1904년, 만주를 잃었다. 일본은 1906년에 남만주철도회사(South Manchurian Railway(SMR) Company)를 설립하였다.[396]

제1장에서 보았듯이, 청-일전쟁에서 청나라가 일본에 패배한 결과로 맺어진 시모노세키조약에 의해 요동반도가 일본의 손에 넘어갔다가 러시아, 독일, 불란서의 삼국 간섭(Triple Intervention)에 의해 반환되었다. 이 사건은 일본을 자극했고, 러-일전쟁을 촉발하게 된 요인 중 하나였다.[397]

1904년 2월 8일, 조선이 중립을 선언하기 2주 전에, 일본은 대련에 정박해 있던 러시아 함대를 선전포고도 없이 포격하였고, 이틀 후인 2월 10일에야 러-일전쟁을 선언하였다. 2월 9일 일본군은 인천 앞바다에서 러시아 함대 두 척을 포격해 침몰시킨 후 보병대를 서울로 진입시켜, 러시아 공사 파

---

396. John Young, *The Research Activities of the South Manchurian Railway Company, 1907-1945: A History and Bibliography*(New York: Columbia University, 1966), 3.
397. Daniel A. Métraux, *The Asian Writings of Jack London: Essays, Letters, Newspaper Dispatches, and Short Fiction by Jack London*(Lewiston, NY: Edwin Mellen Press, 2009), 11.

블로프(Aleksandr Ivanovich Pavlov, А. И. Павлов)가 급히 조선을 떠나야 했다.[398]

1904년 초, 전쟁이 시작되기 며칠 전, 고종 황제의 궁궐 앞마당에서, 영의정 이용익이 영국 신문기자 맥켄지와의 인터뷰에서 큰소리를 쳤다. "우리는 평화가 올 것을 믿는다…. 전쟁은 없을 것이다!"[399] 바로 이때, 일본 함대는 중무장을 한 군사들을 잔뜩 싣고 대마도에서 몰려왔으며, 러시아 군병들은 대련에 집합하고 있었다.

1900년과 1904년 사이에 이미 전쟁의 먹구름이 끼고 있다고 느낀 영국과 미국 상인들은 한반도를 떠나 상해로 거점을 옮기고 있었는데 이용익 등 조선의 대신들은 러시아가 조선과 고종의 집권을 보호해줄 것이라 믿고 있었다. 조선 관료들의 맹목적인 믿음으로 인해 위로 재상부터 아래로 평민에 이르기까지 저벅저벅 다가오고 있는 전쟁에 완전히 무방비상태였고, 오백 년 역사를 누렸던 조선 왕조는 터무니없는 말로로 이끌려갔다.

맥켄지 기자는 다가오는 전쟁에 대처하는 일본, 러시아, 조선인들의 준비성의 차이점에 대해 자세히 언급했다. 그는 1904년 5월에 일본군을 따라 북진하여 러시아군과 상대하는 모습에 관해 아래와 같이 자세히 보고했다.

> 일본군은(조선의) 길 하나하나를 자기 손바닥처럼 알고 있을 뿐 아니라, 군인 한 명 한 명이(조선의) 국토를 알고 있다. 모든 장교는 하나같이 정확하고 세부적인 내용이 들어 있는 지도를 주머니에 넣고 다닌다. 한 대대가 마을로 들어갈 때에는, 그 마을에 있는 모든 집 하나하나, 모든 길과 병사들이 묵을 야영지가 표기되어 있는 지도가 주어진

---

398. 심헌용(Heonyong Sim), 한반도에서 전개된 러일전쟁 연구 [A Study of the Russo-Japanese War on the Korean Peninsula](서울: 국방부 군사편찬연구소 [Seoul: Ministry of National Defense], 2011), 74-75.
399. Fred A. McKenzie, From Tokyo to Tiflis: *Uncensored Letters from the War* (London: Hurst and Blackett, 1905), 34.

다. 군의관들은 병사들보다 한걸음 앞서 가서, 그 마을의 우물과 시냇물을 검사해 보고, 표시해 놓고…. 일본군이 제물포에 상륙하기 직전에도 우선 몇 명이 사복 차림으로 조용히 마을로 들어가 대기하고 있었다. 근처에 살고 있던 일본인들은 노동자 차림이지만 총과 칼을 차고 갑자기 거리에 나타난다. 그들의 지도자들은 재빨리 장교의 복장으로 차려입고 … 절이나 궁을 점령해서 거점을 잡아 놓는다.(영문 각주 30)[400]

맥켄지가 위에 설명한 내용의 지도는 조선전도로 아무리 작은 마을이라도 그 지역의 형세와 세부 정보가 표기된 포켓용 지도였다.

이 지도는 일본인 소토(B. Soto)와 가나자와(S. Kanazawa)에 의해 만들어졌는데 '영문으로 표기된 한반도 지명의 목록(A Catalogue of the Romanized Geographical Names of Korea)'을 수록해 동경대학에서 1903년에 출판되었다. 이 포켓용 조선전도는 모든 일본군 장교들이 앞주머니에 넣고 다니면서, 전국의 도시와 그 지역의 지형을 확인할 수 있어 일본군의 안내판 역할을 하였다.

미국 외교관 파우널(C.A.W. Pownall)이 훗날 지적했듯이, 이렇게 상세하게 한반도와 만주 전역을 도로와 지형의 높낮이까지 표기되어 있는 지도가 있었다는 사실은 일본이 중국을 침략할 계획을 오래전에 세운 것이고 용의주도하게 진행시켜 왔음을 증명한다.[401] 이는 1904년에 후레드릭 맥켄지가 보고했던 "모든 장교(Each officer)가 지니고 다니던 지도에 '모든 집, 골목, 야영

---

400. McKenzie, *From Tokyo*, 77.
401. C. A. W. Pownall, "Russia, Japan, and Ourselves," *Nineteenth Century and After*, March, 1904, quoted in Tyler Dennett, *Roosevelt and the Russo-Japanese War: A Critical Study of American Policy in Eastern Asia in 1902-5, Based upon the Private Papers of Theodore Roosevelt*(Garden City, NY: Doubleday, 1925), 147.

 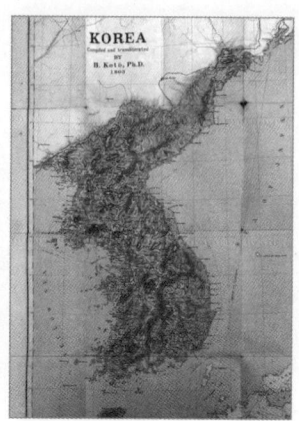

고토 박사의 조선전도. 펼쳐 놓은 조선전도.
(Dr. Koto's General Map of Korea)[402] (Unfolded Map of Korea)

지들 하나하나(every house, every pathway and bivouacs)"가 명기되어 있었다는 점을 재확인시켜 주었다.[403]

맥켄지와 다른 서양인들이 보았던 완벽한 일본군의 준비 태세는 한반도 전역을 세밀하게 조사, 측량한 결과였고, 이런 작업은 청-일전쟁과 러-일전쟁보다 수십 년 전부터 시작되었다고 역사학자 남영우는 주장했다. 1870년대에 이미 일본군 행정부(General Staff Office, GSO)는 조선의 지리와 군사 정보를 모으기 위한 비밀 작전을 진행시키고 있었으며, 1872년 9월 일본 외교관 하나부사의 측근이었던 기타무라와 벱부가 열 명의 일본군 장교와 함께 조선에서 최초의 정보수집 작업을 했다는 것이다.[404]

일본 군부가 기밀 정보수집과 지도 제작 등 면밀한 작업을 했던 또 하나의 증거물로는 '비밀 한국지도 이십만 분의 일(秘韓國地圖二十万分一 [Top Secret

---

402. Jack London Collection at the Huntington Library, Ephemera - Pamphlets, JLE2099. B. Koto. General Map of Korea, 1903.
403. McKenzie, *From Tokyo*, 77.
404. Young-woo Nam, "Japanese Military Surveys of the Korean Peninsula in the Meiji Era," in Helen Hardacre and Adam L. Kern, *New Directions in the Study of Meiji Japan*(Leiden: Brill, 1997), 335-336.

Map of Korea 200,000:1]')을 일본 군무성이 명치 37년(1904년)에 정식으로 허가 했던 기록을 꼽을 수 있다.[405]

일본 아시아 역사 자료관(Japan Center for Asian Historical Records, JACAR)의 일본의 군무성 공문록(Ministry of War Kobun Roku, 公文錄)에는 1872년에서 1875년까지, 지도를 만들기 위해 정보관들을 조선에 파견하는 건으로 주고받은 공문이 40여 가지 있었다.[406]

이와 같은 지도편찬 작업과 정보수집을 위해 기용된 조선인들의 역할도 일본 국립공문서관과 일본 외무성의 기록에서 볼 수 있다. 그중 하나는 국립공문서관 기록인 A01100103500으로, 한국 태생 김인승을 일본 군무성이 한국으로 파견하여 전권을 위임받은 구로다 공사(黑田淸隆)의 한국 여행에 동행할 것을 천거했다.[407]

또 다른 외무성 보고서 A01100100700에는 "러시아 국적의 조선인 김인승을 고용하는 건(魯國籍元朝鮮國産金麟昇傭入何)"이 1875년 7월 13일 자로 기록되어 있다.[408] 그 다음 보고서 A01100103500은 함경도 함흥 태생인 김인승을 1875년 12월 15일부로 석 달 동안 하루에 일 원(一日 金一圓)씩의 대가를 주고 고용한다는 외무성의 공문이다. 이것은 1876년 2월 27일 강화도조약이 조인되기 직전, 협상 준비를 위해 사전에 조선인을 고용한 것으로, 1월 30일 변리공사 구로다 일행이 강화도에 도착했을 때, 그 "수행원 8백40

---

405. "Sending 1/200,000 map of Korea to Headquarters of Fortification Department," *Kobun Roku: Compiled Records of the Great Council of State(Daijokan)*. National Archives of Japan. Japan Center for Asian Historical Records. The National Institute for Defense Studies, Ministry of Defense, Rikugunsho Dainikki(Document Files of the Ministry of the Army), C07060341100. Prepared by Fukuhara Shinzo, Chief, Headquarters of Fortification Department // Iguchi Shogo, Chief, General Affairs Department, Army General Staff Office, 1904.02.29.
406. "Presentation of complete map of Korea, appendices to map and recent situations in Korea(Compilation of roster …) *Kobun Roku*. A01100105700, 公01428100, 1875.12.28.
407. "Report on former Korean national Kim Rin-sung of the ministry on dispatch to Korea to accompany Minister Resident extraordinary and plenipotentiary Kuroda on trip to Korea," National Archives of Japan, A01100103500, Meiji 8. 7. 13(July 13, 1875).
408. "魯國籍元朝鮮國産金麟昇傭入何 [Inquiry about employment of a Russian national and a former Korean native, Kim Rin-sung]," National Archives of Japan, A01100100700, Meiji 8. 7. 13. (July 13, 1875).

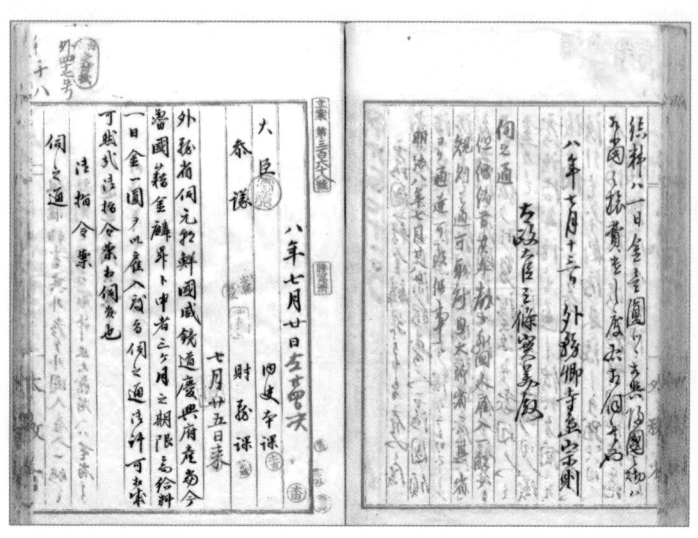

김인승의 고용허가서.

명 중에 김인승과 성명 미상의 조선인 통역 2명이 섞여" 있었다고 한다.[409]

일본 군부가 조선인을 지도편찬 작업에 활용한 것은 그들이 조선의 지리와 관습뿐 아니라, 한국어와 러시아어에도 능통했기 때문이다. 김인승은 조선에서 태어났으나 러시아로 이주, 귀화하여, 정탐에 관한 모든 필수조건을 갖추었고, 그 지방 사람들의 의심을 받지 않고 작업할 수 있었기에 더욱 적합했던 것이다. 김인승은 조선과 러시아 양쪽의 관습과 생활방식을 잘 알고 있었다. 김인승 외에도 더 많은 조선인들의 도움으로 일본군은 러시아에 대항하여 한반도를 독점할 만반의 준비가 되어 있었다. 십 년 전 청-일 전쟁에서 그랬던 것처럼.

---

409. 임종국, 실록 친일파(서울: 돌베개, 1991), 11.

4. 조선인의 체격에 대한 일본의 관심

조선을 병합하기 훨씬 전인, 1880년대와 1890년대, 1900년대부터 일본 군부는 조선 남자의 체격이 군 작전에 적합한지 여부를 확인하는 많은 연구를 해온 흔적이 있다. 그런 연구물들은 고고학자, 의학자, 역사학자들-조영준, 박순영 등-에 의해 인용되고, 분석되어 왔다.[410]

제일 먼저 기록된 사례는 일본인 군의관 고이케 마사나오(小池正直)가 부산의 제생의원(濟生醫院)에서 일했던 1883-85년에 있었다. 조사 결과는 1887년에 출판된 『계림의사(鷄林醫事)』에서 볼 수 있는데, 75명의 20세에서 60세 사이의 조선 남자들이 조사대상이었다. 이들은 평균 신장 179.947cm, 체중은 60.73kg, 가슴둘레 83cm, 폐활량 3,373.467cc과 손아귀의 힘은 162:170(우:좌)을 기록하고 있었다.[411]

또 다른 조사는 조선에 주둔하던 일본 군의관들, 미키다(右田軍太郎)와 오츠카(大蒙陸太郎)가 조선인 140명을 상대로 「조선인 체격 측정 일람표[朝鮮人體格測定一覽表]」라는 연구 보고서를 1895년에 작성하였고, 이시구로 타다노리(石黑忠直)라는 야전위생부 대신에게 청-일전쟁 시 제출되었다.[412] 그들은 조선인이 신장 1,645mm(20-25세의 남자), 1,609mm(26-30), 1,609mm(31-40)와 1,636mm(41-55)의 체구를 가졌다고 발표했다.[413]

1880년대와 1890년대에 조사했던 불과 75명 내지 1백40명의 소규모 샘

---

410. 조영준(Young-Jun Cho), "조선시대 문헌의 身長 정보와 尺度 문제: 軍籍과 檢案을 중심으로 [Stature Data and Measurement Unit in Chosun Korea: Study of Physical Attributes and Heights of Korean Men]," [古文書研究] no. 41(2012, 8): 125-159; 조영준(Young-Jun Cho), "한일병합 이전 일본 군의관의 조선인 체격 검사: 신장 특정 자료의 비판적 재검토 [Japanese Army Surgeons' Physical Examination on Koreans: Focusing on the Stature Data before 1910]," 경제사학 [Economic History], Vol 40, No. 3(2016, 12): 457-485; 박순영(Sun Young Pak), "The 'Anthropological' Gaze at the Korean Bodies under Japanese Colonialism = 연구논문: 일제 식민주의와 조선인의 몸에 대한 "인류학적" 시선: 조선인에 대한 일제 체질인류학자들의 작업을 중심으로," 비교문화연구 [Comparative Cultural Studies], 12권 2호(2006): 57-92.

411. Koike Masanao's report cited in Y. Cho, [Japanese Army Surgeons], 461.

412. Y. Cho, [Japanese Army Surgeons], 463.

413. Y. Cho, [Japanese Army Surgeons], 463.

플에 대한 연구보고서에 비해, 1901년에 일본군 의무관과 군 의과대학장을 지냈던 이지마 시게루(飯島茂)는 훨씬 많은 남자 3천51명과 여자 1백1명을 대상으로 조사한 결과를 내놓았으나, 여자들의 검사 수치는 보고서에서 제외되었다.[414]

청-일전쟁이 일어나기 전이었던 1890년 이전의 연구자료에 비해, 1895-1900년대 연구대상의 규모가 훨씬 커진 것은 청-일전쟁이 종결된 후에도 일본 군의관들이 조선에 남아 있었고 일본 군부가 조선 남자들의 건장한 체격에 한층 관심이 많아졌기 때문이라고 조영준은 주장했다. 고이케와 이지마는 조선인들의 체력이 일본인들보다 크고 건장한 원인을 육식생활 때문이라고 결론을 내렸다.[415] 16세에서 60세의 남자들을 비교했을 때, 조선인이 훨씬 우월하다는 결론을 내리고, 일본인도 식생활을 바꿀 것을 추천했다.[416]

이사벨라 비숍도 한국인의 체격을 좋게 평가했다. 남자들은 매우 기운이 세어서 짐꾼들은 혼자서 백 파운드 정도는 거뜬하게 날랐다고 썼다.[417] 남자의 신장은 평균 5피트4.5인치(163.8cm)이었다고 했는데, 비숍의 평가는 1897년에 서울에서 군사 고문으로 있던 알프레드 스트리플링(Alfred Burt Stripling)이 1천60명을 대상으로 한 연구에 준한 것이었다. 스트리플링의 연구에는 가슴과 머리둘레, 피부 색깔, 얼굴 생김새와 손과 발의 치수까지 포함되어 있었다.[418]

잭 런던도 조선인들은 "아주 잘 생겼고, 건장하고, 근육이 잘 발달됐

---

414. Y. Cho, [Japanese Army Surgeons], 466.
415. Y. Cho, [Japanese Army Surgeons], 473.
416. Y. Cho, [Japanese Army Surgeons], 474.
417. Bishop, *Korea*, I, 3.
418. Cho, "Japanese," 473.

고, 자기네들을 정복과 소유의 욕심에 찬 눈길로 보던 '난쟁이들(dwarfs)'보다 훨씬 키가 컸다"고 썼다.[419] 그러나 런던이 조선 사람들은 기백이 없고("spiritless"), 게으르며, 구경("look see"와 "koo-kyung")만 좋아한다고 썼던 반면, 비숍은 조선인들의 정신력을 높이 평가했고, 스코틀랜드인처럼 상황 판단이 재빠르고("gleg at the uptak"), 중국인이나 일본인보다 언어도 빨리 익히는 재질이 있다고 했다.[420]

조선인 남자들의 체력과 정신력에 관한 검사 자료와 결론을 이 책에서 다루는 이유는 결과 수치 자체보다 일본 군부가 이러한 연구를 하게 된 동기에 관심이 있기 때문이다. 조영준과 박선영의 연구를 볼 때, 일본 군부의 조선인의 체력에 관한 관심은 일본군으로 활용하기 위해서라고 볼 수 있는 것이다.[421]

일본이 조선인 신체 연구와 지리학 정보를 이용해 청-일전쟁에서 이겼듯이 십 년 후 러-일전쟁에서도 승리를 거둘 수 있게 되었는지를 살펴보고자 한다. 또한 일본이 어떤 방식으로 조선을 일본제국의 손에 넣을 수 있었는지를 살펴볼 것이다.

5. 일본의 승리로 끝난 러-일전쟁

고종의 중립선언은 저변에서 끓어오르던 러-일전쟁을 유발하는 촉진제 역할을 하였다. 일본은 이미 한반도를 순식간에 휩쓸어 점령할 수 있도록 오랫동안 지형 조사와 인적 자원 등으로 만반의 준비가 되어있었다. 그뿐 아니라, 1882년 고종 황제의 부친 흥선대원군이 옹호하던 전통적 군대

---
419. *Jack London Reports*, 44.
420. Bishop, *Korea*, I, 4.
421. Cho, [Stature Data], 125-159; Pak, "The 'Anthropological' Gaze," 57-92.

가 고종이 세운 새 군대에 비해 푸대접을 받는다는 이유로 일어났던 임오군란(壬午軍亂)이 신속하게 진압된 후에도, 화재를 당한 일본영사관을 지킨다는 명목으로 수백 명의 군인을 서울에 계속 주둔시키고 있었다.[422] 이렇게 일본군은 계속 남아 있었고, 1894년의 동학란 진압과 1895년 민비시해 사건으로 오히려 숫자가 증가한 상황이었다. 1904년에는 한국주차군(韓國駐箚軍)의 모습으로 더욱 강화었으며, 러-일전쟁이 벌어지면서 러시아에 대항하는 전초 부대의 역할을 하였다.

일본제국과 일본군이 완벽한 준비 태세를 갖추고 있던 것에 비해, 러시아는 모든 면에서 준비가 안 돼 있었다고 러시아군 총사령관이었던 쿠로파트킨(Alexei Nikolaievich Kuropatkin) 장군이 1908년 회고록에서 자인했다.[423]

황제 니콜라스 II세는 일본과의 전쟁을 피하고자 하였고, 각료들은 일본 정부 수뇌부와 계속 평화로운 해결책을 협상하고 있었으나, 두 나라의 상반되는 야심과 이해관계로 결렬 직전에 있었다. 러시아 외무대신 람즈도르프와 주일대사 로젠은 극동 사령관 알렉세이에프 제독의 선두 지휘 아래 일본의 가츠라 타로 총리, 원로 정치가 이노우에 가오루, 그리고 외무대신 고무라 주타로와 1900년부터 1904년 1월까지 협상을 하였으나, 결국 평화적인 해결안을 찾지 못하였다.[424]

양측이 논의했던 세 가지는 1) 한반도를 원산에서 평양의 대동강까지 연결하는 39도선에서 나누자는 방안, 2) 조선의 중립화, 3) 만주와 조선의 교환이었다.[425] 일본은 러시아가 1900년 청-러전쟁의 결과로 대련(Port Arthur)

---

422. Kim and Kim, *Korea*, 36; Eckert, et al., *Korea*, 207.
423. Alexei Nikolaievich Kuropatkin, *Guerra Ruso-Japonesa, 1904-1905: Memorias del General Kuropatkin* [러시아 군사령관 쿠로파트킨 장군 회고록], translated from the Spanish version published in Barcelona, Spain, 1909, by Shim Guk-wung(심국웅)(Seoul: Korea University of Foreign Languages, 2007), 13 and 79.
424. Kuropatkin, *Guerra*, 79.
425. Duus, *The Abacus*, 173.

을 점령했던 것에 앙심을 품고, 그 지역을 돌려주고 동부 철도의 남쪽 부분을 팔라고 요구하였으나, 러시아는 만주를 포기할 생각이 전혀 없었다.[426] 일본이 러시아에 대항해 싸울 준비가 얼마나 잘 되어 있었는지를 러시아의 알렉세이에프 제독은 모르는 상태에서, 회담은 결렬되고 말았다.[427]

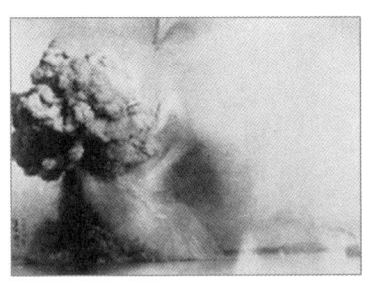

러시아 함대의 폭발. "Explosion of Koreitz,".
JLP439 Album 1, No.00071

1904년 2월 8일, 일본군 두 개 여단의 병력이 제물포에 상륙해 경성에 입성한 후, 바로 다음 날 러시아 함대를 기습적으로 포격하여 함락시키고 이틀 후에 선전을 포고하였다. 이 사실을 일본 정부의 감시의 눈을 피해 조선으로 가 있던 극소수의 외국기자 중, 『런던 데일리』지의 맥켄지 기자가 2월 9일 아침 7시에 보고하였다. 일본군 사령관 모리 기타로가 러시아군 사령관에게 통고하자마자, 바리아그(Variag, Варяг)와 코리에츠(Korietz, Корейцы=Korean) 두 함대를 포격하여 침몰시켰고, 전투는 40분도 안 되어 끝났다고 했다. 러시아군은 6천5백 톤의 바리아그 호에 타고 있던 1백 7명을 모두 잃었고, 코리에츠 호는 많이 파손되었으며, 같은 날 오후 4시에 완전히 폭파되고 말았다고 기술했다.[428]

1904년 2월 10일, 일본은 뒤늦게 러시아를 향해 "선전포고(宣戰布告, Imperial Proclamation of War)"를 하였고, 런던, 워싱턴, 방콕, 북경, 서울을 비롯해 일본과 외교 관계가 있던 각국의 영사관에 통고하였다. 밤늦은 시각인

---

426. C. H. Park, 激變期의 한러 關係史 [History of Korea-Russia Relationship in a Volatile Period](Seoul: Sunin, 2015), 523.
427. Kuropatkin, Guerra, 79.
428. McKenzie, From Tokyo, 47.

10:45-12:00에 각국으로 내보낸 메시지의 내용은 다음과 같았다.

> 우리 일본제국은 천황의 은총과 대대로 이어온 왕조에 의지하여, 충성스럽고 용감한 백성들에게 이처럼 선포한다. 러시아에 선전을 포고하며, 우리의 육군과 해군이 적국을 향해 온 힘을 다해 싸울 것을 명하고, 우리의 능력 있는 행정관들이 노력을 아끼지 않고, 주어진 임무를 다하며, 국력을 기울여서 제국들의 법도 내에서 싸울 것을 명한다….
> (영문 각주 31)[429]

이 선전포고 문안은 1894년에 내렸던 청-일전쟁의 선언문에서 '청' 대신 '러'라는 말을 쓴 것을 빼면 똑같았고, 러시아가 일본을 자극하여 전쟁을 야기한 것이며, 이로 인해 전 일본 국민이 총력전에 들어갈 수밖에 없다고 주장했다.

러시아를 향한 일본의 선전포고는 세계 각국에서 찬반을 불러 일으켰다.[430] 시드니 로(Sidney Low)는 "루즈벨트 대통령의 기회(President Roosevelt's Opportunities)"라는 제목으로 『십구 세기와 그 후(Nineteenth Century and After)』라는 저널에 1904년 12월 자로 썼다.

> 루즈벨트 대통령이 백악관을 떠나기 전에, 앵글로 색슨(백인) 중심의 평화 주축에 기반을 둔 평화연맹(League of Peace)을 세워놓는 것보다도 더욱 놀랄 만한 일이 벌어질 수도 있다고, 루즈벨트에게 아시아로 밀

---

[429]. Japan, Ministry of Foreign Affairs. *Nihon Gaiko Bunsho* [日本外交文書 = Japanese Diplomatic Documents], XXXVII and XXXVIII, 日露戰爭 I, [Russo-Japanese War I], Text of the Imperial Proclamation, Issued on the 10th of February, Meiji 37(1904), 143.
[430]. Dennett, *Roosevelt*, 147-149.

고 들어갈 것을 종용하였다.(영문 각주 32)[431]

또한,『내셔널 리뷰(The National Review)』잡지에 실린 기사에서는 이렇게 논평하였다.

> 미국은 중국의 자주권과 미국의 열린 문 정책(Open Door policy)에 입각하여 있는 힘을 다해 주도권을 잡아야 하고, 이 '세 나라'는 주변 상황에 이끌려 서로 결집할 수밖에 없다.(영문 각주 33)[432]

이 글에서 말하는 "세 나라(These three states)"는 중국, 일본, 러시아였으며, 지극히 작은 나라, 조선의 운명을 놓고 상업적으로나 정치적으로 상반되는 이권을 위해 치열한 싸움을 벌이려는 것이었다. 일본의 오랜 숙원-즉 조선을 디딤돌로 하여 중국으로 나아가 아시아대륙은 물론 러시아까지 손아귀에 넣으려는 야망-을 달성하기 위한 국제무대가 준비된 것이었다.

이처럼 지정학적으로나 국내적으로 혼란스러운 상황에서 모국을 뒤로 두고 러시아와 만주로 이주해 갔던 조선인 디아스포라인들은 러-일전쟁을 맞아 자신들이 설 땅과 충성심의 방향을 찾아야 했다.

앞으로 극동 러시아와 만주로 이주해갔던 조선인들이 국경을 넘나들면서 두고 간 조국과 새로 찾은 터전의 나라를 위해 싸웠던 것을 제시하고자 한다. 1904년 3월에 북상하는 일본을 도왔던 일진회의 움직임을 살펴보고 왜, 어떻게, 이 단체가 일본을 도왔는지를 살펴볼 것이다.

---

431. Dennett, *Roosevelt*, 147.
432. "The Overlord of the Pacific and the Admiral of the Atlantic," *The National Review*, v. 45(1905), 307.

II. 일본군 속의 조선인

1. 자립을 위한 의존

역사학자 앙드레 슈미드(Andre Schmid)는 조선이 민족주의와 개화주의 사이에서 진퇴양난의 상황에 부닥쳐 있었다고 했다. 개화주의자들은 문명개화(文明開化)라는 보기 좋은 깃발 아래 조선의 문명화를 도모하고자 했으나, 그것은 이미 서양문명을 받아들여 개화한 일본에 조선이 굴복되는 것을 정당화시키는 격이 되고 말았다.[433]

이런 상황 속에서 문명개화 운동의 중심 세력이었던 개화파와 동학의 잔존 세력으로 구성되어 민중의 목소리("the voices of the subaltern")를 찾아야 한다고 부르짖던 일진회(一進會=Advance in Unity Society)가 보수파의 반대 세력으로 힘을 얻었다.[434]

미국 사학자 힐러리 콘로이(Hilary Conroy), 피터 두스(Peter Duus), 알렉시스 두덴(Alexis Dudden), 앙드레 슈미드는 이런 상황 속에서 조선 개혁의 필요성과 일본의 제국주의 사업이라는 기치 아래 "서로 수용 가능한 한일관계(mutually acceptable Japan-Korea relationship)"를 도모하는 과정에서 일진회가 "우치다의 도구(Uchida's instrument)"로 쓰였으며 결국은 고종을 제거하고 합병을 촉진했다고 봤다.[435]

대동아주의(大東亞主義), 범아시아주의(凡亞細亞主義, Pan-Asianism) 또는 아시아주의(亞細亞主義)는 이외에도 여러 가지의 이름으로 불렸는데, 훗날 태평양전쟁 발발 직전에 일본은 이를 바탕으로 대동아 공영권을 주장하였다.

---

433. Andre Schmid, *Korea between Empires, 1895-1919* (New York: Columbia University Press, 2002), 24.
434. Moon, *Populist Collaborators*, 14.
435. Moon, *Populist Collaborators*, 9-10 and 3.

이들은 아시아 연대론(亞細亞連帶論=Theory of Asian Solidarity), 동양주의(東洋主義 = Easternism), 동양평화론(東洋平和論=Theory of Eastern Peace), 또는 삼국동맹설(三國同盟說=Thesis on Alliance among Three Nations)을 주장하였고, 대한협회의 공식적 통신매체였던 『황성신문』이 이들의 대변인 역할을 하였다.[436]

개화파를 이끌던 김옥균(金玉均)은 범아시아주의를 최초로 받아들인 인물로서, 1884년 갑신정변(甲申政變 또는 '3-day Coup')에 실패한 후 3월에 사형에 처해졌다. 윤치호도 아시아주의자로서 문명개화 운동의 설득력 있는 변호인 역할을 하였고, 동아시아인들, 즉 중국, 일본, 조선의 공통된 연대감 형성을 주장했으며, "건방진 백인종(arrogant white race)", 특히 러시아인들에 대항하기 위한 단합을 외쳤다.[437]

윤치호(尹致昊, 1865-1945)는 진보당의 독립협회(獨立協會) 지도자였는데, 1883년부터 1943년까지 60년 동안 하루도 빠지지 않고 일기를 썼다. 1883년에는 한문으로, 그 후에는 영문으로.[438] 일본과 미국에서 교육을 받았던 윤치호는 범아시아주의적 친일의 입장을 취했으나, 1904년에 등장한 일진회의 회원은 아니었다. 그는 학교 선생을 했고, 초대 주한 미국공사 후트(Lucius H. Foote)의 통역관을 비롯해, 감리교와 대한 외무부의 여러 직책을 역임했고(1883-85, 1895-96, and 1904-06), 서재필(미국 이름, Philip Jaison)의 후임으로 1896년부터 98년까지 『독립신문』의 편집인으로 종사하기도 했다.

훗날, 지하에서 애국운동을 했고, 1911년부터 1915년까지 조선총독을 지낸 데라우치 마사다케를 암살했다는 의심을 받아 감옥에 갇혔으나, 윤치호

---

436. Gi-Wook Shin, "Asianism in Korea's Politics of Identity," *Inter-Asia Cultural Studies*. Volume 6, Number 4(2005), 618.
437. Shin, "Asianism," 619.
438. Yun Ch'i-Ho, *Yun, Ch'i-ho Papers, 1883-1943*, Manuscript Collection No. 754, Emory University, Stuart A. Rose Manuscript, Archives and Rare Book Library.

는 일본의 지도 아래 범아시아주의만이 조선 문제를 해결할 수 있다고 믿은 개화주의자 중의 하나였다. 1902년 5월 7일 자 일기에 이와 같이 피력했다.

> 7일(음력 30일). 수요일. 축축하고 구름 낀 날. 덕원에서.
> 아무리 비열한 일본인이라도 보드카를 마시는 전형적인 러시아인에 비하면, 신사요 선비일 것이다. 일본과 조선은 인종, 종교 그리고 문자로서 연결되는 동일한 정체성을 가진 감정과 관심사로 묶여있다. 일본, 중국, 조선은 동일한 목표와 정책과 이상을 공유해야 한다. 극동 아시아를 황색인종의 영구한 집으로 만들고 그 집을 자연이 계획한 대로 아름답고 행복한 곳으로 유지해야 한다.(영문 각주 34)[439]

이 글은 윤치호가 경성에서 멀리 떨어진 원산지방의 덕원에 지방관으로 좌천되어 가 있을 때 쓴 것으로 보인다.

이처럼 아시아 동일주의적 사상, 즉 극동 아시아 민족들이 힘을 모아 백색인종인 러시아에 대항해서 싸워야 한다는 감정은 일본인들 간에도, 온건파의 오카구라 가쿠조와 과격파의 미야자키 도오텐 같은 사람들로부터 많은 호응을 받고 있었다. 이런 주장은 '황색인종의 통일'에 대해 많은 글을 썼던 량 치챠오(梁啓超)나 쑨이셴(孫逸仙, 孫文) 같은 중국인들과도 통하였고, 조선 내에서도 많은 동조자가 따르고 있었다.[440]

사학자 신기욱(Gi-wook Shin)은 범아시아주의에 대해서 러-일전쟁 당시

---

439. *Yun Chi-Ho's Diary: 1897-1902* [尹致昊日記], Volume 5(Seoul: National History Compilation Committee, 1975), 325-327.
440. Schmid, *Korea Between Empires*, 88.

조선인 이주민들 간에도 의견 대립이 있었다고 지적했다. 일본에 대항해서 급진적인 행동을 취해야 한다는 안중근파와 일본의 식민정치를 받아들여야 한다는 파로 나뉘어 있었고, 또 세 번째의 파벌은 일본의 범아시아주의자들과 힘을 합해서 반서양적 유토피아 정부, 즉 고려국을 세워야 한다고 주장했다.[441] 안중근(安重根)은 황해도 출신으로 동의단지회[斷指同盟] 12인 중의 한 사람이다. 그는 러시아 지역에서 활약하던 의병들과 손잡고 있었고, 후일 초대 조선총독 이토 히로부미(伊藤博文)를 암살했다. 세 번째 그룹은 만주의 간도지역에 중심을 두고 있었다.

2. 대동아주의와 일진회

1904년 8월 18일, 광무 8년, 송병준 외 수십인이 설립한 일진회는 윤시형을 임시회장으로 추대하고, 영의정 박제순에게 정식으로 통고하였다. 일진회는 러-일전쟁 중 일본의 식민지화를 반대하던 반일 게릴라 그룹의 의병들에 맞서서 막강한 세력으로 등장하였다.[442]

같은 해 8월 20일, '일진회 선언서(一進會宣言書)'를 통해 민권(民權)의 네 가지 강령-언어, 출판, 집회와 정치의 자유-에 기반을 둔 문명개화를 주장했다.[443] 이 선언서에는 인민(人民)이라는 단어가 열두 번 이상 들어가 있어, 인민이 한 나라의 백성으로 갖는 기본적 권리와 의무를 주장하였다.[444] 이 선언문은 국가(國家), 인민(人民), 사회(社會)가 함께 조화롭게 일하여, 인민은 언론과 집회의 자유를 누리며 병역과 납세의 의무를 행하고 군주(君主)는 백성의 복지를 위한 국가를 통치할 최대의 권리를 행사하는 것이라는 것을

---

441. Shin, "*Asianism*," 619, 628-f4.
442. Moon, *Populist Collaborators*, 17 and 3.
443. Moon, *Populist*, 282.

밝혔다.

이 선언서의 골자는 일본이 가장 진보되고 개화된 국가, 즉 선진 선각국(先進先覺國)이며 청-일전쟁과 러-일전쟁의 승자로서, 동양에 평화(東洋 平和 克服)를 가져올 수 있는 나라라는 것이었다. 그리고 조선의 황제로부터 이천만 동포가 모두 일진회를 밀어서 나라가 망하는 것을 막아야 한다고 주장했다.[445]

앞에 썼듯이, 사학자 컨로이는 이와 같은 친일적 선언은 일진회가 일본 흑룡회(黑龍會, Black Dragon Society) 우치다 료헤이(內田良平) 회장의 도구로 쓰였던 것이라고 주장했다.[446] 이 흑룡회는 이용구, 송병준, 손병희가 시작한 동학의 변형된 단체를 일본이 조선을 식민지화하는 수단으로 썼고, 흑룡회의 창시자였던 우치다는 1904년에 일진회의 일본인 고문으로 활동하였다.[447]

다른 한편, 일진회의 선언은 "자립하기 위한 의존(independence through dependence)" 즉, 능력 있고 진보된 일본이 조선을 이끌어 동아시아에 평화를 가져올 수 있음을 인정하자는 취지의 선언이었다.[448] 1884년 갑신정변의 지도자 중 한 사람이었던 유길준은 법을 만들 수 있는 정부의 관료들을 직접 뽑을 수 있는 백성의 권리와 자유를 주장하였다.

이런 논란은 1896년에서 1898까지 영어와 한글로 출판되었던 『독립신문(The Independent)』에 실렸다. 『독립신문』은 1896년 4월 11일 자 사설에서 조선 사람들은 무지하고 허약하며 비애국적이라서 불란서혁명과 같은 거대한

---

445. 元韓國一進會歷史, "一進會宣言書," Volume 2, 106-108. 1904.11.5.
446. Conroy, *The Japanese Seizure*, 415.
447. Conroy, *The Japanese Seizure*, 415; Yumi Moon, Populist, 10; Schmid, *Korea*, 88.
448. Yumi Moon, "Immoral Rights: Korean Populist Collaborators and the Japanese Colonization of Korea, 1904-1910." *American Historical Review* (February 2013), 32.

사업은 흉내도 낼 수 없고, 성취할 수 없다고 했고, 동학도들에게 폭력을 사용하는 불량자가 되지 말라고 경고하였다.[449]

동학운동(東學運動)은 서양의 서학(西學)에 맞서 동학(東學)을 옹호하려는 뜻에서 시작된 것으로, 대원군의 지지를 받고 있었다.[450] 컨로이의 해석에 의하면, 동학운동은 일본의 사츠마 반란, 중국의 의화단운동, 아라비아의 와하비즘운동, 그리고 케냐의 마우마우 봉기와 비교될 수 있는 조선 평민들의 혁명이었다.[451]

류영익은 동학운동을 점진적인 개화운동이 아니라 변화에 맞서서 전통을 지키려는 반사적 운동이었다고 보았다.[452] 역사가들은 동학운동이 한국의 근대사에서 중요한 사건이라 했고, 청-일전쟁과 러-일전쟁 이후의 의병 봉기와 1919년 3·1운동의 촉진제 역할을 하였다고도 한다.[453]

소위 전향한 동학교도들(Converted Tonghaks)은 러-일전쟁 중 일본을 돕겠다고 자진해서 나섰고, 1904년 봄에는 한반도 방방곡곡에서 나타났다고 일본 외교문서(NGB) 37호에 기록되어 있다.[454] 10월에 접어들어 동학교도들은 진보회(進步會, Progressive Society)로 명칭을 바꾸었고, 일진회와 힘을 합쳤다. 이로 인해 일진회의 공식 회원 수는 십만 명을 넘었고, 『대한매일신보』는 오십만 내지 백만으로 늘었다고 보도했다.[455] 일진회는 회원 3천6백70명 중 49명이 지도자급에 있었고, 진보회는 8백83명의 지도자급 밑에 11만7천7백35명의 회원이 있었다고 「주한일본공사관기록(CNKK)」 1904년 11월 22일

---

449. *Independent*, April 11, 1896, in Moon, "Populist Collaborators," 136.
450. Conroy, *The Japanese Seizure*, 229.
451. Conroy, *The Japanese Seizure*, 229.
452. Lew, Young Ick. "The Conservative Character of the 1894 Tonghak Peasant Uprising: A Reappraisal with Emphasis on Chon Pong-Jun's Background and Motivation." *Journal of Korean Studies*, Volume 7, (1990), 149.
453. Lew, "The Conservative," 149.
454. NGB 37(1), "Converted Tonghaks"(October 21, 1904), No. 569475.
455. *Korea Daily News*, 01/12/1905, reported the Ilchinhoe membership reached 500,000—"*tohap I osibyoman myung.*"

자에 보고되어 있다.[456]

일본학자 하야시 유스케는 일진회가 해산되기 직전인 1910년 8월에 나온 일본 정부의 정식보고서에서 14만7백15명의 회원을 가지고 있었다고 인용했다.[457] 또 다른 일본군 통계서는 4만9천8백50명의 진보회 회원이 평안남도의 18개 군과 1만9천5백60명의 회원이 평안북도의 12개 군에 있었다고 했다.[458] 1910년도에 일본의 통제가 심해짐에 따라, 일진회는 점차 힘을 잃어 갔다.

정확하게 몇천 또는 몇만 명이 일진회의 정규 또는 비정규 회원으로 있었는지 알기 힘들지만, 그들의 목소리가 한반도는 물론 주변의 디아스포라에게도 크게 들렸다고 볼 수 있다. 50퍼센트 이상의 회원이 평안도와 황해도 출신이었고, 충청도 출신도 많았는데, 충청도 지방에서는 토지 분배에 관한 분쟁이 생기면 일진회 회원인 소작인들에게 이롭게 판정이 되었다.[459]

1904년의 일진회 선언서(Ilchinhoe Manifesto)에 "국가는 인민으로 성립"되고, "인민은 사회로서 유지되는" 것으로, 국민이 그들의 의무, 즉 납세와 병역의 의무를 지켜야만 국가가 사회의 안보를 지키고 행정을 할 수 있는 것이라고 명백히 밝혔다.[460] 그리고 일진회 창시자들은 조선 사람들이 불란서 혁명과 같은 민중 봉기를 할 준비가 되어 있지 않다고 생각했다.[461]

윤치호도 이런 평가를 1902년 5월 1일 자 일기에 피력했다.

---

456. *Chukan Nihon Koshikan* [The Japanese Legation in Korea], compiled by Kuksap'yonch'an Wiwonhoe(National Institute of Korean History), *Chukan Nihon Koshikan Kiroku*(thereafter CNKK)(Seoul: Kuksap'yonch'an Wiwonhoe, 1986), vol. 1: orig. published November 22, 1904; Moon, *Populist*, 38.
457. Hayashi Yusuke, "Undo dantai toshite no Isshinkai: Minshu tono sesshoku yoso o chushin ni," *Chosen gakuho* 172(July 1999): 46-48, quoted in Moon, *Populist*, 38.
458. CNKK, vol. 1, November 22, 1904, cited in Moon, Populist, 38.
459. Moon, *Populist*, 19.
460. 一進會趣旨書 [Ilchinhoe Manifesto], *Wonhan'guk Ilchinhoe Yoksa*, Vol. 1(1904), 2; Moon, *Populist*, 138.
461. Moon, *Populist*, 137.

국고는 왕에 의해 부끄럼 없이 탕진되고 있다…. 백성들은 도지사와 지방 관료들, 암행어사들, 경찰과 군인들에게 쥐어짜이고 있다…. 그러나 누구에게 탄원할 것인가? 왕에게? 아니다!... 왕은 좋건 나쁘건 무슨 일도 해낼 능력이 없는 나쁜 사람이고, 백성은 무지하고 어리석어서 질서 있는 반란을 일으키거나 버텨낼 능력도 없다.(영문 각주 35)[462]

이는 조선인들이 자기네 나라를 현대적 정치조직으로 변형시켜 갈 능력이 없다고 믿었는데, 오랜 세월 굳어져 온 사대주의(事大主義)와 관선민비(官先民卑) 때문이라고 사학자 피터 두스는 평가했다.[463] 옛 일본(old Japan)에서 새로운 일본(new Japan)을 창조해 낸 일본의 도움을 받아야만 가능하다고 일진회 지도자들은 주장했고, 이런 주장은 1898년『독립신문』의 기사에서도 볼 수 있는데, 조선의 민주혁명은 백성이 준비되고, 교육을 통해 견문이 넓어지지 않는 한 불가능하다는 것이었다.[464]

1904년 12월 2일 자『대한매일신보』의 사설은 그 전 주 목요일의 피가 낭자했던 모임을 보도했다.

> [논설]. 일진회. 지나간 목요일에 일진회에서 개회를 하였다가 류혈이 랑자한 지경에 이름이 여좌하니, 일진회에서 날마다 모혀 점점 더욱 요란하게 구는고로 대황제폐하게옵서 통촉하옵시고 … 모든 회를 일절 해산케하라고 칙령을 나리셨는데 그 회원들은 일향 취집하는지라

---

462. *Yun Chi-ho Diary*, May 1, 1902, 154.
463. Duus, *The Abacus*, 411-412.
464. Moon, *Populist*, 137.

파송하였든 병정들은 회원들 모힌 곳에 잇셔셔 온언순시로 간권하며 스스로 헤여지도록 하나 그러하나 종래 쳥죵치 아니함으로 엇지 할수 업시 위력으로 함에 이르러셔 회원 중에 사오인이 약간 상하엿는데 맛춤 일본병뎡들이 일진회를 두돈하야 져희한 후 한 한국사관들을 포착하야 갓는지라…[465]

이 사설은 유혈이 낭자한 지경에 일진회 회원들이 '요란하게 구는' 모습에 대해 반박하고 실망을 표현하였고, 고종 황제에게 일진회를 하루빨리 해산시키라고 종용했다. 1909년 12월 5일 자 사설에서는 아래와 같이 통탄하였다. "슬프다, 너희 일진회야! 너희는 대한민국 인민이 아닌가?"[466]

『조선왕조실록』에 나오는 일진회에 관한 기록 여러 가지 중(『고종실록』에 네 번, 『순종실록』에 두 번)에서 보더라도, 일진회를 둘러싸고 많은 논쟁이, 특히 고위층 관리들로부터 비난이 많이 나왔음을 알 수 있다. 『고종실록』 45권 2번째 기사, '조병세가 다섯 가지 차자를 올리고 정사에 대해 논의한다'를 보면, 다음과 같은 내용이 있다.

지금 이른바 일진회(一進會)라는 것이 항간에서 판을 치고 그 사나운 기세가 틀림없이 요원의 불길처럼 번질 지경이어서 수령(守令)들이 감히 단속하지 못하고 호령이 민가에 행해지지 않으니 아! 선왕들이 공들여 키워놓은 보람은 이미 없어진 셈이고 거리낌 없이 함부로 날뛰는 백성들의 버릇 또한 자라날 대로 자라나고 있습니다. 어찌하여 이렇게까지 극도로 나라의 규율이 해이되고 백성들의 의지가 진정되지

---

465. *Taehan Maeil Sinbo*(大韓每日新報)(1904. 12. 31), Vol. 1, no. 138.
466. *Taehan Maeil Sinbo*(大韓每日新報)(1909. 12. 5), Vol. 3, no. 735.

않고 있는 것입니까?[467]

그러나 이런 비난에 대한 고종 황제의 반응은 미지근할 뿐이었다. 고종은 결정을 내리기보다 강경한 처분을 요구하는 대신들의 상소에

"지금 나라의 형편이 이렇듯 위태로우니 아뢴 여러가지 조항을 마땅히 자리 옆에 두고서 밤낮으로 가슴에 새겨보아야 할 것이다." 하였다…

라고 답을 회피하는 것이었다.

또 아뢰기를,
"신이 듣자니 요즘 대신(大臣)들이 상소를 올리면 비답을 내리지 않는 경우가 많다고 하는데 이것은 무엇 때문입니까?" 하니,
상이 이르기를,
"모두 이웃 나라에 저촉되기 때문이다. 예전에 우리끼리 살 때에는 아무리 나쁜 놈이라고 비난해도 일단 물러가서는 뒷말이 없었다. 그러나 지금은 이 자리의 밖은 모두 남의 집인 격이어서 일단 비답을 내리게 되면 그것이 구실로 전해서 외국에까지 전파되어 어김없이 말썽이 생기기 때문에 할 수 없이 그렇게 한다. 다만 두루뭉술하게 대답해야 할 따름이다." 하였다.[468]

---

467. 고종실록 45권, "조병세가 다섯 가지 차자를 올리고 정사에 대해 논의하다." 고종 42년 3월 7일 양력 2번째 기사, 1905.
468. 고종실록 45권, "조병세가 다섯 가지 차자를 올리고 정사에 대해 논의하다(Cho Byung-se brought up five cases for discussion in the affairs of the court," Gojong 42, March 7, 1905, No. 2.

이러한 상황을 볼 때, 대한제국의 고종 황제 자신이 한 국가의 당당한 군주가 아니고, 외국 정부의 눈과 입에 묶여있는, 이미 꼭두각시 왕에 지나지 않음을 스스로 통탄하고 있었음을 볼 수 있다.

『대한매일신보』는 1904년 12월 31일 자로 "평안북도에서 동학(또는 의병)들이 일진회 폭도들을 진압하기 위해서 모이고 있고 많은 관리들이 합류를 하고 있다."라고 보도했다.[469]

『대한매일신보』는 같은 호에서 다음과 같이 보도하고 있다.

> 어떤 일본 신문에서는 20-30명의 러시아 군인들이 경원 시골에서 늘어져있다가 여자들을 겁탈하고 있다고 보도했다…. 여섯 명의 조선인 경찰이 6일에 일진회 모임장소에 파견되었다…. 그들이 도착하자마자 일본 경찰은 무자비하게 다루었고, 무기를 압수한 후 체포했다. 그들은 아무 죄도 없었고, 당연히 그럴 자격이 있었음에도 불구하고, 일진회원들은 잡으려고 하지도 않았다.(영문 각주 36)[470]

위의 두 기사에서 보여주는 것은 상반된 입장에 처해 있던 일진회 회원과 의병들 간에 불붙기 쉬운 충돌로서, 친일과 반일의 두 파로 갈라져 있던 대한제국 백성들의 모습이었다.

일진회는 1905년에 또 하나의 폭탄 선언을 했다. 일본과 을사조약이 체결되기 직전에, "일본은 이미 진보 개화된 능력 있는 나라이며, 1894년에서 1905년 사이에 동부 아시아 평화의 수호자이기에, 이에 의지하여 독립을

---

469. *The Korea Daily News*, Vol. 1, No. 138, December 31, 1904.
470. *The Korea Daily News*, Vol. 1, No. 138, December 31, 1904.

보존해야 한다."라고 선언했다.(영문 각주 37)[471]

일진회는 또한 고종이 헤이그 평화회담에 세 명의 특사를 비밀리에 보내 을사조약이 일본의 강요에 의해 조인되었다고 국제사회에 알리려 한 것을 비난하였다. 헤이그에 간 특사들은 회의장 입장도 허용되지 못하였으나, 고종의 시도는 국제사회에 널리 알려지게 되었고, 일진회는 고종이 우방을 배반하고 한국의 안보에 위험을 가져왔다고 통탄하였다. 일진회는 1907년 7월 16일에 이토 히로부미 통감에게 사과문을 보내 친일의 자세를 재확인하였다.[472]

역사학자 마크 카프리오(Mark Caprio)는 아래와 같이 썼다.

> 그 당시 일본과 한국의 급진파들은 백만 명의 일진회를 일본의 조선 식민지화를 초래한 개화파 또는 조국을 일본의 침략자에게 팔아넘긴 반역자들이라 했다.(영문 각주 38)[473]

문유미는 그 당시 현상 유지를 탈피하자는 입장에서 늘어나고 있던 일진회의 근시안적인 친일행위가 조선의 개화를 위한 것이었다고 변호해 주었다.[474]

결국 일본을 등에 업고 조선의 개혁을 도모하려 했던 개화파와 일진회 지도자들은 일본의 이토 히로부미 통감이 고종을 밀어내려는 계획에 이용된 격이 되고 말았다. 그들은 높은 직책에 임명되기는 하였으나, 망해가는

---

[471]. Moon, *Populist*, 141.
[472]. Moon, *Populist*, 145.
[473]. Mark E. Caprio, "Book review: Yumi Moon, *Populist Collaborators*," *American Historical Review*(June 2014): 877-878.
[474]. Moon, *Populist*, 13.

군주 고종의 개혁에는 관심이 없는 일본 정부가 한국을 식민지화하는 데 촉진제 역할만 하였기 때문이다.[475]

그 당시 동아시아에서 제국주의 일본이 다민족 간의 유동적인 정체성(fluid identities)과 만주의 민족주의(nationalism) 틈새에서 균형을 찾기에 급급했던 상황에서, 한국의 자주권을 희생해서라도 인권(人權)을 찾고자 했던 일진회의 계획은 역효과를 초래하였다.[476]

오백 년 역사의 조선 왕조가 몰락해가고 한국이 근대화의 불안한 발걸음을 내디딘 1896년과 1910년 사이에 조선 양반사회의 희생자들인 무력했던 평민들은 그들의 마지막 두 군주, 고종과 순종의 장례식에서 격렬하게 애통해 했다.[477]

고종 황제의 장례 행렬, 1919. 3. 3

---

475. Moon, *Populist*, 286.
476. Duara, "Nationalists Among Transnationals, 38.
477. Moon, *Populist*, 14.

고종은 일본의 강요에 못 이겨 황제의 자리에서 물러나야 했고 일본은 그의 세자를 1907년 7월에 황제가 아닌 순종 왕(純宗王)으로 앉혀 놓았다.

한국 철학사 전문학자 마크 세튼(Mark Setton)은 이런 현상을 "유교적 포퓰리즘(Confucian populism)"이라고 칭했는데, 즉 민심이 천심으로 여겨지고, 군주는 백성들을 평안하게 하기 위해 주어진 권위를 행사한다는 것이다.[479] 고종이 과연 백성의 안녕을 지켜줄 권위와 책임을 제대로 행사했는지와는 상관없이 백성들은 군주를 잃은 슬픔에 얼굴로 흘러내리는 눈물을 막지 못하였다. 남녀칠세부동석을 굳게 지키던 조선인들이 남녀노소를 막론하고, 떠나간 군주를 배웅하러 베옷과 짚신을 신고 거리에 쏟아져 나왔다.

사학자 박앨리사는 "국가(國家)라는 공동체(collectivist view of the state)" 속에서는 "군민이 일체(sovereign and people are one body,(君民一體)"이며 국가는 왕족이나 관료뿐 아니라, 백성과 땅과 정부가 모두 함께 만드는 것이라고-적어도 이론상으로는- 주장하였다.[480]

이런 점에서 볼 때, 오래전에 고국을 떠나간 초국적 디아스포라의 이주민들이 여전히 조선의 풍습과 생활방식에 집착하고 조선을 독립국으로 방어하기 위해 힘을 모아 싸우려는 것을 이해할 수 있을 것이다. 같은 이유로, 조선의 왕도 자신의 영역을 떠난 지 오래된 옛 백성들이 새 땅에서 곤경에 처해 있음을 비통히 여겼다.

이토 히로부미(伊藤博文)가 통감으로 있을 때 1907년 5월 8일, 외무대신 하야시 다다스(林董) 앞으로 보낸 한 긴급 기밀공문이 주한일본공사관기록

---

478. Taylor, *Chain of Amber*, 160.
479. Mark Setton, "Confucian Populism and Egalitarian Tendencies in Tonghak Thought," *East Asian History* 20(December 2000): 121-144, cited in Moon, *Populist*, 17.
480. Alyssa Park, *Borderland*, 51.

에 있다.[481] 이 공문에서 이토 히로부미는 하야시 다다스 대신에게 "한국관민(韓國官民)"으로서 러-일전쟁 시에 일본군을 위해 군사행동 등으로 현저한 공적을("軍事行動 其他"의 "顯著ㄴ 功績") 쌓은 자들의 명단을 제출하고 있다.[482]

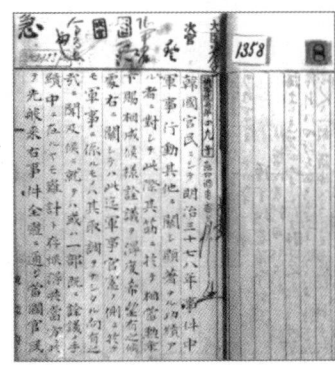 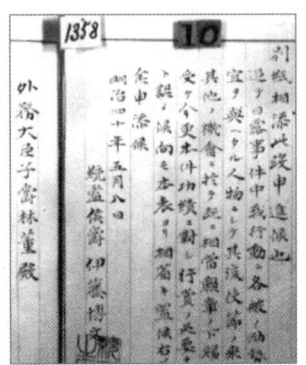

이토의 긴급 기밀공문 p.8과 p.10. 주한일본공사관기록. CNKK. 1907. 05. 08.

여러 장의 그 명단은 1백95명의 이름, 계급, 상훈의 종류와 더불어 무슨 공을 세웠는지가 명시되어 있다. 1907년에서 1909년 사이에, 이런 기밀공문이 18번 보내진 것으로 주한일본공사관기록 CNKK에 기록되어 있다.[484]

상기한 명부는 일본군에 밀정이나 정보 제공자로 가담했던 사람들을 보여주지만, 또 하나의 명부는 박영철(朴榮喆) 외 27명의 고위층 관리들과 궁궐에서 일하던 사람들, 일본군에 보병, 포병, 기마병, 공병, 통역관으로 참전했던 자들과 대한철도회사장, 철도 검사관, 군부의 관리들 외에도 여러 가

---

481. Chukan Nihon Koshikan Kiroku [駐韓日本公使館記錄= The Japanese Legation in Korea Records(hereafter CNKK)], compiled by Kuksap'yonch'an Wiwonhoe(National Institute of Korean History)(Seoul: Kuksap'yonch'an Wiwonhoe, 1986), Vol. 25, 機密統發 [Confidential Dispatch] No. 49, p. 8 and 10, 05/08/1907.
482. CNKK, "러일전쟁 중 有功 한국 관민에 대한 포상의 건," 機密統發 第49號 [Confidential Dispatch] No. 49, p. 8-10, 05/08/1907.
483. CNKK, [러·일 전쟁 중 有功韓人 李順昌 외 7명 敍勳 上奏案 이첩서 사본], Vol. 25, No. 675, 01/09/1908.
484. CNKK, [러일전쟁 중 有功韓人 李順昌 외 8명 敍勳上奉案], Vol. 25, No. 9, p. 15-18, 01/28/1908.

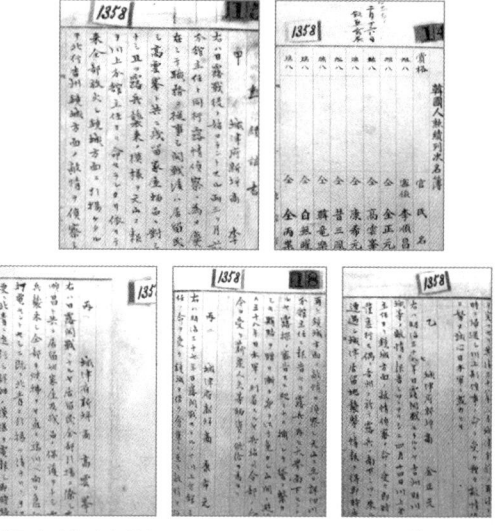

한국인 서훈열차명부(韓國人 敍勳列次名簿)와 상세한 공적.[483]

지 직종을 가지고 일본 군사업무를 도운 이들이 포함되어 있다.[485]

賞格	氏名	官勳
旭日8等章	李順昌	密偵 甲
旭日8等章	金正元	密偵 乙
瑞寶8等章	高雲峯	密偵 丙(1)
瑞寶8等章	康希元	密偵 丙(2)
旭日8等章	昔三鳳	密偵 甲의甲
瑞寶8等章	韓龍樂	密偵 甲의乙
瑞寶8等章	白無曜	密偵 甲의丙
瑞寶8等章	全丙葉	密偵 甲의丁

상훈자 명단

이 명단은 "1904-5년 전역 한국인 훈적명부(1904~5年 全域 韓國人 動勳名簿)"라는 제목으로 육군대신 데라우치 마사다케(陸軍大臣 子爵 寺內正毅)가 이

---

485. CNKK, [1904~5年 全域 韓國人 動勳名簿], Vol. 25, No. 236, 09/27/1907.

토 통감 앞으로 1907년 9월 27일에 보낸 상훈을 허가하는 공문이었다.

역사가 김윤희는 이 공문과 1백95명의 명단을 다음과 같이 분석하였다. 총 1백95명 중 7명은 경찰, 27명은 군인, 8명은 정탐, 6명은 중앙정부 관리, 37명은 지방관리 또는 아전, 22명은 통역관, 9명은 엔지니어, 6명은 노동조합원, 31명은 일진회원, 나머지 42명은 정체가 불분명한 사람들이라는 것이다. 이들 중 35명은 욱일장(旭日章), 1백40명은 서보장(瑞寶章)과 현금의 보상을 받았으며 20명은 현금만 받았다.[486] 이상은 여러 가지 방식으로 일본군을 도와 러-일전쟁에 참여한 조선인들에 관한 기밀 서류 중 몇 가지 사례이다.

또한 1905년 7월 14일 러시아군 사령부에 보내진 기밀 전문에서 데시모 장군(K. H. Dessino, Дессино)은 일본 군부가 4만 명의 군인을 모아 대한제국군(大韓帝國軍)을 형성하였는데, 그중 2만5천 명에게 일본 군복을 입혀 한국의 북쪽지방에 가서 일본군을 도와 싸우게 하였고, 나머지 1만5천 명은 이미 일본 손에 들어간 한반도의 남부지방으로 보냈다고 했다.[487]

이와 같이 일본과 러시아 정부가 소장한 기밀 서류들은 러-일전쟁 시 한국인이 일본군을 돕고 있었음을 증명할 뿐 아니라, 참여를 인정받고 포상까지 받았음을 밝히는 역사적 기록이다. 다시 말해, 이런 기록은 1930년대에서 1945년까지의 제2차 세계대전 발발 30여 년 전에 한국인들이 일본군에 참여했었다는 가설을 증명하는 것이다.

역사학자 신기욱은 자치 자주권을 잃은 한국인들이 동아시아에서 일본과 분리된 다국적 정체성을 형성할 정치적 권리가 없어졌기에, 그 당시 일본이 추구하던 대동아 공영권(大東亞共榮圈, Greater East Asian Co-Prosperity

---

486. Y. H. Kim, "A study on Koreans, 29-30.
487. C. H. Park, [Rosia Kungnip…yoyakchip], 615.

Sphere)을 부추기게 됐을 뿐 아니라, 한국인으로서 식민 제국주의에 협조하는 것이 정당화되었다고 썼다.[488] 이런 이유에서 한국의 일부 지식인들이 일본과 손을 잡게 되었고, 식민지가 끝난 후 친일했다는 평가를 받게 된 것이다.

다음은 한국인으로서 러시아군에 참여했던 사람들에 관한 것이다. 일찍이 극동 러시아로 이주해 러시아 황제의 백성이 된 고려인이나 의병군의 일원으로 러시아제국 군대와 함께 싸운 사람들에 관해서 살펴보고자 한다. 결론적으로 보자면, 한 민족인 조선 사람들이 1904-05년 러-일전쟁 때 양쪽 진영에서 서로 대항해 싸운 것이다.

III. 러시아군 속의 조선인

1890년대에 러시아의 민족주의와 범 슬라브 민족주의가 퍼져가면서 극동 러시아의 지방정부는 중국인과 조선인을 "황색 노동자(yellow labor)"라고 부르고, 비슬라브족 이주민들의 경제·정치적 세력화를 억제하려 들었다.[489] 러시아의 민족주의자들은 중국인들을 뇌조무리(grouse)라 부르고, 또 조선인들은 백조무리(white swans)라 부르면서, 그들의 복장과 성격이 러시아 황제의 백성으로는 적합하지 않다며 몰아내려 하였다.[490]

성공적으로 사업을 하던 조선인들과 항상 금붙이를 들고 다닌다고 알려진 중국인들을 죽이거나 약탈하는 행위에 대해 "러시아인을 위한 러시아

---

488. Shin, "Asianism in Korea's," 621.
489. J. Chang, *Burnt*, 16-17.
490. J. Chang, *Burnt*, 26-27.

의 자원(Russian resources for Russians)"이라는 생각에다가 질투와 증오심까지 더해 정당화하려 하였다.[491] 그러나 조선 이주민들은 매우 강인하고 힘든 일을 잘 해내어 근면하고 평화로운 습관을 지녔다는 좋은 평판을 받고 있었다.[492] 조선인들은 모스코바와 많이 떨어져 있는 지역을 지배하는데 "유용한(poleznyi)" 사람들로 인정받고 있었다.[493]

조선인의 유용함은 특히 러-일전쟁 때 러시아 황제의 백성으로서 다국어를 구사할 수 있고 반일감정이 강하다는 점에서, 일본에 대항해 무기를 들거나 스파이 작전을 열성적으로 해낼 수 있는 그룹으로 알려져 있었다.[494] 일본 정부는 그 당시 러시아 황군에 4천여 명의 조선인 병사들이 있었음을 알고 있었다고 사학자 서대숙이 지적하였다.[495]

이런 상황에 한반도 전역의 새로운 반일 민족주의자들, 즉 최고 교육을 받은 양반 출신의 엘리트들이 극동 러시아로 몰려들었다. 그들은 1880년대 이주 초기에 가난한 농부 출신의 개척자들이 많이 떠나간 함경도 북쪽에서뿐 아니라 남쪽에서도 많이 올라갔다. 이 새로운 이주자들은 교육도 받고 여러 가지로 자격을 갖춘 지식층으로서 러시아 편에서 싸울 준비가 되어 있고 일본제국주의에 항거하여 조선의 자주독립을 추구하려는 동기가 있었다.

러-일전쟁 초기에 러시아군과 일본군은 극동 러시아, 만주, 그리고 한반도의 조선인 자원자들을 군인이나 정탐꾼으로 기용하려 했다. 은밀한 작전이었으므로 정확한 숫자는 알 수 없으나 적지 않은 수의 스파이들이 양쪽

---

491. J. Chang, *Burnt*, 26-27.
492. Leroy-Beulieu, *The Awakening*, 51.
493. H. G. Park, *The Displacement*, 48.
494. C. H. Park, *Koreitsy*, 74.
495. Dae-sook Suh, *The Korean Communist Movement: 1918-1948* (Princeton: Princeton University Press, 1967), 5.

군에 참여한 것으로 추정된다. 1905년의 통계를 보면, 극동 러시아의 한인 이주민 중 1만6천5백 명은 이미 러시아 국적을 갖고 있었고, 1만2천 명은 아직 한국 국적 소유자였지만, 총 2만8천5백 명 중 초기 개척자들의 후예인 2세나 3세들은 러시아어에 능통하였고, 러시아의 고등교육이나 군사교육을 받았던 것으로 나와 있다.[496]

이들은 러시아인으로의 자긍심을 갖고 일본의 식민·제국주의적 침략에 항거해서, 그들의 새 고장 러시아뿐 아니라 옛 고향 조선을 위해서도 싸울 준비가 되어 있었다고 러시아 태생 역사학자 존 장(Jon K. Chang)은 주장했다.[497] 이 젊은 조선 이주민 후예들은 러시아 시민으로 융화된 것처럼 보였지만, 자신의 부모와 조부모의 고향이었던 조선에 대해 한민족으로서 강한 유대감도 여전히 지니고 있었던 것으로 보인다.

이런 개척자의 후손들은 일본의 식민정책을 피해 한반도에서 최근에 도착한 정치적 망명자들과 높은 계층의 지식인들과 힘을 합하여 조선의 자주권을 보존하고자 했다. 조선인들은 "백인 종주국(White Suzerain)" 러시아군을 도와서라도 조선의 자주권을 보호하고자 하였고, 만약 러시아가 패배할 경우 일본에 맞서서 싸우고자 하였다.[498] 이들 친러파 조선인의 젊은 후예들은 게릴라식으로 싸우는 의병(Righteous Armies)으로, 또는 상해 서비스(Shanghai Service)라는 러시아 정보대의 일원으로 러-일전쟁에 가담하였다.[499]

1. 러시아의 항일 첩보단(The Shanghai Service)

조선인과 조선 이주민 후예들이 일본 제국주의에 맞서 싸울 방법의 하나

---

496. C. H. Park, [Rosia yonbang,] 100.
497. J. Chang, *Burnt*, 25.
498. Evgeny Sergeev, *Russian Military Intelligence in the War with Japan, 1904-05* (London: Routledge, 2007), 150.
499. H. G. Park, *The Displacement*, 65.

로서 찾은 것이 상해 서비스를 통한 첩보 활동이었다. 상해 서비스는 중국 상해에 본거지를 두고 운영되었던 러시아의 비밀정보기관으로서, 알렉산드르 파블로프(Aleksandr Ivanovich Pavlov, А. И. Павлов, 1860-1923)가 책임을 맡고 러-일전쟁 발발 2개월 후인 1904년 4월에 설립되었다.[500]

파블로프는 러시아의 군 계통의 귀족가문에서 태어나 1882년에 해군사관학교를 졸업했으며, 1890년대 중반기에는 북경의 러시아 대사관에서 제일급 비서관으로 일한 외교관이었다.[501] 1898년에 맺어진 러청조약과 그로 인해 요동반도가 러시아의 손으로 넘어가는데 기여한 공로로 파블로프는 정식 외교관이 되었고, 1903년에는 서울 주재 러시아공사로 임명되었다.[502] 파블로프 공사는 고종 황제를 도와 조선의 중립선언을 하는 작업에도 크게 기여하였다.

상해 서비스는 러시아가 극동 정보망이 빈약한 것을 보강하기 위해 만든 정보기관이다. 적국인 일본에 관한 정보망의 빈약함과 그로 인해 적국을 저평가하는 오류를 막기 위한 것이었다. 드미트리 파블로프(Dmitrii B. Pavlov)라는 러시아 학자는 상해 서비스가 군의 정보시스템을 보충, 개편하기 위한 것이 알렉산더 파블로프 공사를 직접 선임한 알렉시에브 제독(Viceroy Admiral E. I. Alekseev, Е. И. Алексеев)의 의도였다고 하였다.[503]

상해 서비스는 중국과 한국에서 발간되는 뉴스 미디어 기관에도 은밀한 정보를 넘겨주었는데, 한 예로 영국인 어네스트 베델(Ernest Bethell)이 이중언어로 출판하던 『대한매일신보(大韓每日新報, The Korea Daily News)』를 꼽을 수 있

---

500. Pavlov, Dmitrii B. "The Russian 'Shanghai Service' in Korea, 1904-05," *Eurasian Review*, Volume 4(November 2011), 2.
501. Sergeev, *The Russian MI*, 78.
502. Pavlov, Dmitrii B. "Russia and Korea in 1904-1905: 'Chamberlain' A.I. Pavlov and his 'Shanghai Service'," Ch. 11 in Chapman, J.W.M. and Inaba Chiharu, eds. *Rethinking the Russo-Japanese War, 1904-5*(Global Oriental, 2007), 159.
503. Pavlov, "Russian Shanghai Service," 2.

다.[504]

파블로프가 맡기 전까지, 러시아 군 정보시스템(HUMINT)은 청-일전쟁 이후 1896-98년에 고종 황제의 궁궐 속에서 활약하던 스파이망에 의존해 왔다.[505] 파블로프가 상해 서비스의 책임을 맡게 됐을 때, 그는 고종의 측근과 고위층의 한국인, 중국인과 몇 명의 유럽 사람들을 기용하였다. 1904년 러-일전쟁이 시작되면서 한국에 주재하던 러시아인들이 추방된 후, 러시아의 쿠로파트킨 사령관은 일본군의 동태를 알려줄 첩보망이 필요하게 되어, 한시바삐 정보 수집망을 열어주기를 요청하였다.[506]

1895년부터 8년간 고종의 칙령으로 세워진 한국 최초의 러시아어 학교를 맡고 있던 비류코프(Бирюков Н. Н.)는 조선 태생 러시아인 마태 이바노비치 김(Matvei Ivanovich Kim, Золотарёв Виктор Николаевич, 한국이름은 김인수)에게 통역과 정보 수집을 맡겼으며, 그들의 연결로 "이범윤의 의병부대가 아니 시모프 장군 휘하의 러시아군과 항일 연맹군으로 참전했다"고 박종효 박사가 밝혔다.[507] 김인수는 서울과 상해뿐 아니라 1904년 4월 말, 압록강 지역에서도 활발한 정보 수집을 하였다.[508] 5월 1일 압록강변에서의 패배로 러시아군이 후퇴할 때, 김인수는 연해주로 다시 파견되어 첩보 활동을 계속했으나, 그 후로 종적이 사라졌다고 파블로프는 썼다.[509]

러시아제국 외무부 문서고(Archives of Foreign Policy of Russian Empire, АВПРИ)

---

504. Pavlov, "Russian Shanghai Service," 2.
505. Sergeev, *The Russian MI*, 39.
506. 박종효, "구한말 최초의 러시아어 학교와 교사 비류코프(Бирюков Н. Н.)에 대한 연구 [Russian Language School and Its Teachers in the Late Chosun: A Study of Biriukov]," 한국근현대사(2009.3), 14.
507. 박종효, "구한말 최초의 러시아어 학교," 16-17.
508. Chong Hyo Pak, Russko-iaponskaia voina 1904-1905 gg. i Koreia(Moscow: Vos-tochnaia literatura, 1997), 211, cited in Sergeev, The Russian MI, 150; Pavlov, "Russian Shanghai Service," 5.
509. Pavlov, "Russian Shanghai Service," 5.
510. 사진으로 본 러시아 한인의 항일 독립운동. 제3권. 3.1 운동 100주년 기념. [РОССИЙСКИЕ КОРЕЙЦЫ В БорьБЕ ЗА НЕЗАВИСИМОСТЬ КОРЕИ ФОТОПОРТРЕТЫ КНИГА 3](Seoul-Moscow: 한울, 2019), 61.

김인수, Kim In-su
(Matvei Ivanovich Kim)[510]

의 1896년 기록에 의하면, 김인수(당시 20세) 외에도 피터 김(Pietor Pento Kim, 16세)과 니콜라이 키곤(Nikolai Kigohn, 37세)이라는 두 사람이 10월 28일에 서울에서 용병으로 일하고자 신청했고, 다음 해인 1897년 2월 25일에 승인을 받았다고 한다.[511] 이것은 러시아 국민이 외국 정부—이 경우에는 조선—에서 일하고자 하면, 러시아 정부로부터 허가를 받아야 한다는 규정에 따른 것이다. 그러므로, 김인수는 1897년 이후 1904년에 상해 서비스에 뽑힐 때까지 서울에서 활동했다고 볼 수 있다.

김인수와 다른 지원자들은 비류코프(Captain Nikolai N. Biriukov)의 "동문들(Biriukov's alumni)" 또는 "비류코프의 한인팀(Biriukov's Korean team)"이라고 불렸다.[512] 그들은 고종 황제의 칙령 88호 외국어학교 관제(官制)에 의해, 조선학부(學部)의 관할 밑에 세워진 러시아어 학교에 다녔던 아홉 명의 학생들이었다. 쿠르스크 아카데미(Kursk Academy, Real'noe Uchilische)에서 온 한 사람과 카잔(Kazan) 신학대학(Doukhovnaia Seminariia) 졸업생 다섯 명도 있었다.[513]

또한 김언옥이라는 상트 페테르부르크 대학의 한국어 강사도 있었는데, 그는 『러-한 포켓 어휘 사전(Russian-Korean pocket phrase-book)』을 만들어서 극동 러시아지역에 1만2천 권을 인쇄해서 배부하였고, 그 대가로 1백50루불을 받았다고 러시아 전쟁문서보관소(PGVIA)에 기록되어 있음을 사학자 드

---

511. АВПРИ, Vol. 150, No. 493, 93, 1-15, "Russian Minister in Seoul K.I. Weber to Ministry of Foreign Affairs," October 28, 1896 and "Minister of Internal Affairs to Foreign Affairs Minister," February 25, 1897.
512. Pavlov, "Russian Shanghai Service," 5.
513. Pavlov, "Russian Shanghai Service," 5.

미트리 파블로프(Dmitrii Pavlov)가 확인했다.[514] 1904년 4월에서 12월까지만 해도 8백50회 공문이 송수신되었고, 유사한 횟수의 답장이 상해 서비스를 통해 전달되었다고 한다.[515]

그 외에도 아래와 같은 암호 메시지가 첩보원들 간에 교환되었다.

```
ㄱ= ,-,    ㄴ= ,-,,    ㄷ= _,,,    ㄹ= ,,,,_    ㅁ= _ _    ㅂ= ,---
ㅅ= _ _,   ㅇ=_,,_    ㅈ= ,_ _    ㅊ= -, _,    ㅋ= _,,,,_   ㅌ= _ _,    ㅍ= _ _ _
ㅎ=,_ _    ㅏ= _ ㅑ= ,,    =_    ㅓ= ,,,    ㅗ=,_    ㅛ= _ _,    ㅜ= ,,,    ㅠ= ,_,
ㅡ= _,,    ㅣ =,,_    2)
```

상해 서비스 첩보원들 간에 주고받은 암호 메시지.[516]

김인수와 비류코브의 상해 서비스 조직원이 5월 1일 압록강 전투에서 러시아군이 패배한 후 종적을 감추었다고 기록된 것과는 달리, 그들은 극동 러시아로 거점을 옮겨 조선 태생 러시아인 군대를 조직해서, 1904년 7월 7일에 아니시모브 장군과 힘을 합쳤다고 박종효는 주장했다.[517] 삼백 명의 조선인 게릴라군과 함께, 김인수 무리는 일본군에 대항하여 정탐과 교란작전을 맡아, 싸웠던 것으로 보인다.

1905년 6월 19일 연해주(Priamur)의 마르다노브 대장(Major General Mardanov)은 조선인 비정규 군인들을 써서 만주 주둔군을 지원하는 정규부대를 조성하라는 명을 내렸다. 7월경 표시에트, 훈춘, 쉬코토보 그리고 니콜스크주에 주둔해 있던 러시아군은 조선인 빨치산 부대 넷을 더하여 사할린의 일본 점령 이후 러시아의 국경을 강화하였다.[518]

---

514. PGVIA, f. 400, op. 4, d. 321, II, 148, 159, 162, in Pavlov, "Russian Shanghai Service," 5.
515. Pavlov, "Russian Shanghai Service," 3, 5, 6; Sergeev, *The Russian MI*, 79.
516. C. H. Park, "Бирюююов Н. Н.," 17.
517. C. H. Park, "Бирюююов Н. Н.," 17.
518. Sergeev, *The Russian MI*, 151.

1905년 9월 13일, 익명의 수신자에게 보낸 보고서에서 알렉산더 파블로프는 학생들을 훈련하고 인도한 비류코브의 역할을 인정하였으나, 그들의 특출한 정보활동에도 불구하고, 전쟁이 종료되었으므로 더 이상 도움이 필요치 않게 되었다고 하였다.[519] 같은 보고서에서, 파블로프는 이 학생들의 훌륭한 봉사에 러시아 정부가 모든 비용을 대주고 군사교육 기관에 보내서 계속 훈련을 받을 수 있도록 포상할 것을 청하였다. 그루쉐츠키 사령관(Commander Grushetsky)은 비밀전문을 통해 이 청원을 허가하였고, 비류코브에게 학생들을 동반하라 하였다.[520] 그러나, 외무부 문서고(АВПРИ)에 기록된 재정보고서에 의하면, 91달러 20센트에 상당하는 "Matvei Kim(김인수)"의 병원 비용, 전 군부대신 이현근을 위한 1천6백42달러60센트, 비류코브의 두 달치 월급은 고종 황제의 재정에서 지출된 것으로 나타나 있다.[521]

상해 서비스 운영이 중지된 후, 김인수는 정탐 임무를 맡아 연해주 일선으로 떠났고, 다른 이들은 통역관이나 비밀 요원으로 만주 국경지대로 보내졌으며, 한반도 내에서의 정보활동은 사실상 중지되었다고 세르게에브는 보았다.[522] 김인수는 한국인 정보활동의 중심적 인물로 러시아 정보청에서 잘 기록해 놓고 있다.

> 조선인 김[인수]은 우리[러시아] 외교사업의 일원으로서, 1904년 4월 중순경, 조선 정부의 관리와 정보원들을 은밀한 연락망으로 확립해 놓았다. 이들은 우리[러시아]에게 우호적인 성향의 조선 황제의 측근과 조선 고위층에서 엄정 선택될 것이고, 후일 정보원으로 만주 국경지대

---

519. АВПРИ, Toma 143, No. 491: 2984, 1-145(September 13, 1905), in C.H. Park, [Rosia Kungnip…Yoyakchip], 48.
520. АВПРИ, Toma 143, No. 491: 2984, 1-145(October 9, 1905), in C.H. Park, [Rosia Kungnip…Yoyakchip], 49.
521. АВПРИ, Toma 143, No. 491: 3028, 1-68(1904), in C.H. Park, [Rosia Kungnip…Yoyakchip], 50.
522. Sergeev, *The Russian MI*, 106; Pavlov, "Russian Shanghai Service," 5.

에 파견될 것이다.(영문 각주 39)[523]

쿠로파트킨의 참모였던 블라디미르 사카로브(Vladimir Sakharov) 중장과 블라디미르 하르케비치(Vladimir Kharkevich) 준장이 소위 동부지역 선봉대 분리 사령관 자술리치(General Zasulich) 장군에게 보낸 전문은 김인수의 임무를 더 명백하게 밝히고 있다.

> 아군에게 가장 중요한 정보 수집에 관해 파블로프의 상세한 지시가 김에게 주어질 것이며, 총독의 대사관 사무국과 최고 상부에 있는 외교관과의 통신용 비밀 암호책이 제공될 것이다. 그 외에도 김은 주변에 있는 일본군의 전방위치에 관한 신빙성 있고 긴급한 정보를 우리 사령부에 지체없이 직접 또는 특별 당번병을 통해 전달해야 한다.(영문 각주 40)[524]

그러나, 러시아군 사령관들은 1904년 말에서 1905년 봄까지 실망스러운 전투 결과를 접하고 지역 주민들을 써서 모은 정보의 신빙성과 효율성에 의문을 가지게 되었다.

1905년 6월 아니시모브 장군은 전략상 중요성을 잃은 조선에서의 정찰을 줄이고, 두만강변을 따라 일본을 제재하는 데 총력을 기울이기로 결정했다.[525] 이런 변화와 실망스러운 결과 때문에 러시아군은 상해 서비스의 조선 부서를 없애버렸다.

---

523. PGVIA, f. VUA, d. 27506, ll. 1-15 ob., in Sergeev, *The Russian MI*, 79.
524. Sergeev, *The Russian MI*, 80.
525. Pavlov, "Russian Shanghai Service," 4.

알렉산드르 스베친(Aleksandr Svechin) 사령관은 충분히 훈련되지 않은 아마추어들에게 군사 정보를 맡긴 게 문제였다고 보았다.

에브게니 세르기에브(Evegeny Sergeev)는 일본처럼 전쟁이 시작하기 전부터 분석해 놓는 치밀한 작전 계획이 없었던 점을 들어 궁극적인 책임을 러시아 정보처에 돌렸다.[526] 러시아 정보팀의 문제는 아시아 문자, 특히 중국의 상형문자를 해독하지 못한 점과 지역문화를 이해하지 못한 점에 있었고, 이는 전쟁에서 승리를 빼앗긴 치명타였다.

세르기에브는 제대로 준비되지 않았던 러시아 군대가 만반의 준비가 되어있던 일본의 엘리트 군대를 이길 수가 없다는 것이 러-일전쟁을 통해 증명됐다고 썼다.[527] 러시아의 군 정보기구는 지방 주민이나 외교관의 일상 책임에 얹혀 있었던 반면, 일본의 경우는 "철통 같은 정보망(total espionage)"의 원칙에 입각한 시스템을 썼던 것이다. 즉, "1. 한 사람 한 사람이 스파이가 될 수 있다(누구든지 스파이가 될 수 있다) 2. 모든 사람이 스파이여야 한다(누구든지 스파이여야 한다) 3. 노출되지 못할 비밀은 없다(모든 비밀은 노출될 수 있다)(1. Each person can be a spy; 2. Each person must be a spy; 3. There is no such secret that cannot be exposed.)."[528]

역사학자 이언 니쉬는 이렇게 보고했다.

… 모든 항구마다 일본 상인촌이 있었고, 그들은 항상 눈을 부릅뜨고 지켜보고 있었다. 무엇보다도 대련을 들락날락하는 함대들의 모든 움

---

526. Sergeev, *The Russian MI*, 183.
527. Sergeev, *The Russian MI*, 151.
528. Sergeev, *The Russian MI*, 28.

직임을 보고해준 정보의 출처는 제부 주재 일본영사관이었는데, 모든 배가 전쟁이 시작되기 전까지는 제부에서 대련으로 정기적으로 왕복했다.(영문 각주 41)[529]

이에 비해 러시아군의 극동 군사정보망은 이주 농민들, 불법 장사꾼들, 중국군 도피자들이나 동네 깡패들 중에서 뽑아놓은 첩보망인 격이었다. 따라서 다수의 흑룡 애국회원들로 조성되어 있던 일본의 직업적인 정탐작업에 비교될 수가 없었다.[530] 앞에서 언급했듯이, 흑룡사회는 우치다 료헤이가 고종을 폐위시키고 식민지화하려는 목적으로 만든 모임이다.[531]

일본은 1892년에 이미 러시아어 학교를 세웠고 정예 정탐꾼들을 훈련시켜 1903년 말에는 군대가 움직이기 전에 앞서가서 육군과 해군에게 정보를 넘겨줄 준비가 되어 있었다.[532] 반면, 러시아 측은 근대식 전쟁을 할 준비가 안 되어 있었고, 극동 러시아와 만주의 조선 이주민들이 본국 조선인들과 정보를 주고받던 상해 서비스를 통해야만 러-일전쟁에 필요한 정보를 얻을 수 있는 형편이었다.[533]

2. 러시아군과 손잡은 조선 의병

극동 러시아와 만주에 살고 있던 조선인 중 2만7천 명의 기술 없는 값싼 노동자들은 소위 '이범윤의 군대(Yi Pom-yun's Army)', 즉 항일의병 게릴라 운

---

529. Ian Nish, "Japanese Intelligence and the Approach of the Russo-Japanese War," in C. Andrew and D. Dilks, eds., *The Missing Dimension. Governments and Intelligence Communities in the Twentieth Century* (Urbana and Chicago: University of Illinois Press, 1984), 29.
530. Sergeev, *The Russian MI*, 15 and 29.
531. Moon, *Populist*, 10.
532. Sergeev, *The Russian MI*, 29.
533. Sergeev, *The Russian MI*, 182-183.

동의 "가장 풍요로운 원천"이었다고 러시아 역사가 이고르 사브리에브(Igor Saveliev)는 보았다.[534]

1902년, 고종은 북간도에 자리 잡은 십여만 명의 조선인들이 중국 관료와 마적들한테 많은 피해를 받고 있다는 소문을 듣고, 그들의 형편을 살펴보라고 이범윤을 암행어사 자격의 시찰관으로 보냈다. 이범윤은 간도 조선인이 처해있는 힘든 상황을 보고한 후 고종 황제의 칙령을 받고, 그들의 안전을 도모하기 위해 충의대(忠義隊) 또는 사포대(射砲隊)를 조직하여 1천 총포의 규모로 만주 지방 최초의 빨치산 부대를 만들었다. 이범윤의 충의대는 1904년 봄에 만주에서 극동 러시아로 들어갔고, 이와 거의 같은 시기에 김인승(Victor Kim)의 상해 서비스 스파이팀이 조성되었다.[535]

의병군은 1904년 러-일전쟁 초기에 반일 항거운동을 위해 재무장되었고, 유교를 신봉하는 조선의 양반들에 의해 조직되어 재정지원도 받았다. 러-일전쟁 중 많은 조선의 군병이 동학의 잔존 세력과 합쳐서 일본과 손을 잡았던 반면, 1천 명 내지 4천 명의 무장 게릴라는 이범윤의 인도로 러시아의 아니시모브 장군(General A. Anisimov) 휘하의 제2 동시베리아 보병사단과 합류하였다.[536]

이범윤의 의병대는 러시아로 귀화한 부상(富商) 최재형(崔才亨, Piotr Semenovich Tsoi)의 재정적 지원을 받았다. 최재형은 9세 때 조선을 떠나 1893년에 국경지역인 노보키예브스크(Novoyevsk)라는 곳의 군수가 되었던 인물이었다. 그는 러-일전쟁 때는 물론 그 후에도 이범윤 의병대가 신병들을 모집하는 데 재정원조를 해주었다. 아울러 안중근 의사의 하얼빈의거를 지원

---

534. Saveliev, *Militant*, 153.
535. Chong Hyo Park, Пак Чон Хё, *Русско-японская война 1904-1905 гг. и Корея* = 韓國과 露日戰爭(1997), 211, cited in Sergeev, *The Russian MI*, 150; Saveliev, Militant, 149.
536. Saveliev, "Militant," 149.

최재형.

해주기도 하였다.[537]

최재형은 훗날 러시아 정부로부터 러시아인으로서 애국적 기여를 한 공로로 훈장을 받았다. 그는 한인사회에서도 많은 활약을 하여, 권업회(勸業會)의 초대 회장으로 봉사했고, 홍범도(洪範圖, Victor Sergeievich)를 부회장으로 세웠다. 홍범도는 극동 러시아 지역에서 러시아군과 좋은 협력관계를 유지하였고, 의병들의 군사훈련을 맡아 성공적인 항일투쟁을 벌였다.[538]

1904년 2월 급기야 러-일전쟁이 터졌을 때쯤, 이범윤의 의병대는 극동 러시아와 만주에서 활약하던 홍범도의 시민대와 보부상(褓負商)과 더불어 한반도 남쪽의 호랑이 사냥꾼들과 힘을 합해서 인원이 총 6천 명에 달했다고 러시아 국립 국방문서보관소(РГВИА) 기록 846(Record Group 846)에 남아 있다.[539]

조선의 보부상은 두 부류의 상인들로 구성되어 있었다고 역사가 박종효는 설명했다. 문자 그대로, 보상(褓商)은 봇짐을 가슴에 팔로 안고 다녔고, 부상(負商)은 등짐을 지고 다녔는데, 동네마다 엿새에 한 번씩 열리는 장을 찾아 전국으로 떠돌아다니면서 장사를 하였다. 러-일전쟁 중에는 이 보부상의 숫자가 전국적으로 6만 명에 달했다. 그들은 거대한 통신망을 가지고 무기를 은밀하게 팔고 사고 나르면서 게릴라전에 없어서는 안 될 세력이었

---

537. Saveliev, "Militant," 149; C. H. Park, [Rosia yonbang], 93.,박환『페치카 최재형』선인, 2018.
538. C. H. Park, [Rosia yonbang], 202; Suh, [Kim Yak-yun], 51.
539. C. H. Park, "Kuhanmal," 16; C. H. Park, [Rosia Kungnip … Yoyakchip], 642.

다. 그들은 한때, 대원군의 휘하에 있었다고도 하며, 1903년에는 한성판윤(漢城判尹) 기량수의 명령권 아래 있었다는 사료를 박종효는 제시하였다.[540]

이렇게 모인 1천 명 이상의 의병들은 러시아 동부 시베리아 보병대(East Siberian Infantry) 2사단장 아니시모브 장군의 휘하로 들어가 대한제국부대(大韓帝國部隊, United Forces of Korean Empire), 일명 항일연맹군(抗日聯盟軍, Anti-Japanese Alliance Troop)이 되었고, 1903년에서 1905년까지 전투에 참여했다.[541]

코르프(Korf) 남작이 구상한 1904년 11월 3일 계획서에 따라, 이범윤의 의병대, 산속의 소총부대, 최해산된 북중국 군대에 있던 조선인 병사들, 함경도의 항일의병 자원자들, 전국의 보부상과 평안도의 호랑이 사냥꾼들, 일본군에서 탈영한 조선 병사까지 모두 모아서 세 개의 연대를 조성했다. 이 강력한 혼합군대는 러시아의 니콜라이 비류코브 대장(Nikolai N. Biriukov) 밑에서 훈련받은 비밀 첩보원들과 힘을 합하여 싸웠다.[542]

코르프 남작은 조선인들이 가진 일본에 대한 적개심이 러시아 편에서 싸울 수 있도록 만드는 강한 동기라고 설명하였는데, 즉 무자비한 민비 살해, 러-일전쟁에 조선을 끌어들인 것, 고종 황제에 대한 푸대접, 심지어는 1592-98년 임진왜란에 대한 복수 등을 그 이유로 꼽았다.[543]

그러던 중, 1905년 8월 7일, 러시아군 기병대와 함께 일본군에 대항해 싸우던 이범윤의 의병대는 패배하였고, 9월 5일 러-일 평화조약(The Portsmouth Peace Treaty)이 체결되면서 러시아군이 철수함과 동시에 해산되었다.[544] 을사

---

540. C. H. Park, [Rosia Kungnip Munso···yoyakchip], 610.
541. 박종효, 한반도 分斷論의 起源과 러일戰爭: 1904-1905 [Hanbando bundanronui giwon kwa Roiljeonjaeng](Seoul: Sunin, 2014), 325.
542. C. H. Park, "구한말 최초의 러시아어학교와 교사: 비류꼬프(Бирюков H. H.)에 대한 연구 [Kuhanmal choechoui rosia hakgyo wa gyusa: A Study on Biriukov]" 한국근현대사, (2009.3), 16.
543. C. H. Park, [Rosia Kungnip···yoyakchip], 641.
544. C. H. Park, "Kuhanmal," 17; 박종효, 러시아 연방의 고려인 역사, 서울:선인, 2018, 98.

조약이 체결된 1905년과 일본이 한국을 점령한 1906년경, 이범윤 의병대는 다시 숫자가 늘어서 3만5천 명에 달하였다. 1906년에서 1910년사이에는 일제의 압박이 더욱 심해짐에 따라 한국인들의 저항운동은 5만9백65명의 규모로 커졌고, 그 후로도 은밀히 퍼져나가 정확한 수를 헤아릴 수가 없었다.[545]

러시아군의 쿠로파트킨 총사령관은 후일 회상하기를, 1905년 8월에 만주에 집결되었던 러시아군은 사상 최고의 힘을 가지고 있었다고 하였다. 같은 해 9월에 포츠머스 평화조약이 조인되었다는 소식이 퍼졌을 때쯤, 러시아 연합군은 조선의 의병들과 손잡고 싸울 만반의 준비가 되어있었으나 "전쟁이 너무 일찍 끝났다"고 쿠로파트킨 장군은 당시의 비통한 심경을 표현했다.[546]

결론

한국은 일본이 아시아 전역으로 세력을 확장하는 데 꼭 필요한 열쇠였다. 일본은 청-일전쟁에서의 승리로 1894년에 중국을 제거하였고, 1905년에는 러-일전쟁을 통해 러시아를 제거한 것이다. 파멜라 크로슬리(Pamela Kyle Crossley)와 같은 역사가들은 "일본의 승리로 끝난 러-일전쟁은 동아시아에서 러시아의 제국주의적 야심을 꺾어버렸을 뿐만 아니라, 유럽 열강의 아시아 진출만큼이나 한국과 만주에 대한 일본의 지배권을 공고히 했다"고 주장했다.(영문 각주 42)[547]

사학자 재카리 호프만(Zachary Hoffman)도 러시아가 제국주의 세력으로 극

---

545. 박종효, 러시아 연방, 98.
546. Kuropatkin, [*Memorias*], 97
547. Pamela Kyle Crossley, *The Manchus* (Cambridge, MA: Blackwell, 1997), 176.

동 아시아에 진출할 기반이 1905년에 완전히 소멸되었다고 보았고, 러시아가 만주를 점령함으로써 강력한 국가로서의 힘을 보여주려 했던 꿈이 20세기 동틀 무렵 황색인종 대 백색인종의 전쟁("a war of yellow vs. white")이었던 러-일전쟁에서 산산조각 났다고 했다.[548]

인종적 우월감에 사로잡혀 있던 서양인들은 아시아의 한 국가가 막강한 군사력을 가진 서양의 백색인종 국가를 패배시킬 것은 예측하지 못했다고, 역사학자 다니엘 메트로(Daniel A. Métraux)가 선언했다.[549]

또 다른 역사가 존 스타인버그(John A. Steinberg)는 러-일전쟁은 유럽의 강대국이 신흥 아시아 세력에 대항해서 중국과 한국을 둘러싸고 일어났던 최초의 전쟁으로서, 제1차 세계대전의 전조인 '제0차 세계대전(World War Zero)'이라고 불렀다.[550] 그 전쟁이 전 세계에 끼친 여파에 대해 스타인버그는 "러-일전쟁을 종결시킨 평화조약이 시모노세키가 아닌, 미국 동부 뉴햄프셔 주의 포츠머스에서 조인되었다.(When peace was restored in September 1905, it came neither at Shimonoseki nor in St. Petersburg, but in the American city of Portsmouth, New Hampshire.)라고 지적했다. 즉, 아시아를 위한 결정적인 판결이 유럽의 제국들이 지켜보는 가운데 미국 대통령의 중재하에 이루어진 것을 말한다.[551]

러시아 황제 니콜라스 II세가 만주와 한국을 식민지화하려던 계획은 1905년 일본에게 당한 수치스러운 패배로 산산이 부서졌다고 쿠로파트킨 장군은 1905년 스페인에서 출판된 회고록 『쿠로파트킨 전쟁대신의 회고

---

548. Zachary Hoffman, "Subversive Patriotism: Aleksei Suvorin, Novoe Vremia, and Right-Wing Nationalism during the Russo-Japanese War." *Ab Imperio*(1/2018), 98.
549. Métraux, *The Asian Writings*, 9-10.
550. John W. Steinberg, Bruce W. Menning, David Schimmelpenninck van der Oye, David Wolff and Shinji Yokote, eds., *The Russo-Japanese War in Global Perspective: World War Zero*(Leiden: Brill, 2005), xix.
551. Steinberg, et al., The Russo-Japanese War, xix.

록(*Recollections of the Minister of War A. Kuropatkin*) [*Memorias del General Kuropatkin: Guerra Russo-Japonesa*]』에서 인정했다.[552]

그 후, 러시아의 초점은 동중국철도의 주요 역으로 등장한 대련과 통상의 중심지 하얼빈에 맞춰졌다. 상트 페테르부르크의 러시아 정부는 러-일전쟁 이후 일본과의 외교 관계를 개선하는데 급급하여 1907년과 1910년에 두 개의 러-일조약을 맺었다.

이를 통해, 러시아와 일본은 1) 만주 남단과 북단의 국경 문제를 안정시키는 비밀조약을 맺었고, 2) 러시아는 한일관계에 간섭하지 않는 동시에, 일본은 러시아가 한반도에 끼치는 영향력을 존중하기로 동의하였고, 3) 일본은 러시아가 외몽고에서 가진 상권을 존중하기로 하였다. 두 나라는 화기애애한 분위기에서, 러시아는 일본이 한국과 남만주에 갖고 있던 이해관계를 존중하는 대신, 일본은 러시아가 북만주를 독점할 것을 눈감아주기, 즉 한 점 주고 한 점 받기(quid pro quo)를 한 것이다. 두 적국 간의 평화는 이처럼 한국과 한국인들을 희생양으로 삼아 이루어졌다. 여기에서 주고받은 또 하나의 거래는 미국이 한국을 일본의 첫 식민지로 인정해 주는 대신, 일본은 필리핀을 미국의 영토로 인정해 준 것이다.

러-일전쟁을 종결시킨 포츠머스 평화조약은 미국 대통령 루즈벨트의 중재로 1905년 11월에 조인되었고, 그 공로로 미 대통령은 다음 해에 노벨평화상을 받았다.

다음에 일어난 사건은 1910년 8월 22일에 조인된 소위 한일병합조약(韓日倂合條約)으로서, 한국이 일본 최초의 식민지가 되었음을 정식으로 세계열강에 선언한 것이다. 이로 인해 아직 귀화하지 않고 러시아에 살고 있던 고

---

552. Lee & Lukin, *Russia's*, 34.

려인들과 만주에 살고 있던 조선인들은 실질적으로 국적을 잃은 신세가 되었고, 한반도에 살고 있던 조선인들과 함께 국제법상 일본제국의 백성이 된 것이다.

그러나 극동 러시아의 고려인들은 '일본 백성(subjects of Japan)'으로 간주되기를 거부하고, 인구조사에도 '한국사람'과 같은 의미를 가진 'poddannymi korei'이나 'koreiskimi poddannymi'라고 답을 하거나 '무국적(net, non-subjects)'이라고 적었다.[553] 그리고 만주에 살던 조선인들은 깊은 산속으로 사라져 버렸다. 다음 제4장에서는 국적을 잃고 다국적 디아스포라가 된 한국인들의 삶에 대해서 살펴볼 것이다.

---

553. Aleksandr I. Petrov, *Koreiskaia Diaspora v Rossii 1897-1917* [Korean Diaspora in Russia in 1897-1917](Vladivostok: Institut Istorii, Arkheologii etnografii narodov dal'nego vostoka, 2001), 285.

제4장

나라 잃은 아리랑 디아스포라인들, 1906-20

그네 뛰는 여학생들, 간도의 명동학교.

아리랑~ 아리랑~ 아라리오~
아리랑 고개를 넘어간다.
저 멀리 보이는 백두산에는
동지 섣달에 꽃이 피었네.

아리랑~ 아리랑~ 아라리오~
아리랑 고개를 넘어간다.
아리랑 고개는 열두 구비
마지막 고개를 넘어간다.

아리랑의 제4절은 한반도에서 제일 높은 산인 2,744미터(9,003피트)의 백두산을 넘어간 조선 이주민들의 삶을 노래하고 있는 것 같다. 고향을 등지고 떠나간 조선 사람들에게 이 백두산(白頭山)은 사랑하는 이들을 다시 만날 수 없게 갈라놓는 장애물이었으나, 한겨울에 눈으로 덮인 정상의 모습은 그들에게 흰 꽃이 핀 것처럼 아름답게 보였다. 백두산은 수십만의 한국인들에게 다시 돌아갈 수 없는 아리랑 고개였다. 1919년 3월 1일의 3·1만세운동 이후 더욱 많은 한국인이 자유와 독립을 위해 러시아와 만주를 향해 떠나갔다.

칼 마르크스의 혁명정신을 신봉하던 김산(金山, 張志樂의 필명)은 1930년대에 한국과 일본, 만주를 누비다가 1937년에 중국 연안(延安)에서 만난 님 웨일즈(Nym Wales, Helen Foster Snow의 필명)와의 인터뷰에서 또 다른 아리랑 노래의 4절 가사를 이렇게 들려주었다.

이제 나는 압록강을 건너온 망명자이다
두고 온 삼천리 강산은 영영 잃어버렸구나!

아리랑, 아리랑, 아라리오!
아리랑 고개를 넘어간다!(영문 각주 43)[554]

1905년 3월 10일에 러-일전쟁 중 평양 근처에 살던 그의 가족이 산속으로 피신했을 때 태어난 김산은 이렇게 회고했다.

나는 한창 싸움이 벌어지고 있던 어느 산속에서 태어났다. 끊임없이 전쟁이 계속되는 동안에 마을 사람들은 모두 산속으로 피난갔으며 어머니도 선조들의 무덤이 있는 곳까지 도망쳐 갔다. 내가 태어난 것은 1905년 3월 10일이었는데 러일전쟁은 그해 8월까지 계속되었다.[555]

김산의 부친은 작은 밭을 일구며 살던 소작인 농부였다. 그는 조선의 전형적인 초가집에서 살았다. 김산은 러시아군과 일본군에게 먹을 것을 털리어 항상 배가 고팠던 중에도, 열한 명의 식구들이 함께 살던 단칸방의 따뜻했던 온돌방을 기억하였다. 그의 유랑 생활은 1915년에 열한 살의 나이로 집을 떠난 후, 1919년 3·1만세운동 때 벌어진 시민들의 평화적 궐기와 독립선언문 낭독 후 벌어진 일본 경찰의 조선인 학살 현장을 보면서 시작되었다.

김산은 "아리랑 고개는 열두 구비"라는 구절을 단테의 『신곡(神曲, Divine Comedy)』에 나오는 "열두 천국과 열두 지옥"에 비유하면서, "이곳에 들어가는 자는 모든 희망을 버려라(…twelve heavens and twelve hells…Abandon all hope ye

---

[554]. Kim San and Nym Wales, *Song of Ariran: The Life Story of a Korean Rebel*(New York: John Day, 1941), [ii]. Helen Foster Snow, the ex-wife of American writer Edgar Snow, met Kim San, a Korean communist revolutionary active in China(a pseudonym of Chang Chi-rak, 張志樂) in Yen-an, China in 1937. Helen Snow wrote of her encounter and interviews with Kim under her pseudonym of Nym Wales, published in *Song of Ariran*[g] in 1941.

[555]. 님 웨일즈와 김산, 아리랑: 조선인 혁명가 김산의 불꽃 같은 삶(서울: 동녘, 1984), 70.

who enter here)"는 구절을 인용해, "12라는 숫자는 불운을 가리키는 만국 공통의 숫자인 것 같다"고 설명하였다.[556]

김산은 또 이렇게 말하였다.

> …조선은 이미 열두 고개 이상의 아리랑 고개를 고통스럽게 넘어왔다. 우리의 작은 반도는 언제나 일본에서 중국으로, 중국에서 일본으로 혹은 시베리아에서 남쪽으로 진출해 나가기 위한 디딤돌이 되어왔다. 수백 년 동안 조선은 북방 문화의 중심지였는데, 오랑캐들이 중국을 침략할 때마다 조선에 침입하여 조선의 아름답고 개화한 도시와 농촌을 황폐하게 만들어 버렸다.[557]

1905년 러일전쟁 이후부터 1945까지 일본의 식민지로 있던 수십 년간, 수많은 한국의 정치 망명인과 이주 농민은 백두산 고개와 압록강과 두만강을 건너 국경을 넘어가야 했다. 삼천리 강산을 다시 찾으려는 꿈과 희망을 안고….

이 마지막 장에서는 러-일전쟁의 후유증을 앓게 된 극동 러시아와 만주의 다민족 디아스포라에서 계속되는 한국인들의 고난을 살펴보고자 한다.

극동 러시아와 만주에 정착했던 조선 사람들은 일상생활뿐 아니라, 조국의 독립을 위한 투쟁 속에 옛 조국에 대한 충성과 새로 찾은 나라에 대한 충성을 유지하고자 하는 고충을 겪어야 했다.

20세기 초, 격변기에 들어선 극동 아시아의 지정학적 환경 속에서 조선 이주민들은 러시아와 중국이 피비린내 나는 내란과 혁명을 겪는 동안 많은

---

556. 님 웨일즈와 김산, 아리랑, 62; Dante Alighieri, *Divine Comedy*, Canto III, Kindle ed. n.p.
557. 님 웨일즈와 김산, 아리랑, 62-63.

희생을 당하게 되었다. 1905-07년의 러시아혁명으로 러시아제국이 망했고, 1911년의 신해혁명(辛亥革命)으로 청국도 망한 후, 1914-18년에는 제1차 세계대전이 일어나 더욱 더 많은 피를 흘리게 된 것이다.

러시아의 사학자 존 장(Jon K. Chang)은 "극동 러시아의 한국인들은 제1차 세계대전에서 러시아인으로서의 충성심을 충분히 보여줬으나, 그들을 일본 앞잡이로 몰아넣는 소문이 많이 돌았다"라고 썼다.[558]

이런 현상은 오랜 세월 러시아에 정착해 살던 귀화한 고려인 후예들이, 근래에 중국, 일본과 한반도에서 들어간 조선 사람들과 구별하기 힘들었던 데에서 생긴 것이었다. 이와 같은 상황은 조선인들을 일본제국주의의 앞잡이라고 보고 있던 만주에서 더욱 심하게 일어났다.

이 책에서 여기까지는 한국 사람을 조선인(朝鮮人)이라고 불러왔으나, 일본의 식민 지배 이후는 조선이 아니라 한국(韓國)으로 쓰고 그 백성을 한국인(韓國人) 또는 고려인(高麗人)이라고 칭하는 것이 옳은 것으로 보여 그렇게 써 나가려 한다.

I. 한국, 일본의 보호국과 식민지

문명개화(文明改化)라는 보기 좋은 기치를 들고 나섰던 범아시아주의자 젊은 엘리트들과 일진회원들은 1905년 11월 17일에 강제로 조인된 제2차 한일보호조약, 소위 을사늑약 체결 후에 본격화된 일본의 억압 정책을 시행하는 데 돕는 격이 되었다. 이 조약은 1904년 2월 23일에 조인됐던 제1차

---

558. Chang, *Burnt*, 33.

한일조약과 1905년 7월 27일에 미 국무장관 태프트(William Howard Taft)와 일본총리 가츠라 타로(桂太郎) 사이에 맺어진 태프트-가츠라조약에 준해서 제2차 한일보호조약으로 1905년 11월 17일에 조인, 공포되었다.

을사늑약(韓稱 乙巳勒約) 또는 한일보호조약(日稱 Japan-Korea Protection Treaty)은 일본의 "한국주제국특명 전권공사(韓國駐帝國特命全權公使)" 하야시 곤스케(林權助)와 대한제국의 외무대신 박제순(朴齊純)이 참석하여 통감 이토 히로부미(伊藤博文)가 지켜보는 가운데 체결됐고 조인이 끝나자 즉시 시효를 발하였다.[559]

을미늑약은 1905년에 공포된 황제의 칙령 267호(Imperial Ordinance No. 267)에 준한 것으로 일본이 한국 정부의 정사를 꼭대기에서 밑바닥까지 흡수할 수 있도록 33가지 조항의 시행령을 명기해 놓았다.

> 제1조. 통감부는 한국 서울에 설립한다.
> 제2조. 통감부를 주관할 통감은 신민(臣民) 중에서 임명한다.
> ⋯
> 제4조. 통감은 한국 정부의 모든 사무를 관리지휘(管理指揮)한다.
> ⋯
> 제33조. 경찰은 통감부와 통감에 부속하며 한인(韓人) 중에서 임명되고 그 숫자는 통감의 재량에 따른다.(영문 각주 44)[560]

이 시행령은 한국 정부의 모든 업무를 총괄할 통감부 체제를 잡아놓은

---

559. JACAR, "Japan-Korea Treaty," by Count Katsura Taro, Minister of Foreign Affairs / Hayashi Gonsuke, Envoy Extraordinary and Minister Plenipotentiary / Pak Che-Soon, Foreign Minister, A09050064600, 1905. 11. 17.
560. FRUS, "Japanese Administration of Korean Affairs, Chargé Wilson to the Secretary of State," No. 389(February 13, 1906), 1026.

것이다. 기본적으로 일본 신민을 상부에, 한국인을 하부에 두는 구조로서 1910년 한일합병조약(韓日合倂條約)이 체결되기 5년 전에 만들어진 것이고, 정부 각 계층에 철칙처럼 실행되어 그 후 40년간 한국 정부, 한국 사회와 한국인의 삶을 지배하였다.

이토 히로부미는 1905년 12월 21일 초대 통감(統監)으로 임명되었고, 1909년 10월 26일에 암살될 때까지 철권을 휘두르며 한국을 통치하였다. 이토는 명치유신(明治維新) 이후 일본의 초대 수상을 지냈는데, "명치 헌법의 아버지(Father of the Meiji Constitution)"라고 불렸고, 일본의 한국 식민지화 작업의 주역으로 꼽히는 인물이었다.[561]

그 당시 일본 정부의 주요 인물들 간에 이토는 정치가로서의 철학은 없으나 특출한 작전가로 세력 투쟁에서 예측을 불허하는 무서운 존재로 알려져 있었다고 일본학자 다키이 가즈히로(Takii Kazuhiro)가 썼다.[562] 역사가 이토 유키오(Ito Yukio)와 다카하시 코레키요(Takahashi Korekiyo)도 이토를 수수께끼처럼 이해하기 힘들고 모호한 사람이었으나, 재치 있는 지성인이었고 유연한 기회주의자였다고 평했다.[563]

문유미는 이토가 바로 이 재질, 즉 유연한 기회주의로 일진회의 지도급을 흡수하여 고종을 폐위시키는 작업에 이용한 것이 아니었던가 하는 질문을 제기했다.[564] 이토는 몇몇 한국인들을 기용했으나, 쓸모가 없어지자 가차 없이 제거해 버렸고, 일진회가 궁극적으로 "한국의 군주자치권(sovereignty of the Korean state)"을 희생해서라도 찾으려 했던 민권(civil rights), 즉 식민지 한국

---

561. Takii Kazuhiro, *Ito Hirobumi – Japan's First Prime Minister and Father of the Meiji Constitution* (London: Routledge, 2014), t.p.
562. Takii, *Ito Hirobumi*, 4.
563. Historians Ito Yukio and Takahashi Korekiyo, referenced in Takii, *Ito Hirobumi*, 5.
564. Moon, *Populist*, 286.

인들의 민권 쟁취에는 관심이 없었다.[565]

1905년 12월 20일, 이토는 서울에서 활동하던 신문 편집인들 앞에서 조선통감부의 설립과 자신이 초대 통감으로 임명된 것에 관해 연설하였다. 그 자리에 있었던 미국 외교담당관 헌팅튼 윌슨(Huntington Wilson)은 아래와 같이 미 국무성에 보고했다.

> 이토의 연설은 한국이 일본에 약탈되었다는 생각을 하지 못하도록 하기 위한 것이다. 한국의 외교권은 일본이 총괄할 것이나, 대한제국 황제의 지시 하에 궁의 권위가 유지될 것이라고 설득하려 한 것이다.(영문 각주 45)[566]

그러나, 이미 고종은 한일조약이 조인된 후 허수아비 군주에 불과했다. 이토 히로부미는 자기 앞에 주어진 급선무는 한국 행정의 부패와 개혁의 필요성, 그리고 백성의 빈곤함을 타개하는 것이라고 말했다.[567] 서울에 첫 통감으로 발령을 받고 온 이토 히로부미는 한국의 급선무 세 가지 중 가난에 허덕이는 백성을 꼽았던 것을 볼 수 있다.[568]

윌슨은 이토를 "매우 보수적이고 진지하며 성실한 일본의 위대한 정치가(very conservative, earnest, and sincere)"라고 평가했다.[569] 윌슨은 새로운 일본의 보호 아래 한국에서 미국의 이권은 좋은 대접을 받을 것이라는 결론으

---

565. Moon, *Populist*, 287.
566. FRUS, "Japanese Administration of Korean Affairs. Chargé Wilson to the Secretary of State," No. 389(February 13, 1906), 1027.
567. FRUS, "Japanese Administration," No. 389, 1030.
568. FRUS, "Japan. Chargé Wilson to the Secretary of State," No. 389, 1030.
569. FRUS, "Japanese Administration," No. 389, 1028.

로 보고를 마쳤다.[570] 그러나, 1905년 11월 28일부로 일본 정부는 미국에 서울 주재 공사관을 닫고, 한국과의 모든 직접적 관계 – 외교, 상업, 종교적 관계 – 를 단절하도록 요청했다.

이토 히로부미는 연설을 계속하였다.

> 이는 한국만의 문제가 아니고, 극동 전체의 문제이다… 일본이 만약 전쟁에서 획득한 승리감에 도취된다면, 열강 세력의 동정심을 상실하게 될 것이고, 미래에 불행을 자초할 것이다.(영문 각주 46)[571]

이토는 미국의 '문호 개방 정책(open-door policy)'과 영-일 간의 화합에 확신을 주는 데 초점을 맞췄고, 일본은 세계열강의 일원으로 범아시아주의를 통해 아시아의 평화와 번영을 도모할 것이라고 약속했다.[572]

이처럼 일본이 주도권을 잡은 아시아 연대론(亞細亞連帶論, Pan-Asianism)은 수십 년간 일본이 아시아의 정복자로서 준비해온 '문명화 사명감(mission civilatrice)'을 성취하겠다는 신념으로, 아시아의 미개한 민족들을 문명의 세계로 이끌겠다며 스스로 짊어진 짐이었다고, 역사가 비즐리(W. G. Beasely)와 두스(Peter Duus)는 주장했다.[573]

일본은 또한 법치국가로 영국이 행사했던 '법적인 사명감(mission législatrice)'을 주장하면서, 식민주의 정책을 통해 아시아의 미개한 민족들을 문명뿐 아니라 자주독립을 성취하도록 일본이 이끌어야 한다고 믿었다.[574]

---

570. FRUS, "Japanese Administration," No. 389, 1028.
571. FRUS, "Japanese Administration," No. 389, 1030.
572. FRUS, "Japanese Administration," No. 389, February 13, 1906.
573. W.G. Beasley, Japanese Imperialism, 1894-1945 (New York: Oxford University Press, 1987), 256; Duus, The Abacus, 412.
574. Beasley, Japanese Imperialism, 256.

다시 말해서, 일본은 한국이 문명화된 국가로서 자기네와 같은 수준에 도달하기 전에는 독립국으로 인정하지 않겠다는 것이었다.

역사학자 알렉시스 더든(Alexis Dudden)은 명치유신(1868-1912)이 성취한 제일 획기적이었던 것은 국제법을 일본어로 번역해서 -예를 들면 육법전서(六法典書)- 모든 조항을 실현한 것이라고 주장했다.[575] 그렇게 하여 일본의 행정가들은 서양의 백인 세력과 교감할 수 있는 방법을 찾은 것이고, 힘 있는 서양의 법적 용어를 써서 일본이 한국을 법치국가로 만드는 사업을 하겠다는 의지를 보여주려 했다는 것이다.[576] 이처럼 일본은 국제사회에서 제국주의 세력과 동일한 법적 용어를 써서, 한국의 식민지화 작업을 정당화 하였다.

알렉시스 더든은 "일본의 법적 선교사(Japanese legal missionaries to Korea)"라고 칭한 일본 법조계는 한국에 대한 지배를 국내·외적으로 합법화하려는 거대한 홍보전을 벌였다고 했다.[577] 그들은 한국에 어느 정도의 형법이 있으나 닥치는 대로 위험하게 만들어져 없느니만 못한 상황이라고 하였다.[578] 이와 같은 법적 개혁의 약속은 한국의 서민들에게 환영을 받았을 수도 있다. 왜냐하면 그들 다수가 양반사회에서 받은 부당한 취급 때문에 나라를 뒤로 하고, 봇짐을 싸서 극동 러시아와 만주로 이주해 갔기 때문이다.

---

575. Alexis Dudden, *Japan's Colonization of Korea: Discourse and Power*(Honolulu: University of Hawaii, 2005), 1.
576. Dudden, *Japan's Colonization*, 3.
577. Dudden, *Japan's Colonization*, 114.
578. Dudden, *Japan's Colonization*, 110.

II. 극동 러시아 디아스포라의 고려인

러-일전쟁 중 러시아 언론에 보도된 한국인의 모습은 주로 외국의 미디어와 정보매체에서 빌려온 것으로 신빙성은 희박하며 한국에서 벌어지고 있는 전쟁에 관한 자극적인 뉴스만 보여주었다.[579]

한편으로 한국은 러시아의 아군으로 묘사됐다. 러시아군의 대리만주사령관으로 있던 리네비치 중장(Lieutenant-General N.P. Linevich)이 1904년 2월 6일에 보낸 전문에 의하면 "한국인들은 우리 러시아를 우방으로 보며, 일본인보다 강하다고 여긴다." 하였다.[580] 3월 6일에 모스크바에 나타난 커다란 포스터 사진은 한국인들이 러시아 군인들을 열렬히 환영하는 모습을 보여주었다.[581]

그런 반면, 『노보예 브레미야(Novoje Vremya [New Time])』 잡지에는 한국인 병사들이 만주에서 일본군 복장을 하고 일본 편에서 싸우고 있다는 기사가 실렸다.[582] 이런 기사는 한국 사람들이 러-일전쟁 시 일본군과 러시아군 양쪽에서 싸웠다는 본 책의 주제와 일치하는 것이다.

러-일전쟁 이후 조선 이주민들은 극동 러시아에서 새로운 삶의 터전을 찾고자 피나는 고생을 하였다. 성공 사례도 많고, 러시아 황제의 충성된 백성으로 인정받기도 했다. 몇 년 후에는 소비에트 연방이 된 공산권 러시아의 일원으로 남기 위해 큰 노력을 했으나, 많은 경우 그들의 호의는 의심받

---

579. Ermachenko, "Korea," 224-5.
580. *Illyustrirovannaya letopis' russko-yaponskoj vojny* [Illustrated chronicle of the Russian-Japanese War,](1904), Issue I, 31, in Ermachenko, "Korea," 224.
581. РГВИА, "대한제국에서 전개된 러시아군과 일본군 전투 화보 [Poster Report of the Russo-Japanese War in Korea]," No. BYA, No. 16, No. 9233, 9261, 9292, 9008, 1-10, 1904, indexed in C. H. Pak, *Rosia Kungnip Munso Pogwanso sojang Han'guk kwallyon munso yoyakchip*(Seoul: Korea Foundation, 2002), 631.
582. *Novoje Vremya* [New Time], 1904, No. 10177, 1(A Note by the Russian Telegraph Agency), cited in Ermachenko, "Korea," 225.

아 후일 대거 핍박을 받기도 하였다.

재카리 호프만(Zachary Hoffman)에 의하면 "1905년은 러시아 황제, 입장에서 많은 재난을 겪은 해였다."[583] 1월 9일 -'피의 일요일(Bloody Sunday)'—에는 상트 페테르부르크 시 전체가 파업에 들어갔고, 러시아 군대는 겨울 궁전(Winter Palace)에서 평화로운 시위를 하던 사람들에게 사격을 가하였다. 이 사건은 더 많은 파업을 초래했고, 인권을 요구하는 농민들의 폭동이 전국적으로 퍼졌다.[584] 러시아제국의 백성으로 열심히 살던 극동 러시아의 고려인들의 삶에도 큰 변화가 찾아왔다.

러시아의 혁명가 레닌(Vladimir Lenin)은 1924년에 출판된 저서 『좌익 공산주의(Left-Wing Communism)』에서 1905년의 러-일전쟁 종결을 러시아혁명의 전야제("Dress rehearsal of the Russian revolution")라고 불렀다.[585] 잇달아 모든 계층의 시민들이 밖으로 뛰쳐나왔고, 1917년 시월혁명(October Revolution)의 승리를 가져오는 데 없어서는 안 될 사건이었다고 했다.

러-일전쟁에서 러시아가 일본에 패배한 것은 작은 소년 다윗(David)의 돌팔매에 맞고 쓰러진 골리앗(Goliath)에 비교되었다. 기가 막힌 민중들이 상트 페테르부르크의 거리로 몰려나와서 수치스러운 평화를 초래한 황제의 책임을 추궁하였고, 이런 아우성이 혁명을 낳은 것이었다.[586]

그러나 다른 인종과 국적을 가진 자들은 혁명의 당당한 참여자로서 받아들여지지 않았음을 훗날에 알 수 있다. 국적은 제일 눈에 띄는 유일한 신체적 표식이었다. 아시아 종족의 후예들은 시민권을 가졌든, 언어를 유창하게 쓰든, 개인·사회적으로 쌓아 놓은 공적과는 무관하게 얼굴 생김새 때문에

---

583. Hoffman, "Subversive Patriotism," 88.
584. Hoffman, "Subversive Patriotism," 88.
585. Vladimir Lenin, *Left-Wing Communism: an Infantile Disorder* (USSR: Progress Publishers, 1920, 1964), n. p.
586. Hoffman, "Subversive," 79.

러시아 민족이 될 수 없는 존재였다.[587]

1905년 을사늑약이 조인되자, 항일 저항운동에 힘쓰던 한국의 엘리트들은 극동 러시아로 대거 도피하였다. 극동 러시아의 고려인 인구는 1901-02년 3만2천4백10명에서 십 년 후인 1912년에는 5만9천7백15명으로 증가했다.[588] 그러나, 이 숫자는 공식적인 것에 불과했다. 실제는 30퍼센트 정도 높은 4만3천4백52명으로 알려져 있고, 1910년에는 8만 내지 10만 명의 한국인이 있었다고 사학자 반병률은 보고했다.[589]

1910년 당시, 고려인이 소유하고 있던 농지는 1천1백90데시아틴의 규모로서 가구당 6천50평이었으며 온갖 곡식과 옥수수, 감자 그리고 인삼을 길러냈다고 했다.[590] 고려인들은 또한 소고기 판매를 위한 가축업에도 종사했다. 또 다른 통계자료는 우수리 지역에 5만 명의 고려인들이 1백4곳의 한인촌에 퍼져 살고 있었다 한다.[591]

러시아제국 외무부문서고(АВПРИ)에 소장된 여러 기록을 보면, 1906년에서 1915년에 고려인 5만7천 명이 우수리 주에 살고 있었는데, 그중 2만2천 가구(39퍼센트)가 러시아 시민권을 갖고 있었고, 3만5천 가구(61퍼센트)는 한국인으로 남아 있었다고 한다.[592] 이와 같이 귀화율이 낮았던 이유는 한일합병 이후 새로 이주해 온 한국인들이 경제적이라기보다는 정치적 이민을 했기 때문이고, 그들은 머지않아 한국으로 돌아갈 생각이었던 것으로 볼 수 있다.

---

587. Chang, *Burnt*, 29-30.
588. Rossiiskii gosudarstvennii istoricheskii archive Dalnego Vostoka(The Russian National Historical Archives of the Far East - РИНА FE), file no. 87-4-1593, 7-8; Grave, Kitaitsy, 129-130, cited in Savelieve, "Militant," 149, and in Chang, *Burnt*, 11.
589. Ban, *Koreans*, 161-162.
590. C. H. Park, [Rosia yonbang], 101.
591. Ким Сын Хьа, Очерки по истории советских корейцев, 1965, cited in C. H. Park, [Rosia yonbang], 101.
592. C. H. Park, [*Rosia Kungnip...Yoyakchip*], 62.

극동 러시아 국립역사문서(РИHA FE) 아카이브에 기록되어 있는 통계표 '극동 러시아의 귀화 및 비귀화 한국인(Naturalized and non-Naturalized Koreans in the RFE)'을 보면, 귀화한 고려인과 귀화하지 않은 한국인들은 1906년에 16,965:17,434(총합34,399), 1912년에는 16,263:43,452(총합59,715)의 비례를 보여서, 러시아 시민이 된 한국인들은 37퍼센트를 넘지 않았다고 한다.[593]

일본이 한국을 병합한 1910년부터 일본이 한국인을 만주의 간도로 소개시키기 시작한 1920년 사이의 통계자료를 보면, 극동 러시아 연해주의 고려인 인구가 1917년에 10만명으로 급증했는데, 그중 25퍼센트만이 러시아인으로 귀화한 것으로 보인다.[594]

연해주 지역의 한인촌으로 새로 몰려든 이주민들은 러시아인이나 한인 지주들 밑에서 "농장 일꾼(batrak = farm laborers)"이나 "소작인(arendatory = tenants)"으로 밖에는 일할 수 없었다고 한다.[595] 이로 인해 1890년대에 이주하여 성공한 귀화 고려인 지주와 1910년에서 1920년대에 도착한 이주민들 간에 이미 알력이 있었는데, 이는 정치적 충성심의 격차가 벌어짐에 따라 더욱 심각해졌다. 초기에 이민 왔던 이들은 충실한 러시아인으로서 살고자 했던 반면, 나중에 도착한 이주민들은 극동 러시아에서의 생활을 잠정적인 것으로만 보았기 때문이다.

일본 식민정부는 아이러니하게도, 한국에서 러시아로 들어가는 이주민들을 통해서 러시아에 영향력을 키우고자 하여, 극동 러시아로 가려는 한국인들에게 여권과 모든 증명서를 기꺼이 발급해 주었다. 1910년 한 해만

---

593. RNHA FE, file 87-4-1593, 5-10, in Savelieve, "Militant," 154.
594. George Ginsburgs, "The Citizenship Status of Koreans in Pre-Revolutionary Russia and the Early Years of the Soviet Regime," *Korean Affairs*, 5, no. 2(July 1975), 9; John J. Stephan, *The Russian Far East: A History*(Stanford: Stanford University Press, 1994), 75; Alyssa Park, *Borderland*, 92.
595. Savelieve, "Militant," 153.

해도, 3천9백23명의 새 이주민들이 한국에서 러시아로 넘어갔고, 그들은 남 우수리 지역의 한인촌에 이미 정착해 살고 있던 5만9백65명의 고려인 속으로 들어갔다.[596]

그 지역의 1906-12년 비공식적 통계에 의하면 3만4천3백99명에서 5만9천7백15명으로 늘어서 74퍼센트 증가율을 보였다.[597] 1910년 통계에 의하면, 이들 중 1만7천80명(31퍼센트)만 러시아인으로 귀화했고, 3만6천9백96명은 귀화하지 않아서 한국인의 귀화율은 여전히 삼 분의 일로 기록되어 있다.[598]

이런 경향은 계속되어 1916년 1월 통계를 보면, 블라디보스토크에 살던 2천9백81명의 고려인들 중 8백12명(27.2퍼센트)은 교육받은 직업인이었고, 7백60명(25.5퍼센트)은 기술직의 노동자와 공인, 51명(1.7퍼센트)은 하인이나 운전수, 1천3백57명(45.5퍼센트)은 막노동꾼이었다.[599] 1914년에는 극동 러시아에 살던 한국인들 세 명 중 한 명만이 러시아인으로 귀화해 1910년의 비율과 다름이 없었다.

사학자 박종효와 반병률은 이렇게 낮은 귀화율은 '러시아인을 위한 러시아(Russia for Russians)'라는 운테르베르게르 연해주 주지사가 1905-10년 사이에 쓴 정책 때문이라고도 보았다. 운테르베르게르는 재임 중 고려 이주민들에 대해 적대적인 캠페인을 벌였고, 한국인들이 일본이나 중국의 방대한 대러(對露) 첩보망의 주요 원천이었다고 믿었다.[600]

운테르베르게르의 이런 정책은 1900년에 개통된 바이칼 횡단철도(Trans-Baikal Railway)와 더불어 1902년에 동청철도(Eastern China Railway)가 개통되면

---

596. C. H. Park, [Rosia yonbang], 100-101.
597. Ban, *Koreans*, 162.
598. Chang, *Burnt*, 27; C. H. Park, [Rosia yonbang], 110.
599. RGIA-DV f. 702, op.1, d.1275, 1.25, cited in Chang, *Burnt*, 31.
600. P.F. Unterberger, *Primorskaia oblast, 1856-1898*(St. Petersburg: V. F. Kishbauma, 1900), 114-115; V.V. Grave, Kitaitsy, *Koreitsy I Iapontsy v. Priamur'e*((St. Petersburg: V. F. Kishbauma, 1912), cited in Ban, *Koreans*, 162.

서 백계 러시아인들의 지역 이주가 4백50퍼센트로 급증한 것과도 관련이 있다. 이런 상황에서 여론은 러시아인 농부와 노동자들을 보호하자는 방향으로 기울어졌다. 1907년 11월, 의원의 대다수가 러시아인이었던 보수파 의회 두마(Duma)에서 새로운 선거법이 제정되었다. 이 법은 비러시아계 지역의 대표의원의 숫자를 대폭 줄였고, 극동 러시아에서 외국인들의 이주를 제한하는 법이었다.[601]

두마의 민족주의적 의원들은 비러시아 민족에 대한 억제와 제한을 강력히 주장했다고 해롤드 윌리암스(Harold Whitmore Williams)는 1915년에 출판한 저서 『러시아인을 위한 러시아(Russia of the Russians)』에 썼다.[602]

그러나 이 법안은 오래가지 못하고 1911년 3월 23일에 파기되는데, 그 이유는 고려인들을 싼 임금으로 고용해서 많은 수익을 올리던 러시아 광산회사들의 반대 때문이었다고 반병률은 주장했다.[603]

러시아의 주요 신문 『루스키 베도모스티(Ruskiie Vedomosti =Русские Ведомости)』는 1910년 6월 20일, 한국인들에 동정적인 기사를 게재하였다.

> 많은 한인은 일본이 실질적으로 대한제국을 점령한 이후 러시아를 제2의 조국으로 여기고 러시아에서 영원히 살기를 원해 가장 험한 황무지를 개간하여 옥토로 변화시켰다. 그러므로 한인의 노동 덕분에 아무르 연안지역의 전체적인 농업생산이 향상될 수 있었고 금광에서도 한인이 최근까지 전체 광부의 12퍼센트를 차지하고 있다.[604]

---

601. Harold Whitmore Williams, *Russia of the Russians* (New York: Charles Scribner's, 1915), 79.
602. Williams, *Russia*, 83.
603. Ban, *Koreans*, 162.
604. *Русские Ведомости*, 20(1910), cited in C. H. Park, [*Rosia Yonbang*], 105.

위 내용은 1910-12년에 니콜라이 곤다치(Nikolai Gondatti)가 이끌었던 아무르 탐험단의 보고와 일치하였다. 즉, 러시아의 지방정부는 한인 이주민들이 기여한 바를 제대로 인정하지 않고 있는데 러시아인들은 한인들을 생산성 있는 시민으로 기용해야 한다고 주장했다. 곤다치는 1911-17년에 운테르베르게르의 후임으로 지사가 되어 열심히 일했는데 자신들의 수입 중 80퍼센트 이상을 소비해서 지방경제에 기여하는 한인들을 높이 평가했다.[605]

요약하자면, 러시아의 한인들은 러-일전쟁 이후, 그들의 새로운 조국인 러시아가 오랫동안 황제를 모시던 군주국에서 민족주의적 볼셰비키 정부로 전환하는 과도기에 더욱 곤란을 겪었다. 그와 동시에 극동 러시아의 한인 이주민들은 일본의 식민제국 건설과 러시아의 국가건설 작업의 틈 사이에 끼어 두 나라가 극동 아시아지역의 헤게모니를 잡으려고 안간힘을 쓰는 과도기를 힘들게 겪어야 했다.

1. 디아스포라의 한국 신문

극동 러시아와 만주에서 발간되던 반일 한인신문들은 한국에서 벌어지고 있는 뉴스를 보도하는데 중요한 역할을 하였다. 이런 신문들은 한국뿐 아니라, 러시아와 만주, 미국 등 해외의 다국민 디아스포라에 있던 한국인들에게 애국심을 심어주었다. 19세기 후반에는 선교사들의 노력으로 해외에서 한글로 발간된 신문과 책들을 통해 가능하였는데, 예를 들어, 만주의 봉천(奉天)과 일본의 요코하마에 있던 가톨릭 성서출판소(聖書出版所)의 경우, 1886년에는 나가사키에서 서울로 이전하여 계속 출간하였다.[606]

---

605. C.H. Park, [Rosia Yonbang], 107-108; Ban, Koreans, 162.
606. Michael Kim, "The Trouble with Christian Publishing: Yun Ch'iho(1865-1945) and the Complexities of Cultural Nationalism in Colonial Korea," Journal of Korean Religions, 9: 2(2018), 142.

기독교 선교사들은 기독문학사회(Christian Literature Society, CLS)를 통해 국내외의 재정적 후원을 받아서 신문과 기독교 서적을 독점적으로 발간하였는데, 『독립신문』과 『협성회보』, 『매일신문』이 좋은 예였다.[607]

개신교 선교사들은 헐버트 목사가 출판인으로 있던 트라이링규얼 출판사(Trilingual Press)를 통해 1888년경 많은 출판물을 내어놓았다. 이 출판사는 1892년에 『한국문서고(The Korean Repository)』를, 1896년에는 『독립신문(The Independent Newspaper)』을 발간하였으며, 1900년에 감리교 출판사(Methodist Publishing House)로 이름을 바꿨으나, 일제 탄압을 견디지 못하였다.[608]

『독립신문』은 한글과 영문으로 1896년 4월 7일부터 1899년 12월 4일까지 발행되었다. 초대 편집인은 서재필(Philip Jaisohn)이었고, 훗날 윤치호에게 인계되었다. 1896년 4월 7일 자 첫 호의 논설에서, 이 신문은 한국인들이면 누구든지, 학식이 있든 없든, 양반이나 천민이나, 남녀를 불문하고 주변에서 일어나는 일들에 관해 읽고 이해할 수 있게 하려는 입장이라고 설명했다.

〈논설〉

우리가 독닙신문을 오늘 처음으로 출판하는데 조선 속에 있는 애외국 인민의게 우리 쥬의를 미리 말삼하여 아시게 하노라.

우리는 첫재 편벽되지 아니한고로 무슨 당에도 상관이 업고 상하귀천을 달리 대접 아니하고 모도 죠션 사람으로만 알고 죠션만 위하며 공평이 인민의게 말할 터인대 우리가 셔울 백성만 위할게 아니라 죠션 전국인민을 위하여 무삼일이든지 대어하여 주라함. 정부에서 하시는

---

607. An Chongmuk, "Han'guk kŭndae sinmun-chapchi ŭi paldal sigi e sŏn'gyosadŭl ŭi ŏllon hwaldong e kwanhan yŏn'gu" [Research on the activity of missionaries during the development period of Korean newspapers and journals], *Han'guk ŏllon hakpo* 48:2(2004), 6-7, quoted in Kim, "The Trouble," 143.

608. Kim, "The Trouble," 142.

일을 백셩의게 젼할터이요 백셩의 졍셰를 졍부에 젼할 터이니 만일 백셩이 졍부일을 자셰이 알고 졍부에셔 백셩에 일을 자셰이 아시면 피차에 유익한 일만히 잇슬터이요 불평한 마음과 의심하는 생각이 업셔질 터이옴. 우리가 이신문 츌판하기는 취리하랴는게 아닌고로 갑슬 헐허도록 하엿고 모도 언문으로 쓰기는 남녀 샹하귀쳔이 모도 보게 함이요 또 귀졀을 떼여 쓰기는 알어 보기 쉽도록 함이다. 우리는 바른 대로만 신문을 할터인고로 졍부 관원이라도 잘못하는이 잇스면 우리가 말할 터이요 탐관오리 들을 알면 셰샹에 그사람의 행젹을 폐일터이요 사사백셩이라도 무법한일하는 사람은 우리가 차져 신문에 셜명할터이옴. 우리는 죠션대군쥬폐하와 죠션졍부와 죠션인민을 위하는 사람드린고로 편당잇는 의논이든지 한쪽만 생각코 하는 말은 우리 신문샹에 업실터이옴. 또 한쪽에 영문으로 긔록하기는 외국인민이 죠션 사졍을 자셰이 몰은 즉 혹 편벽된 말만 듯고 죠션을 잘못 생각할까 보아 실샹 사졍을 알게하고져하여 영문으로 조금 긔록함.

우리신문이 한문은 아니쓰고 다만 국문으로만 쓰는거슨 샹하귀쳔이 다보게 함이라⋯. 죠션국문이 한문보다 얼마가 나흔거시 무어신고하닌 쳣재는 애호기가 쉬흔이 됴흔 글이요 둘태는 이글이 죠션글이니 죠션 인민들이 알어셔 백사을 한문대신 국문으로 써야 샹하귀쳔이 모도 보고 알어보기가 쉬흘 터이라⋯.[609]

한국인들은 세종 대왕이 학자들을 집현전에 모아놓고, 매일 상용하는 언어를 문자로 표기할 수 있도록 하여, 드디어 1443년에 자음 14개와 모음 10

---

609. *The Independent*, Vol. 1, No. 1(April 7, 1896).

개를 쓰는 한글 문자를 발명하기 전에는 쓰고 읽을 수 있는 고유의 문자가 없었다. 이 독자적 문자체제는 한글 또는 훈민정음(訓民正音)이라 불렸고 1446년에 세종 대왕이 공표하였다.[610]

그때까지는 양반계층만이 서당(書堂)이라는 곳에서 중국의 한문을 배워서 읽고 쓸 수 있었다. 가난한 평민들은 배울 수도 없던 한문(漢文) 대신, 한국말과 같은 발음기호를 써서 쉽게 만든, 24개의 문자(원래는 28자)로 형성된 한국인들의 고유한 언어, 즉 한글이 생긴 것이었다. 그리하여 상기 논설에서 선언했듯이, 『독립신문』은 진실로 빈부를 막론한 한국인의 신문으로 발행된 것이었다.

이 신문을 통해 한국의 평민들은 국내외에서 일어나는 일을 역사상 처음으로 읽을 수 있게 되었다. 그때까지는 모든 공식 문서와 정보가 한문으로 쓰였기 때문에, 평민들은 암흑의 세계에서 살고 있었던 것이다. 한문이 상류사회의 언어, 즉 "세력권의 언어(language of power)"로서 양반들에게만 국한되었던 것을 누구나 쉽게 배워서 읽을 수 있는 한글로 신문이 인쇄된 것은 획기적인 발전이었다.[611]

『독립신문』은 1904년 2월 26일 자로 고종 황제가 본인의 안전을 찾기 위해 러시아 공사관으로 피신했다고 보도했다. 고종 황제가 궁궐에서 러시아 공사관으로 야밤에 도피했다는 소식에 전국은 즉시 흔들렸다. 아래 제시된 논설문은 읽기 쉬운 한글로 한국인들에게 이를 명백히 알린 것이다.

대군쥬 폐하께서 위험하심을 여희지 못하셔서 대궐을 떠나시고 아라

---

610. Ki-baik Lee, *A New History of Korea*, [Translation of Han'guksa Sillon(韓國史新論) by Edward W. Wagner](Seoul: Ilchokak, 1984), 192.
611. Anderson, *Imagined Communities*, 45.

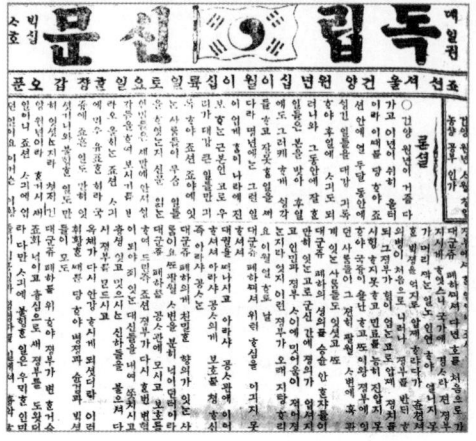

『독립신문』,
1896년 2월 26일 자 논설.

샤 공사관에 이어하셔서 아라샤 공사에게 보호를 청하신 즉 아라샤 공사는 대군쥬 폐하의게 친밀한 향의가 있는 사람이요 또 팔월 사변을 분히 여기던 터이라 대군쥬 폐하를 공사관에 모시고 보호를 하여 드린즉 죠선 정부가 다시 한번 변혁이 되어 죄있는 대신들을 내어 쫓으시고 충성있고 믿으시는 신하들을 불으셔 다시 정부를 만드시고 옥체가 다시 안강하시게 되셨더라.[612]

이 아관파천(俄館播遷)은 조선의 군주가 러시아 공사관[俄館]에 피신[播遷] 했던 일을 말하는데, 이는 공사 이범진과 주한 러시아공사 웨버가 비밀리에 진행했던 사건이다. 아관파천은 1896년 2월 11일부터 1897년 2월 20일까지 1년 이상 계속되었다. 한국 사람들은 그들의 군주가 무력하고 나약하여 일본인들을 피해 러시아 공사관에 일 년 이상 머물러 있었다는 사실을 국치로 여겼으며, 자신의 궁궐에서 불과 몇 발자국 옆에 있는 외국인의 '감

---

612. "론설(Editorial)," 독립신문 [*The Independent*], Vol. 1, No. 114(1896.02.26).

옥'에 스스로 갇혀 있었다고 보았다.[613]

그럼에도 불구하고, 고종은 러시아 공사관에 가 있는 동안, 몇 가지 혁신적인 방안을 내놓았다. 예를 들자면 '상투 자르기 명령(the top-knot rule)'을 취소시킨 것이 그중의 하나이다. 이런 행위는 일본을 자극했다. 후레드 해링튼(Fred Harvey Harrington)은 이 사건에 대해서 "러시아가 우세한 입장에 있고 일본은 까마귀를 먹고 있다(Russia is on top and Japan is eating crow)"라고 했다.[614] 이는 러시아가 조선의 왕궁과 결탁하여 일본보다 우세한 입장에 있음을 말한 것이었다. 이와 같이 두 나라 사이의 상황은 매우 긴장되어 있었다.

1904년 7월 18일, 『대한매일신보(Korea Daily News)』가 영국인 주필 배설(Ernest Thomas Bethell, 裵說)과 양기탁의 이름으로 영문과 국한문을 혼용해 발행을 시작하였다. 이전에 런던『데일리 크로니클』(London Daily Chronicle)』에서 일했던 배설은 한국에 대한 일본의 권력 남용에 관해 매우 비판적인 기사를 여러 번 썼는데, 그는 영-일조약에 준해서 영국인으로서의 치외법권을 행사할 수 있었기 때문이었다.[615] 『대한매일신보』는 1907년에 제정된 신문법의 '발행 전 검열법(pre-publication censorship)'에서도 제외되었고, 매일 세 가지의 신문을 발행하였다.[616]

배설의 집필 하에, 『대한매일신보』는 1만3천 부로 제일 판매 부수가 많은 신문이 되었다. 서울의 다른 신문사들이 대놓고 표현할 수 없던 일본에 대한 좌절감과 같은 황색인종 국가로서의 배반감을 기사로 실었다.[617] 예를 들

---

613. C. H. Park, [Rosia Kungnip···yoyakchip], 93.
614. Fred Harvey Harrington, *God, Mammon and the Japanese*(New York: Arno Press, 1980, c1944), 254.
615. Michael E. Robinson, "Chapter 8. Colonial Publication Policy and the Korean Nationalist Movement," *in The Japanese Colonial Empire, 1895-1945*, edited by Ramon H. Myers and Mark R. Peattie(Princeton: Princeton University Press, 1984), 315.
616. Schmid, *Korea Between Empires*, 48.
617. Schmid, *Korea Between Empires*, 51.

어, 1904년 8월 4일 자 논설은 바로 러-일전쟁에 관한 것으로, 만주의 대련에 집결된 4만 명의 러시아 군대가 일본군을 아무런 문제 없이 내려칠 준비가 되어있다는 내용이었다.[618]

그러나 급작스런 배설의 사망과 함께 신문은 1910년 5월 20일 폐간되었다가, 『매일신보(每日新報)』로 이름을 바꾸어 발행되었다. 그 후로는 일세강점기가 끝날 때까지 '식민 정부의 공식 대변인(the official mouthpiece of the colonial authority)'으로서 남아있었다.[619]

영향력 있는 해외의 많은 한국 지식인은 한국의 대중을 계몽하고 자치권을 되찾으려는 노력으로 집회를 열고 신문·잡지를 발행하기 시작하였다. 그들은 사학자 베네딕트 앤더슨(Benedict Anderson)이 쓴 책에서 '상상 속의 공동체(imagined community)'라고 표현했던, 눈에 보이지 않는 공동체를 활자라는 매개체를 이용해 도모하였다.[620]

이와 같이 한국어로 발행된 신문과 잡지들은 극동 러시아, 만주, 하와이, 캘리포니아, 그리고 한국을 포함해 세계에 퍼져있던 한인 디아스포라인들에게 "집단적인 열망의 풍경(landscapes of collective aspirations)"을 묘사해 주어 공동목적을 추구하는 집단을 만드는 역할을 하였다.[621]

2. 디아스포라의 애국단체

7만 명의 세력을 가진 의병군의 저항이 거세게 일어 만주 지역에서 일본군을 공격하였으나, 1908년 일본군의 소탕 작전으로 의병들은 극동 러시아

---

618. 大韓每日新報, no. 16(1904.08.04).
619. Schmid, *Korea Between Empires*, 51.
620. Anderson, *Imagined Communities*, 7.
621. Ong, *Flexible Citizenship*, 55.

지역에 새 근거지를 찾아야 했다.[622]

이강(李剛)이 이끌던 대한인국민회(大韓人國民會, KNA)와 샌프란시스코에 있던 공립협회(共立協會)의 계몽운동(啓蒙運動, The Enlightenment Movement)도 1908년 가을에 극동 러시아와 만주로 본거지를 옮겨서 블라디보스토크를 중심으로 활동하기 시작했다.

대한인국민회가 미국 서부에서 러시아로 옮긴 이유는 미국의 영향력을 의심하는 러시아 정부 때문이었는데, 신민회(新民會)와 유학회(游學會), 대한인국민회(國民會=Korean Nationalist Association, KNA) 등의 단체 덕분에 조직적인 항일투쟁이 큰 효과를 거뒀다. 블라디보스토크에서 발간되던 한국 신문들-『해조신문(海朝新聞)』과 『대동공보(大東共報)』-의 보조를 받으면서 국민회는 극동 러시아와 만주 지역의 한인 디아스포라를 뚫고 들어갔다.[623]

대한인국민회는 1909년 하와이와 샌프란시스코에서 박용만, 이승만, 안창호에 의해 세워져 폭넓은 독립운동을 해나갔다.[624] 가장 활약이 많았던 단체인 국민회(KNA)는 러시아 연해주에 지사를 여러 곳 열었다. 즉, 블라디보스토크, 니콜스크, 이만(Iman), 하바롭스크, 블라고베셴스크, 이르쿠츠크(Irkustsk), 티유멘(Tiumen), 크라스노야르스크(Krasnoiarsk), 베르흐네우진스크(Verkhneudinsk, 현 Ulan Ude) 등에 열렸고 1914년에는 총 33군데에 지사가 있었다.[625]

『대동공보(大東共報)』는 『해조신문』이 폐간된 이후, 블라디보스토크에서 최재형의 후원을 받아 1908년에 다시 발간된 것이다. 한일합병의 뉴스가 디아스포라에 미치자, 『대동공보』는 8월 29-30일에 1910년 8월 22일에 조

---

622. Saveliev, "Militant Diaspora," 150.
623. Ban, "Koreans," 163; Alyssa Park, *Borderland*, 248.
624. Saveliev, "Militant Diaspora," 151.
625. Saveliev, "Militant Diaspora," 151.

인된 국권침탈에 대한 기사를 공포할 계획을 세웠다. 그러나 운테르베르게르 지사는 격한 논조가 동요를 일으킬 것을 우려해 기사를 싣지 못하도록 신문을 폐간시켰는데, 이는 러시아가 일본과 우호적인 관계를 유지하기를 원했기 때문이었다.[626]

대한인국민회는 8월 25일에 블라디보스토크에서 한인들이 모이는 자리를 마련했다. 여기에 총 2천3백24명(혹자는 2,821명이라고도 했음)이 모여서 미국 워싱턴 주재 외무부 장관과 "유럽과 미국 그리고 중국 열강 제위(To the great powers of Europe and America, and to China)" 앞으로 보내는 일본의 한국 합병에 항거하는 선언문을 낭독하였다.[627]

1905-10년에 이범윤은 휘하의 의병들을 만주의 간도에서부터 극동 러시아로 이끌고 가서 최재형, 이위종, 안중근, 엄인섭, 김기룡과 힘을 합하여 동의회(同義會)를 창립하였다. 이 그룹은 자주 일본군을 격렬하게 습격했는데, 1908년 여름에 가장 활발했다.[628] 일본 방위성은 이런 습격을 막기 위해 추가병력을 보냈는데 그것은 아래에 다시 다룰 것이다.

1907년에 만든 신문사 법(新聞社法, Shinbunshi hô)을 들어 일본은 한국에서 발행되는 신문기사의 검열과 언론 규제를 더욱 강화하였으므로, 해외에서 발행되는 한국어 신문이 일본을 규탄하는 역할을 맡게 되었다.[629] 이러한 공격에 앞장선 것은 『해조신문(海朝新聞)』이었다. 블라디보스토크 최초의 한국어 신문인 『해조신문』은 1908년 2월부터 7월까지 한국인공제회장(韓國人共濟會長)이었던 최봉준의 지휘하에 발간되었다.

---

626. C. H. Park, [Rosia yongbang], 190; Saveliev, "Militant Diasporas," 152.
박환, 러시아지역 한인언론과 민족운동 경인문화사 2008.
627. Saveliev, "Militant Diasporas," 151, reported 2,324 participants, whereas C. H. Park, [Rosia yongbang], 193, reported 2,821 who signed the declaration.
628. Ban, "Koreans," 163.
629. Robinson, "Colonial Publication Policy," 312; Saveliev, "Militant," 152.

1907년에서 1910년 사이에, 이강의 『대동공보(大東共報, The New Korean World Wide)』가 샌프란시스코에서 발행되었는데 이는 로스앤젤레스에서 발행된 『신한민보(新韓民報)』와 함께 매우 영향력 있는 신문이었다.[630] 1909년부터 1944까지 발행된 『신한민보』는 많은 기사를 통해 본국과 해외에 있던 한국인들에게 뉴스를 전하는 중요한 역할을 하였다.[631]

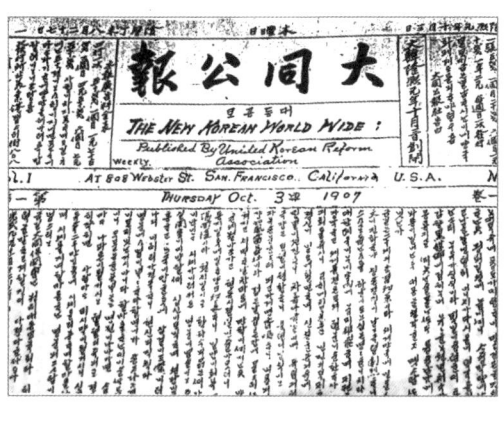

『대동공보』, 1907년 10월 3일 자.

이러한 신문들은 한반도의 정세에 관한 뉴스를 캘리포니아, 극동 러시아, 그리고 만주의 디아스포라에 전파했다. 예를 들어서, 헐버트 박사와 같은 선교사들의 활약과 의병들이 전 지역에서 일본군과 대항해 싸우던 활동상, 일본에서 일어난 홍수 등의 기사가 실린 것을 『대동공보』 1907년 10월 3일 자에서 볼 수 있다.

권업회(勸業會)는 극동 러시아에서 최재형이 설립한 단체로서, 항일운동에 역점을 두었고, 편집인 신채호의 지휘하에 1912년, 한국어로 『권업신문

---

630. *Taedong Kongbo*(大東共報, *The New Korean World Wide*, published by United Korean Reform Association), October 3, 1907, Vol. 1, No. 1.
631. *Shinhan minbo*(新韓民報), 1909-04-07, 1909-04-28··· 1944-10-26.

(勸業新聞)』을 발행하는 등 중요한 일을 하였다. 이 모든 신문은 한국인들의 협력을 도모하고, 러시아 한인들의 항일운동과 국권 침탈에 항거하는 목소리를 높이는 데 이바지하였다.[632]

1892년에서 1910년 초반을 거쳐 1930년대까지의 긴 세월 동안 한국, 캘리포니아, 극동 러시아와 만주에서 발간된 신문과 월간지들에 관한 간략한 정보를 정리하면 아래와 같다.

신문	발행기간	발행언어	발행기관/처	편집인
The Independent (獨立新聞)	1892-1899	한글/영문	독립협회(Independence Club)(서울)	서재필, 윤치호
Korean Repository (월간지)	1892, 1895-1898	영문	Trilingual Pressà Methodist Pub. House(서울)	Homer Hulbert, F. Ohlinger
Hwangsung Sinmun(황성신문, Capitol Gazette)	1898-1910	한글/한문	Independent Association(서울)	남궁억
The Korea Review(월간지)	1901-1906	영문	Methodist Publishing House(서울)	Homer Hulbert
Korea Daily News (大韓每日新報)	1904-1910	한글/영문	(서울)	Ernest T. Bethell, 양기탁
Daily News (每日新報)	1910-	한글	총독부(서울)	
Haejo Sinmun (海朝新聞)	1908	한글	한인동호회(Vladivostok)	최봉준, 장지연
Taedong Gongbo(大同公報)	1907-1910	한글	New Korean World Wide (San Francisco)	이강
Taedong Sinbo (大同新報)	1910-	한글	(Vladivostok, RFE)	최재형, 이강
신한민보(新韓民報)	1909-1944	한글	대한국민회(KNA) (Los Angeles)	안창호
권업신문(勸業新聞)	1912-	한글	권업회(Vladivostok)	신채호, 이상설, 장도빈
만몽일보(滿蒙日報)*	1933-1937	한글	(만주 봉천)	
간도일보(間島日報)*	1936-1937	한글	(만주 용정)	
만선일보(滿鮮日報)*	1937-	한글	(봉천, 서울, 동경 외 만주의 여러 도시)	이용석, 염상섭

한국, 극동 러시아, 만주와 미국에서 발행된 신문들

---

632. C. H. Park, [Rosia yonbang], 204; Saveliev, "Militant," 152-153.

1908년 5월 7일, 서울에서 발행된 『대한매일신보』는 한인 신문들-『해조신문』,『공립신문』,『합성신문』-이 1907년에 제정된 신문법 34항에 따라 통감부에 의해 폐간된 사실을 보도했다. 폐간 이유로는 "치안 방해"가 언급됐다.[633] 1892년에서 1910년까지는 대부분의 한국 신문이 캘리포니아, 서울과 블라디보스토크에서 발행되었으나, 『만선일보(滿鮮日報)』와『만몽일보(滿蒙日報)』,『간도일보(間島日報)』는 만주에서 한국어로 발행되어, 1930년대 후반까지도 독립운동과 의병 활동 상황을 보도하고 항일투쟁을 고무시키는 역할을 하였다.

『만몽일보(滿蒙日報)』는 1933년 8월에 심양(瀋陽, 奉天, Mukden)에서 처음으로 발간되었다.[634]『간도일보(間島日報)』는 1936년에 발간되었으나 이용석의『만몽일보(滿蒙日報)』에 흡수되었다가, 1937년 5월에 염상섭을 주필로 한『만선일보(滿鮮日報)』로 다시 등장하였다.『만선일보』는 만주에 살던 조선인들의 생활에 중요한 매개체가 되었고, 서울과 동경을 비롯한 여러 도시에 지사를 두고 운영되었다. 일제 강점기에 한국에서 발행된 유일한 신문이었던『동아일보』와『조선일보』는 1940년 8월에 총독부에 의해 폐간된 후,『매일신보』만이 일본의 정보통신 매개체로 유일하게 남았다.[635]

『권업신문』을 발행한 권업회(勸業會)는 극동 러시아에 있던 70여 개 한인학교의 재정을 보조해 준 중요한 단체였는데, 그중에 잘 알려져 있던 학교로는 계동학교와 세동학교, 신동학교가 있었고, 제일 유명한 것은 신한촌(新韓村)에 세워진 한민학교(韓民學校)였다. 2백40명의 학생이 재학했던 한민학교는 극동 러시아에서 제일 큰 한인 학교로 수학, 과학, 역사, 음악, 체육

---

633. 大韓每日新報: 대한매일신보, 1908. 5. 7, p.2.
634. Kim, et al., [Korean Diaspora,] 183.
635. Kim, et al., [Korean Diaspora,] 231.

까지 폭넓은 교과과정을 가지고, 한국어와 외국어도 가르쳤다. 성경교육과 함께 음악 시간에는 한국노래-"〈한국 사람〉, 〈고향의 노래〉, 〈투쟁의 노래〉, 〈청년 전사의 노래〉"-를 통해서 학생들에게 반일 민족정신을 깊이 심어주었다고 한다.[636]

이처럼 한인 학교들을 후원함으로써, 권업회는 한인 학생들에게 항일정신을 심어주는 데 주력하였고, 지방신문-『해조신문』과 『대동공보』-과 손을 잡고, 한인 사업체들의 성장과 한국인으로서 좀 더 나은 생활을 할 수 있도록 후원해 주었다.[637] 권업회의 최재형, 최봉준, 김학만 등의 강력한 지도자들은 이범윤, 유인석, 홍범도 등의 의병 지도자들과 손을 잡았고, 이상설, 신채호, 이동휘 등이 극동 러시아 이주민 사회에 계몽운동을 퍼뜨리는 데도 협력하였다.[638]

1914년경, 극동 러시아의 열 개 도시에 지사를 두고 있던 권업회는 1914년 1월까지 회원 수가 7천 명이었으나 같은 해 7월에는 1만 명으로 증가했다. 『권업신문』은 1천4백 명의 독자를 가지고 있었으며, 한인들의 경제발전뿐 아니라 모국의 독립을 위한 정치운동에도 힘을 기울였다. 『권업신문』은 일본의 식민행정에 관한 기사를 많이 실었는데, 예를 들어 1912년 8월 18일자 논설에서는 이렇게 썼다.

> 일본인이 한국 13도를 넓은 교도소로 만들었으며, 그 안에 살고 있는 우리 동포는 다 일본인의 죄수며, 우리나라에서 쓰는 일본의 법률과 정치는 다 우리의 교도소 규칙이며, 우리나라의 일본 군사시설은 다

---

636. C. H. Park, [Rosia yonbang,] 204. 박환, 러시아한인민족운동사, 탐구당, 1995.
637. C. H. Park, [Rosia yonbang,] 204.
638. C. H. Park, [Rosia yonbang,]205.

우리의 큰 형구다.[639]

이 논설은 일본 정부가 1백5명의 한인들을 잡아서 고문한 사건을 말하는데 일본이 주장하는 법치적 사명(mission législatrice) 즉, 세계 제국주의 국가들과 같은 법적 언어를 씀으로써 일본의 한국병합을 정당화하려는 노력이 어떤 결과를 낳고 있는지를 실증하고 있다.[640] 이처럼 해외 디아스포라의 애국 지성인들이 발행한 신문은 한반도 내에서 일본 식민 정부의 억압 속에서도 계속된 항일운동에 큰 힘을 불어 넣었다.

러시아가 1905년에서 1917년까지 혁명이라는 진통의 격변기를 겪는 동안, 새 조국인 러시아에 자리를 잡았던 고려인들에게는 다시 고난이 닥쳤다. 그들이 어떤 노력으로 이 어려움을 통과했는지 살펴볼 것이다.

3. 제정 러시아인에서 공산당원이 된 고려인

극동 러시아의 한인신문들이 한국 민족주의와 항일정신을 심어주며 한인들을 고무하던 한편, 러시아 신문들 또한 러시아를 향한 한인들의 충성된 마음을 표현했다. 예를 들어 한인들은 1910년 8월 19일에 『달니 보스톡(*Dalny Vostok* = *Far East*)』이라는 지방신문에 공개 선언서를 게재하고 러시아 제국을 향한 충성심을 표시하였다. 이들은 자신들이 제2 또는 제3대 한인으로서 "러시아화됐고 충성스러운(Russified and loyal)" 러시아 백성이라고 외쳤다.

---

[639]. Kwonup sinmun, "Editorial," 1912. 8. 18, in C.H. Pak, Rosia yonbng, 206; 박환(Park Hwan). 러시아한인민족운동사 [History of the Russian-Korean People's Movement](Seoul: Tamgudang, 1995), 175.
[640]. Dudden, *Japan's Colonization*, 3.

청원서.

우리는 프리모리 지역 블라디보스토크, 니콜스크-우수리스크, 하바롭스크 등의 고장에 있는 한인협회의 열여섯 명 대표로서, 1910년 8월 19일 블라디보스토크 시에서 협의한 결과, 러시아 정부가 한인들도 러시아의 백성으로 받아줄 것을 청원하기로 결의하였다. 우리 한인들이 러시아 영토에서 오랜 세월 살아왔고, 모국과의 관계는 다 끊어진지 오래되었으니, 러시아가 우리의 모국임을 인정해 주기를 바란다. 우리는 타민족들과 같이 충성된 러시아인으로서 동등한 권리를 갖고 살기를 원하며… 러시아의 황제에게 충성을 바치기를 약속하고, 극동에서 러시아 군대의 대열에 서기를 원하는 바이다…. 우리는 프리모리 지역의 여자와 아동을 포함하지 않은 9천7백80명의 남성 회원을 가진 한인협회들을 대표하여 청원하는 바이다. 1910년 8월 19일, 블라디보스토크에서.(영문 각주 47)[641]

이 청원서를 통해서 9천7백80명의 한인들이 러시아의 백성으로 충성하고 병역과 모든 의무를 질 것을 약속한 것이다. 같은 신문에 게재된 또 다른 기사에는 수백 명의 한인 아동들이 러시아학교에 입학하였고, 그중의 다수가 중등교육을 완료했으며 러시아인으로서 새로 찾은 조국을 위해 일하고 있다고 기술되어 있다.[642]

또한 러시아 시민으로 귀화한 한인들이 러시아군에 기쁜 마음으로 복무하고자 한 것은 러시아 사람으로서 동등한 권리가 주어졌음을 증명하는 것이라 여기기 때문이었다. 1915년도에는 하바롭스크, 블라디보스토크와 벨

---

641. Chang, *Burnt*, 23.
642. Chang, *Burnt*, 23, with an unidentified date of "ca. 1910."

리에소브키(Beliye Sovki)에 사는 3천 명의 고려인들이 시민권을 신청하였다. 그라베(V.V. Grave) 지사는 많은 고려인이 러시아 군대에 종사하고 있다는 사실을 인정했다.[643]

그들의 자식들은 나이가 차면 학교에 입학하였다. 당시 8백16명의 남학생과 46명의 여학생이 러시아정교회에서 운영하는 20개 미션스쿨에 재학 중이었고, 어떤 아이들은 러시아 정부에서 운영하는 세 곳의 공립학교에 다녔다. 이 세 학교 중 하나는 블라디보스토크의 한인들이 마련한 자본금으로 개교된 곳으로 포드스타빈(G. V. Podstavin)이라는 교장이 운영하고 있었다.[644]

한인들은 1917년 2월에 일어나 황제를 제거한 러시아혁명[二月革命]에 적극 참여하여 러시아인으로서 충성심을 발휘하였다. 그들은 또 1917년 6월, 니콜스크-우수리스크(Nikolsk-Ussurisk)에서 최초의 고려인 사회주의자 궐기대회(First General Assembly of Korean Socialist Rally)를 개최하였는데, 초기 개척 이민자들인 원호인(元戶人)과 새로 들어온 여호인(餘戶人)들이 여러 도시에서 온 96명의 대표들과 함께 참석하였다.[645]

그러나 대부분 막노동에 종사하고 있었던, 여호인들은 원호인들에 대해 불만이 많았다. 초기 이민자인 원호인들은 생활 기반이 잡혀 있었고, 이미 러시아로 귀화해 한국의 독립이나 볼셰비즘에는 별로 관심이 없어 보였기 때문이다.[646]

1919년 제1차 세계대전에 러시아군으로 참진했던 한인 4천 명이 귀항하

---

643. В. В. Граве, quoted in, C. H. Park, [Rosia Yonbang], 138.
644. C. H. Pak, [Rosia Yonbang], 94.
645. Chang, *Burnt*, 33; C. H. Park, [Rosia Yonbang], 236; Ban, "Koreans," 163.
646. Ban, "Koreans," 161.

여 디아스포라의 한인들에게 볼셰비키로 전향할 것을 강권하였다.[647] 1920년대에 일어났던 코레니자치야(Korenizatsiia, indigenization) 과정에 소수민족을 교육해 소비에트 열성분자로 전향시키려는 프로그램이 있었는데, 이는 한인들을 사회주의자로 만들려는 것이었다.[648] 이 프로그램으로 젊은 세대는 전향했지만, 한인 커뮤니티 속에서 러시아인으로 동화하는 문제를 놓고 세대 간에 알력이 생기는 결과를 초래했다.

디아스포라의 한인들은 귀화했든 안 했든 새로운 소비에트 러시아를 지원한다는 것을 보여주는데 열성적이었다. 진정한 충성심에서였든지, 격동하는 정치 환경 속에서 살아남으려는 본능에서였든지 간에, 그들은 러시아 혁명과 1차 대전에도 러시아 군인으로 참여하여 충성을 표시했다.

다음에 볼 것은, 극동 러시아와 만주의 한인들 간에 존재했던 극심한 차이-가족·사회적 배경, 교육 수준과 지도급의 위치-가 이주민 지역사회에 가져온 많은 갈등이다.

여기서 한번쯤 언급을 할 필요가 있는 것은 고종 황제가 총애했던 이범진(李範晉, Yi Bom-jin)이 러시아공사로 임명받았던 것이다. 『고종실록』1899년 3월 15일자 기록을 보자.[649]

> 미국에 주재한 특명전권공사(特命全權公使) 이범진은 러시아(俄羅斯), 불란서(法蘭西), 오스트리아(澳地利國) 세 나라에 겸임 주재하도록 하라.

---

647. Chang, *Burnt*, 31.
648. Chang, *Burnt*, 32.
649. Gojong Sillok, "특명전권대사 이범진을 러시아, 불란서, 오스트리아에 주재하라고 명하다 [Yi Bom-Jin is hereby appointed as Plenipotentiary Consular to Russia, France, and Austria]," Vol. 39, No. 3(1899.3.15)

이미 미국에 특명전권공사로 주재하고 있었던 이범진을 러시아, 불란서, 오스트리아 세 나라의 공사로 임명한 것이다. 이범진은 고종과 인척인 측근 인물로서 1898년 아관파천에도 큰 역할을 한 것으로 알려져 있다.

이범진 공사는 러-일전쟁 중에도 러시아공사로 있었는데, 전쟁이 끝나자, 일본의 주타로 고무라(小村壽太郎) 외무대신은 이범진이 상트 페테르부르크의 공사로 머물러 있는 것을 못마땅하게 여겨, 1904년 5월 28일, 다음과 같이 문제를 제기하였다.

> 한국은 이제 러시아와 맺었던 모든 조약과 협약들이 파기되었으니, 상트 페테르부르크에 주재하는 공사는 소환하는 게 옳지 않은가? 더구나 그는 친러 성향이 다분한 사람이라고 들리는데?(영문 각주 48)[650]

고무라가 이처럼 반기를 든 것은 이범진이 친러파임을 떠나서, 한국이 외교권이 없다는 것을 주장한 것이다.

마침내 이범진 공사의 직책이 박탈되고 고종으로부터 재정 보조가 중단된 후에, 러시아의 니콜라이 II세 황제는 이범진에게 소액의 재정 후원을 해주었다. 러시아 외교관들 간에 '이씨 왕자(Prince Yi)'라고 불렸던 이범진은 계속 고종과 기밀 통신이나 전문을 주고받았으나, 대한제국이 망한 것에 비분해 1911년 1월 13일에 자결하고 말았다.[651] 러시아 사학자 세르게이 쿠르바노브(Sergei Kurbanov)는 이범진과 그의 측근 한국인들에 관한 조사 보고

---

650. NGB, "駐露韓國公使引揚 必要 件," B18010437400, May 28, 1904, 461-463.
651. Sergei Olegovich Kurbanov, *Корейская дипломатическая миссия в Санкт-Петербурге в 1900-1911 гг.* (Деятельность ч. п. п. м Ли Бомчжина). Избранные материалы [Consulate General of the Republic of Korea in St. Petersburg, Russia, 주 러시아 대한제국 공관 1900-1911: 이범진 공사의 활동에 대한 자료집] [Collected Records on the Activities of Yi Bom-jin, Korean Consular to Russia:1900-1911](St. Petersburg: Korean Consulate, 2016), 171.

서 1백여 종이 러시아 아카이브에 소장되어 있다고 말했다.[652]

이범진은 양반 가문에서 태어나서 러시아와 미국 등지에서 외교관으로 고종 황제를 모시다가, 디아스포라의 한 사람으로 국경을 넘어서 모국의 자주 통치권을 되찾기 위해 노력하였다. 그는 "나는 결국 나라도, 가족도, 미래도 없는 망명인으로서 외로운 생애를 마친다"라고 유언에 썼다.[653] 이범진의 사례와 같이 망해 없어진 나라의 외교관이 "정부 없는 대사관 (embassy without government)"의 신세로 전락한 모습을, 또 다른 외교관, 일본 주재 러시아공사관의 아브라코소브(Dmitrii I. Abrikossow)가 남긴 회고록에서도 볼 수 있다.[654]

『상트 페테르부르크 가제타(The St. Petersburg Gazette)』는 한일합병의 뉴스를 1907년 7월 12일 자로 실었다. "스스로 물러나는 대한제국의 황제"라는 만화를 곁들여서 한국의 자주권 상실을 보도했다.[655]

4. 극동 러시아의 고려인 지도층

1863년에 조선에서 극동 러시아로 올라간 첫 이주민들이 1870년대에 조성한 디아스포라는 블라디보스토크의 개척리라 불렸고, 그후 1910년대에 이동한 신한촌은 대한 독립운동의 중심지 역할을 하였다. 신한촌에 많은 한인들이 모여서 권업회를 중심으로 활동하였다.[656] 이 그룹의 지도자들은

---

652. Kurbanov, [Consulate General], Translated by Kim Kyung-Joon(Seoul, Ministry of Foreign Affairs, 2018), 83.
653. Ban, Byung-Yool, "이범진(李範晋)의 자결(自決) 순국과 러시아와 미주 한인사회의 동향(動向) [Yi Beom-Jin's Suicide Martyrdom and Korean Communities in Russia and the US: Centering on the Period after 1905]," *The Journal of Korean Studies*, Vol. 26(2010), 340.
654. Dmitrii I. Abrikossow, *Revelations of a Russian Diplomat: The Memoirs of Dmitrii I. Abrikossow*, ed. by George Alexander Lensen(Seattle: University of Washington Press, 1964), 26.
655. Kurbanov, Корейская, 132.
656. 사진으로 본 러시아 한인의 항일 독립운동. 제3권. 3.1 운동 100주년 기념. [РОССИЙСКИЕ КОРЕЙЦЫ В БОРЬБЕ ЗА НЕЗАВИСИМОСТЬ КОРЕИ ФОТОПОРТРЕТЫ КНИГА 3 = Photographic Representation of the Anti-Japanese Independence Movement of Koreans in Russia(Author's translation)], (Seoul-Moscow: 한울, 2019), 34.

"스스로 물러나는 대한제국의 황제".
『상트 페트르부르크 가제타』에 실린 만화,
1907.7.12, No. 188, p.2[657]

이범진 공사의 아들이자 고종의 특사로 헤이그 평화회담에 파견된 이위종, 상해 임시정부를 설립한 이동휘, 적군에서 싸운 오하묵, 백군에 속했던 김인수 등이 포함됐다.

한편, 초기의 개척자인 최재형 등의 중심 세력과 손잡고 단합한 동의단지회는 안중근을 비롯한 12명으로 구성되었는데, 넷째 손가락을 잘라 한국의 독립을 위해 싸울 것을 맹세한 단체였다. 안중근은 하얼빈 기차역에서 이토 히로부미를 암살함으로써 애국지사로 손꼽히게 되었다.[658]

2019년 3월에 삼일운동 100주년 기념사업으로 서울과 모스크바에서 동시 출판된 『사진으로 본 러시아 한인의 항일 독립운동』이라는 책에는 극동 러시아에서 활약했던 50명의 레지스탕스 지도자급 디아스포라인들의 모습과 배경, 독립운동에 기여한 역할 등이 기록되어 있다.

어떤 이들은 조선에서 태어나 가족들과 함께 어린 나이에 이주하였고, 어떤 이들은 극동 러시아에서 태어났다. 어떤 이들은 한국, 일본, 러시아에

---

657. Kurbanov, Корейская, 130.
658. 사진으로 본 러시아 한인 [РОССИЙСКИЕ], 39. 박환, 민족의 영웅 시대의 빛 안중근, 선인, 2013

서 교육받은 엘리트층이었던 반면, 또 어떤 이들은 무학의 노동자 또는 가난한 농부 출신이었다.

이범윤과 이용(이준 열사의 아들)처럼 한국의 양반 가문에서 태어난 이들도 있었고, 어떤 이는 극동 러시아에서 성공하여 치부를 한 상인의 자식으로 태어난 이도 있었으나 대부분은 한반도 전역에서 이주한 가난한 농민의 가정에서 태어났다. 많은 이들이 러-일전쟁 시 러시아군에 종군했고, 어떤 이들은 러시아 혁명기에 적군이나 백군으로, 또는 세계 2차대전에 러시아군으로 참전하였다.[659]

『사진으로 본 러시아 한인의 항일 독립운동』은 최재형의 손자인 최 발렌틴 발렌티노비치(Цой Валентин Валентинович, 2020년 사망)와 신 드미트리 블라디미로비치가 편집한 것이다.[660] 아래 도표는 그 책자에 나타난 인물들의 배경을 간략하게 정리한 것이다.

한국 태생	러시아 태생	양반:평민	한국 독립운동 참여	빨치산 부대원	러일전쟁 참여
31	14	5:24	22	26	3
적군 사령관 또는 병정	공산당 고위층	1937년에 축출됨	1937년 이후 총살됨	노동자 출신	대학/군사학교 출신
12	15	13	11	5	18

극동 러시아와 만주에서 활동하던 한국인 지도자들의 프로필 비교
(Analysis of the profiles of Korean leaders in the RFE and Manchuria)

이들 대부분은 의병 출신이었고, 극동 러시아와 만주에서 일어난 3·1 만세운동에 참여했다고 기록되어 있다. 어떤 이들은 볼세비키공산당의 고위층으로 1920년대에서 1930년대에 활약했고, 많은 이들이 스탈린의 강제 이주 정책으로 1937년에 우즈베키스탄 지역으로 축출되거나, 총살, 추방 또는

---

659. 사진으로 본 러시아 한인 [РОССИЙСКИЕ], 39-137.
660. 사진으로 본 러시아 한인 [РОССИЙСКИЕ], [138].

강제수용소로 유배되었다. 어떤 이들은 공산당원으로 다시 복권되었으나 대부분은 러시아 역사에서 사라졌다.

거의 모두가 한국어와 러시아어, 일본어에 능통하였고, 러시아와 만주에 있던 한인 학교나 서당에서 교육을 받았다. 소수는 블라디보스토크에 있는 사범대학, 하바롭스크의 군사학교(Havarovsk Leningrad Military Academy), 일본의 와세다대학(早稲田大学) 등 명문대 출신이었다. 이들 대부분은 1900년대에서 1910년까지 의병으로, 또 러시아혁명 당시 백군 또는 적군에 가담한 후 공산당원으로 활약했고, 1920년대에는 대한 독립운동에 참여했다.

이렇게 디아스포라의 한인들이 조국의 자치권 회복을 위해 활동하는 동안, 일본의 식민 정부는 한반도만이 아니라 극동 러시아에까지 한국인들을 압제하려는 식민주의 정치를 강력하게 밀고 나갔다.

1917년 볼셰비키의 시월혁명에 이어 1918-21년까지 삼 년 동안 러시아를 휩쓴 내란-Russian Civil War- 시기에 위에서 언급된 50명 중 김동훈, 이호구 등은 노농 적군(Red Army) 소대장을 지냈는가 하면, 김인수는 상해 서비스에 종사했고 고종의 밀명을 받고 러시아로 파견되어 백군(White Army) 소장까지 지냈다.

제1차 세계대전이 1919년에 종전되자 러시아는 연합군으로 참전했던 나라들을 초대하여 시베리아의 천연자원을 자랑하려고 했다. 일본군이 제일 먼저 5만5천-12만 명의 군사를 데리고 도착하였다.[661] 낮게 잡아 5만5천 명이라고 해도 일본군은 연합군 중 다른 어느 나라의 군대보다도-1만2천 명의 폴란드군, 9천 명의 미군, 5천 명의 중국인, 4천 명의 세르비아군, 4천 명의 루마니아군, 4천 명의 캐나다군, 2천 명의 이태리군, 1천6백 명의 영국

---

661. Lee and Lukin, Russia's Far East, 35; Chang, Burnt, 34.

군, 7백 명의 불란서군 등- 많은 인원이었다.

　미군이 1920년 4월 1일에 철수하자마자, 일본은 제국 건설에 가장 중요한 목재, 기름, 천연가스 등의 자원이 풍부한 우수리, 아무르와 바이칼 지역의 철도선을 점유하고 통제를 시작하였다.[662] 모든 연합군이 극동 러시아에서 철수했으나, 일본군만 7만3천 명에서 10만 명으로 늘어났고, 바이칼 호부터 블라디보스토크까지의 백군 세력과 합류하였다.[663]

　일본군은 신한촌과 주변의 한인 지역을 습격해서 수백 명의 한인들을 죽이거나 때렸고, 한인 학교를 폐쇄하며 극동 러시아의 사실상 지배자로 나섰다. 1920년 4월 4일부터 7일까지 계속된 학살로 인해, 최재형을 포함한 많은 한인 지도자들이 목숨을 잃었다.[664]

　또한 한국 독립군을 습격하였고, 한인 마을들을 파괴했을 뿐 아니라, 한국 민족주의자들과 사회주의 단체를 해산시켰다.[665] 이런 습격작전으로 일본군은 계엄령과 같은 상황 속에서, 극동 러시아 전역에 살던 중국인과 한인뿐 아니라 러시아인, 코사크인, 우크라이나인까지도 잔인하게 취급하였다. 일본은 1905년에 러시아군을 패배시킨 세계적 세력으로 등장해 타국인들의 생명을 무참히 학살하는 잔인한 행동을 하였다.[666]

　이런 속에서 러시아의 한민족은 극동 항일투쟁과 러시아에 충성하는 운동을 계속하였으나, 현저하게 힘을 잃었다. 일본군의 습격작전으로 1920년 4월에 최재형이 사망했고, 1910년에는 이범윤도 체포되어 유배를 당하였다. 1905년에서 1908년 사이에 디아스포라 한인들의 반일운동은 단합을 통

---

662. Chang, *Burnt*, 35.
663. Chang, *Burnt*, 36.
664. Ban, "Koreans," 165.
665. Allysa Park, *Borderland*, 271.
666. Chang, Burnt, 37.

해 힘을 어느 정도 유지했으나, 1910년대에는 현저하게 고난을 겪었다.

III. 만주 디아스포라의 조선인

이제부터는 만주에 있던 한인들의 사정을 보고자 한다. 만주는 20세기 초에 도착한 여러 부류의 한국인들에게 좋은 피난처가 되는 듯 보였다. 그들은 농사나 막일을 하는 가난한 노동자 계층, 한국에서 사회적으로 진출할 길이 없는 평민 계층, 그리고 항일 독립투쟁을 하고 있는 교육받은 엘리트층으로 구성되어 있었다.

이 당시에도 만주는 청국의 지배를 받고 있었으나, 1912년에 청나라가 망하고 1932년 만주국이 들어서면서 1945년까지 일본의 꼭두각시 정부 노릇을 하였다. 1920년에 총합 2천9백19만8천20명의 만주 인구 중에는 만주족과 중국인, 특히 관동반도에는 일본인이 많이 있었다.[667] 한국인은 1920년에 48만8천6백56명, 1925년에 51만3천9백73명 그리고 1931년에는 62만9천 명이 만주에 살고 있었다고 한다.[668]

몽골에는 주로 몽골족이 살고 있었는데, 중국인도 많이 섞여 살았다. 일본 외무성의 통계에 의하면, 그 안에 60만 명의 한인과 10만 명 이상의 러시아인이 살고 있었다.[669] 노동 이민이 계속되었다. 남만주철도회사가 미국인들을 위해 작성한 홍보물, 「만주(Manchuria)」에 다음과 같은 기록이 있다.

---

667. H. K. Lee, *Korean Migrants*, 200
668. Brooks, "Peopling," 29.
669. South Manchurian Railway, *Manchuria*, 3.

매년 봄이면 35만 내지 45만 명의 쿨리 노동자들이 산동반도에서 만주의 농장으로 일을 찾아 몰려가고, 가을 추수가 끝나면 22만 내지 33만 명이 귀향한다. 나머지 사람들은 영구직을 찾아서 만주에 남아 있는다.(저자의 번역)(영문 각주 49)[670]

국제연맹(League of Nations)이 파견한 극동 아시아 조사단(Far Eastern Commission of Enquiry)의 기술 상담자 월터 영(Charles Walter Young)은 1932년에, 만주의 한인 인구는 70만에서 1백50만 명이었다고 매우 폭넓은 숫자를 보고했다.[671]

월터 영은 숫자상 이렇게 차이가 큰 이유를 몇 가지 들었다. 1) 만주의 인구조사는 정식으로 된 적이 없고, 2) 일본에서 내어놓은 숫자는 만주의 영사관에서 나온 것으로 되도록 한국인의 수치를 줄여 내려는 경향이 있었던 반면, 중국 정부에서는 훨씬 많은 한국인이 일본 침략의 앞잡이로 들어가 있다는 것을 보여주려 했다는 것, 3) 만주에 있던 많은 한국인은 독립운동이나 의병 활동을 은밀히 하고 있었기 때문에 자신들의 국적과 정체를 숨기려고 했다는 것이다.[672]

역사적으로 볼 때 만주의 한인들은 두 부류로 나눌 수 있다. 좀 더 나은 삶을 찾기 위해 이주해 왔으나 농사나 막노동 외에는 달리 기회가 없는 초다국적 이주민들과 한국의 자주독립을 위해 일본 식민정책의 압박에 항거

---

670. South Manchurian Railway, *Manchuria*, 3.
671. C. Walter Young, *Korean Problems in Manchuria As Factors in the Sino-Japanese Dispute: An Analytical and Interpretative Study* by C. Walter Young, Technical Counsellor to the Far Eastern Commission of Enquiry; Far Eastern Associate, Institute of Current World Affairs, New York City. Study No. 9. Supplementary Documents to the Report of the Commission of Enquiry. [Geneva?: League of Nations, 1932?].
672. Young, Korean Problems, 4 and 6; Santiago J. Ravello, *Koreans as Japanese as Manchurians: Korean Nationality in Manchuria*(University Honors Thesis, Portland State University, 2018), 10.

하는 애국적 민족주의자들.[673] 이 두 부류의 한인들은 모두 "상반된 두 세력"의 틈 사이에 끼어 있었는데, 즉, 한국인이 끼어드는 것을 꺼리던 중국인과 한국인을 일본제국주의의 매개체로 이용하려 하던 일본인 사이에 있었던 것이다.[674]

또 다른 역사가들은 1900년 초반에 간도 지역에는 세 부류의 한인들이 있었다고 한다. 친일 헌병대(憲兵隊), 반일 의병(義兵)과 일진회(一進會). 이 세 부류의 만주 한인들은 러-일전쟁이 일어난 1904년과 한국이 일본의 식민지로 전락한 1905년에서 1910년 사이에 더욱 많은 마찰과 분란을 초래하였다.

역사가 박현옥은 만주에서의 한인 생활은 중국의 민족주의와 일본의 제국주의 그리고 한국인의 토지 소유욕으로 갈라져 있었다고 했다. 한인들이 중국인, 일본인과 '삼각관계(三角關係)' 또는 '동침관계(同寢關係)'를 갖고 있어서, 그 두 라이벌 그룹 간에 싸움을 붙여 놓았다고 보았다.[675] 이 현상을 박현옥은 '삼투현상(滲透現狀, politics of osmosis)'이라고 불렀는데, 한 걸음 더 나아가서 '동상이몽(同床二夢)'이라고도 불렀다. 이런 식민국과 식민지의 백성들은 한 침대에서 상반되는 꿈을 꾸었다는 것이다.[676]

만주를 점령한 일본은 다음 차례의 식민지로 만들기 위해 한국인의 땅을 빼앗아서 일본 국가사업의 터전을 마련하려는 야심을 세웠다. 1909년의 간도조약(間島條約, Kando Treaty)은 이런 욕망을 성취하기 위해 식민지 한국의

---

673. Young, *Korean Problems*, 8.
674. Hoon K. Lee, "Korean Migrants in Manchuria," *Geographical Review*, Vol. 22, No. 2(April,1932), 196; Hyun Ok Park, *Two Dreams*, 231.
675. Hyun Ok Park, *Two Dreams*, 24.
676. Hyun Ok Park, *Two Dreams*, 1.

이권을 놓고 중국과 맺은 계약이었다.[677]

1860년대부터 시작되었던 조선 이주민들의 피땀 흘린 경작으로 얻어졌던 간도의 영토권은 이 조약으로 인해 중국의 손으로 넘어갔고, 일본은 그 대가로 일본영사관과 주민들을 보호한다는 구실로 한국인들을 통제할 경찰권을 확보하였다.

청-일전쟁과 러-일전쟁 이후 한인 농민과 일본 세력가들은 만주에서 땅을 확보할 꿈을 갖고 있었으며, 결국은 이것이 일본의 만주 진출을 도운 격이 되었다. 초기 개척 시기의 한인 이주민들은 조선에서 취할 수 없었던 땅을 소유하는 데 급급하였다. 한족(漢族)과 만족(滿族) 인구가 1907년에 2만3천5백 명에서 1926년에 8만6천3백29명으로 불어난 데 비해, 한인(韓人) 인구는 1907년에 7만1천 명에서 1926년 35만6천10명으로 무려 다섯 배의 증가를 보였다.

제2장에서 제시했던 바와 같이, 중국 정부가 이민을 받아들여 변경지역을 강화하려던 실변정책(實邊政策)에 따라, 간도 지역에 정착한 조선인들은 중국인으로 귀화를 하지 않고도 토지를 소유할 수 있었다. 한편 일본 정부는 일본인과 한국인들의 만주 이주를 여러 가지 이유로 장려하였다.

첫째로, 1919년에 한반도와 디아스포라까지 확대된 독립운동 이후 일본은 한국인들에 대한 압제를 느슨히 하는 것처럼 하며 한국인들의 만주, 극동 러시아, 하와이, 미국 본토로의 이주를 격려하였다.[678] 둘째로, 일본 내국인들이 만주로 이주하는 것을 꺼리자 환경이 덜 험하고 생활하기에 편한

---

677. Santiago J. Ravello, *Koreans as Japanese as Manchurians: Korean Nationality in Manchuria*(University Honors Thesis, Portland State University, 2018), 12.
678. The Ho Young Ham Papers, Special Collections of Research Library, University of California in Los Angeles, compiled by Overseas Korean Cultural Heritage Foundation, 2013, 25.

한반도로 이주하라고 독려, 한국인을 밀어내는 정책을 썼다.[679]

1906년에 남만주철도회사의 총본부를 대련에 세운 후, 동양척식회사를 1908년에 세우고, 간도조약을 1909년에 조인함으로써, 일본은 일본인들의 간도지역 이주를 적극적으로 밀었다. 그러나, 일본 국민들은 안전해 보이고 지리적으로 가까운 한국을 선호하였다. 만주의 일본 인구가 1910년 7만5천2백19명에서 1930년에는 22만8천7백 명으로 증가한 것으로 나와있으나 일본인들은 관동주조차지(關東州租借地)에 국한되어 살고 있었고, 만주 전역으로 볼 때, 일본 인구는 1910년의 1만3천2백85명에서 1930년 1만4천4백7명으로 미약한 증가를 보였다.[680]

남만철회사의 보고서에 의하면, 만주의 일본 인구가 1910년의 1만4천3백99명에서 1927년에는 1만3천9백9명으로 오히려 감소한 반면, 한국인 인구는 같은 시기에 5만6백66에서 54만5천8백33명으로 열 배가 넘는 증가를 보였다.[681]

1938년 하얼빈 시가 보고한 통계에 의하면, 빈곤하고 교육을 받지 못한 농민들에게 미개척의 영역으로 보였던 간도의 한국인 인구는 31-51년 전에 이주한 초기 개척자들이 47명(0.2퍼센트)이었고, 6-30년 전에 간 사람들은 1천9백78명(19.2퍼센트), 0-5년 전에 간도로 들어간 최근 이민자들은 2천1백18명(36.7퍼센트)이었으며 만주에서 태어난 2세들의 숫자는 1천6백21명(28.1퍼센트)이었다.[682]

1800년대 후반기에서 1900년대 초반까지 믿을 만한 공식 인구조사가 없

---

679. Kim, [Manchuria Arirang], 88-89.
680. Kim, et al., [Korean Diaspora], 36.
681. South Manchurian Railway Research Department statistics, quoted in, Kim, et al., [Korean Diaspora], 49.
682. 滿洲國國務院總務廳統計處, 第一次臨時人口調查報告書 都邑偏 第二卷 哈爾濱特別市 [Census Data of Harbin Special District of Manchuria], 1938, 140-141, quoted in Kim, et al., [Korean Diaspora], 307.

었던 상황에서, 이런 통계 보고는 새로운 이민자 중 절반 정도가 한국으로 돌아간 것을 감안할 때, 초기 개척자와 2세들의 합계가 새로운 이민자의 숫자와 비슷함을 보여줬다.[683]

월터 영은 김산민이라는 남만철 대련본부에서 일하던 한인 직원의 말을 인용하였다.

> 일반적으로, 한인에게는 농사 외에는 기회가 열려있지 않았다. 만주 내륙에 사는 교육받은 한국인 중 30퍼센트는 반일운동 단체에서 돈을 받아 살고 있고, 나머지는 할 일 없는 사람들로… 일본영사관 지역에 붙어먹고, 30퍼센트는 불법 거래자이고, 10퍼센트는 상인, 나머지 10퍼센트는 다양한 무역을 하고 있다.(영문 각주 50)[684]

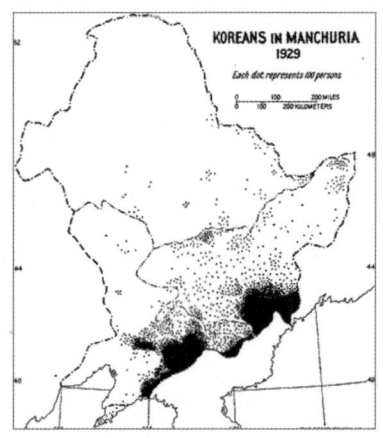

만주의 한인 이주민 분포도
Koreans in Manchuria, 1929.

김산민이 '다양한 무역(various trades)'이라고 한 것은 마약과 밀수를 말한 것이라고 월터 영이 덧붙여 설명했다.

옆의 지도는 1929년 당시 만주의 한인 이주민들의 분포도이다. 이 정보는 평양의 숭실대학(Union Christian College)에서 교편을 잡고 있던 이훈구(Hoon K. Lee) 교수가 미국 지리학회(American Geographical

---

683. Hyun Ok Park, *Two Dreams*, 234.
684. Young, *Korean Problems*, 7.

Society)의 청탁을 받고 "세계 개척지역의 이주와 토지이용(migration and land use in pioneer belts of the world)"에 대해 연구해 출판한 보고서이다.[685] 집약적인 현장조사와 직접 걸어서 측정한 보고서로 조선인들이 압록강(좌측)과 두만강(우측) 북쪽의 길림성과 간도 지역에 밀집해 살고 있었음을 명백히 보여준다.

월터 영이 인용한 다른 일본인의 말에 의하면 다음과 같다.

> 만주에 있는 한국인 중 농부를 제외한 절반은 정규직이 없이, 더 정확하게 말하자면, 은밀하게 불법행위로… 마약이나 다른 불법 물품들을 밀수하여 살고 있다. 대부분의 밀수업자는 도시 내의 동청철도 지역 부근, 특히 하얼빈에 살고 있다.(영문 각주 51)[687]

러-일전쟁 이후 만주에 살던 한국 디아스포라에게는 합법·불법적인 기회가 비교적 열려 있었다. 만주의 한국인에게도 일본 식민주의자 밑에서 일할 새로운 기회가 주어졌으나, 일본 내국인과 동등한 권리는 주어지지 않았다. 그러나 이미 정착하고 있던 한인 디아스포라들은 고국으로부터 많은 동포가 들어오면서 토지를 소유하고 이미 터전을 잡은 사업가로서 사회적 위치가 높아지는 경향이 있었다.

1. 제국주의 일본의 전초부대

남만주철도회사에서 1922년에 펴낸 홍보지에는, "위대한 철도설로가 만

---

685. H. K. Lee, "Korean Migrants," 196.
686. H. K. Lee, "Korean Migrants," 201.
687. M. Akatsuka, *A Treatise on Koreans in Manchuria*, quoted in Young, *Korean Problems*, 7.

주 지방에 현대기업과 교육, 문명을 가져왔다.(A great railway system has brought modern enterprise, education and civilization into the provinces.)"라는 자화자찬의 문구가 있다.[688] 역사학자들은 남만주철도회사가 동양척식회사와 더불어 일본의 제국경제의 주요 수단으로 쓰였다고 평했다.

버트람 심슨(Bertram Lenox Simpson, 필명 B. L. Putnam Weale)은 남만주철도회사가 1900년대 초반에 끼쳤던 영향력을 이렇게 평했다.

> 오늘날 한반도의 동북녘에는 이상한 전조가 보인다. 전쟁 중 수많은 철도용 물자들이 원산으로 실려 왔는데, 작은 선박을 써서 북쪽의 성진항으로 들어왔다. 드디어 모습을 드러낸 것은 진청으로부터 화령이라는 두만강가의 마을까지 놓인 군용철도이다. 이 강은 중국과 러시아의 국경을 표시한다. 이 철도는 길이가 112마일(230 중국의 리 또는 75마일)이라고 하는데, 화령에서부터 기린-연해주 경계에 있는 중국 도시 [훈춘]까지 연결된다.(영문 각주 52)[689]

여기서 심슨은 일본이 한국 전역에 건설하고 있던 철도 시스템에 관해 언급한 것인데, 일본은 한국의 주요 도시들을 연결하는 철도를 통해 일본에서 중국까지 직통할 수 있는 시스템을 만들고 있음을 본 것이다. 이는 경원선, 경부선과 서울-군산을 연결한 후, 북쪽의 함경도 회령과 중국의 훈춘까지도 단숨에 연결하는 철도망이었다.

이러한 철도망은 몇 년 안 되어 일본이 한국과 중국에서 계획하던 사업에 필요한 인적 · 물적 자원의 운반을 용이하게 만들었다. 심슨은 일본이

---

688. South Manchurian Railway, *Manchuria: Land of Opportunities*(New York: South Manchurian Railway, 1922), 3.
689. B. L. Putnam Weale, *The Coming Struggle in Eastern Asia*(London: MacMillan, 1908), 501.

이 철도선을 이용해서 두만강 목재 사업(Tumen River Lumber Concession)과 같은 상업권을 독점할 수 있게 되었고, 일본군을 중국과 러시아로 삽시간에 비밀리에 실어 나를 수 있는 거대한 교통망이 건설된 것으로[690] 일본사 학자 피터 두스도 주장한 바와 같이, 일본이 한반도 내의 철도건설에 지대한 관심을 갖고 있었던 것은, 부산에서 서울까지 또한 만주 국경의 의주까지도 철도로 연결하고, 서울, 부산과 인천 간에 전신망을 놓음으로써, 아시아 대륙을 관통하여 일본군의 전진뿐만 아니라 상업 개발도 가능케 한 것이다.[691]

동경주재 미 일본대사 루크 라이트(Luke E. Wright)는 1906년 10월 15일 자 외교문서 No. 47을 통해 남만주철도회사가 8월 18일에 창립되었음을 미 국무성에 알렸다. 통신부 대신 이사부로 야마가타, 재무대신 요시로 사바타니와, 외무대신 타다스 하야시가 8월 1일에 공동 서명한 일본제국 법령 No. 142에 의해 남만주철도주식회사(南滿州鉄道株式會社, 약칭 南滿鉄)는 일본의 국책회사로 본사는 동경에, 지사는 만주 대련에 둔다고 되어 있다.[692]

라이트 대사의 공문에 의하면, 남만주철도회사는 남만주에 있는 철도와 주변의 광산을 경영하기 위해 세워진 것이다.[693] 그 회사 주식은 일본과 중국 정부 및 양국의 국민이 가질 수 있고, 총액이 1천5백만 원(圓)에 상당했는데, 반은 일본 정부가 만주의 철도와 광산을 자산으로 간주하여 소유권을 보유하고 나머지 반은 일본 국민과 중국 정부가 지정하는 중국인들이 소유할 수 있으나, 사실상 대다수는 일본의 수중에 있어야 한다고 밝혔

---

690. Weale, *The Coming Struggle*, 501.
691. Duus, "Economic Dimensions," 138.
692. FRUS, "South Manchurian Railway Company - Ambassador Wright to the Secretary of State," From Luke E. Wright to the Secretary of State, Diplomatic Dispatches, Japan, No. 11, June 15, 1906.
693. FRUS, "Ambassador Wright to the Secretary of State," Tokyo, June 15, 1906.

다.[694]

라이트 대사는 이를 만주 내 모든 철도의 소유권과 운영권을 일본이 소유하겠다는 것으로 해석하였다. 곧이어 한 가지 문제점이 나타났는데, 북쪽에 놓여 있던 러시아 철로는 5피트의 넓이였으나 한국과 중국, 일본이 설치한 철로는 4피트 8.5인치였다. 이 문제는 많은 논란 끝에 일본이 러시아가 설치해 놓은 철로를 대치하는 것으로 해결이 되었다.

만철의 초대 총재로는 고토 심페이(後蘇新平)가 임명되었는데 그는 1907년 4월에 '식민행정에 극히 필수적'이라며 연구부서, 만철조사부를 설치하였다. 이 조사부는 2천3백54명의 연구원을 고용했고, 38년간 고토가 잡아놓은 청사진, 즉 과학적 조사활동에 따라서 1940년까지 존속되었다.[695] 고토 총재의 확고한 신념은 "문장적 무비(文裝的武備=military preparedness in civil garb(bunso teki bubi)"에 있었다. 즉, "글을 써서 무장을 시킨다"는 것이었다.

고토는 만철조사부의 연구조사를 통해 문화적 침략을 하고, 주민 교육을 통해 학문적·경제적 연결고리를 만든다는 것이었다.[696] 다시 말해서 식민지 사람들을 지배하려면, 무기나 무장이 아닌, 교육을 통해 그들의 일상생활로 뚫고 들어가야 한다고 믿었다. 이런 고토의 신념은 일본이 한국을 식민통치할 때, 한국인들의 고유한 문자인 한글을 공적·사적으로 완전히 금지한 정책에 반영되었다.

고토의 진두지휘로 주요 연구작업들이 진행되었는데, 1) 만주의 경제, 사회, 문화를 연구하여 장기 경제계획을 수립할 것, 2) 만주의 자연환경과 물리, 화학, 지리, 농경, 식물, 위생, 기상학과 세균학 등의 과학과 기술을 연구

---

694. FRUS, "Ambassador Wright to the Secretary of State," Tokyo, June 15, 1906, p. 1017.
695. Fogel, Joshua A. *Life Along the South Manchurian Railway: The Memoirs of Ito Takeo*(London: Routledge, 2015), vii.
696. Fogel, *Life*, viii.

DISTRICTS	POPULATION	DENSITY PER SQUARE MILE	DENSITY PER SQUARE MILE OF CULTIVATED LAND
1. South of Mukden	7,057,270	218	1,206
2. Peking-Mukden Line	2,335,600	343	823
3. Kaiyuan	2,808,140	333	804
4. Mukden-Hailung Line	1,206,160	132	949
5. Changchun-Kungchuling	2,620,200	359	671
6. Szepingkai-Taonan Line	1,297,730	72	403
7. Kirin-Changchun Line	1,253,070	66	503
8. Chientao	578,000	38	578
9. Southern Branch of the Chinese Eastern Railway	2,111,300	195	406
10. Harbin	475,490	2,353	3,396
11. Eastern Branch of the Chinese Eastern Railway	1,149,150	48	385
12. Lower Sungari	1,899,490	53	412
13. Hulan-Hailin Line	1,389,230	97	366
14. Western Branch of the Chinese Eastern Railway	2,791,980	31	319
15. Northern Manchuria and other localities	225,110	1	89
Total Population and Average Density	29,198,020	78	590

*Industrial Statistics of Manchuria, Research Bureau of the South Manchuria Railway Co., 1920.

농업지역에 따른 만주의 인구분포도.[700]

할 것, 3) 모든 연구 결과를 만철회사의 모든 사업과 통계 보고에 연결할 것 등이었다.[697] 이런 연구 사업이 수십 년간 시행되었고, 중국과 한국의 역사와 지리에 관해 2천2백50페이지에 상당하는 다섯 권의 보고서가 동경대학 중국학과의 협력으로 출판되었다.[698]

또다른 고토 심페이의 경영 원칙은 일본인들의 만주 농업 이민을 장려하고 만철 부근지역에 일본인 집거지를 형성하는 것이었다. 그러나 만주가 황량하게 텅 비어있는 지역이라는 생각 속에 이주하였던 일본인들은 만주에 이미 들어와 있던 중국의 한족(漢族)들의 적개심의 대상이 되고 말았고,

---

697. John Young, The Research Activities of the South Manchurian Railway Company, 1907-1945: A History and Bibliography(New York: Columbia University, 1966), 3.
698. Fogel, Life, xiii.

대부분의 일본인들은 곧바로 일본으로 돌아가 버렸다.[699] 이훈구 교수가 답사 후 정리해 놓은 도표는 1920년도 만주의 총인구 2천9백19만8천20명의 지역별 분포를 잘 보여주고 있다.

1895년에 설립된 남만주철도주식회사와 그 뒤를 이어 1908년에 설립된 동양척식회사(東洋拓殖株式會社, Oriental Development Company)가 한인 이주민들에게 끼친 영향을 측정하기에는 너무 일렀다. 일본이 푸이(溥儀)를 꼭두각시 황제로 1932년에 만주국을 세운 후에야 만주에 사는 조선인들의 삶은, 좋건 나쁘건, 더욱 직접적인 영향을 받았다.

2. 망명의 땅으로 이주 행렬, 1910-

이토 히로부미가 1908년에 설립한 동양척식회사를 이용해서 일본 정부는 한국의 농지를 침략적인 방법과 토지개혁으로 취득하였다. 한인 지주와 소작인들을 빚더미로 몰아넣는 여러 가지 수단을 써서, 결국은 농지를 저당잡혀 국경을 넘어서 이주의 길로 떠나게 만들었다고 월터 영이 1932에 극동 자문 조사단(Far Eastern Commission of Enquiry)에 낸 보고서, 「한인 문제(Korean Problems)」에서 서술하였다[701]

한국인의 만주 이민은 1919년의 3·1운동 직후에 30만 명으로 급증하였으나 얼마 지나지 않아 9만 명이나 되돌아가는 상황이 벌어졌고, 1926년에는 20만 명이 순 증가한 것으로 집계되었다. 그러나 국제연맹의 조사단으로 '만주의 한인 문제(Korean problems in Manchuria)'를 보기 위해 파견되었던 월터 영은, 다음과 같이 기록하고 있다.

---

699. K.I. Kim, et al., [*Korean Diaspora*], 28.
700. H. K. Lee, "Korean Migrants," 200.
701. Young, *Korean Problems*, 16.

한국인들이 오랜 세월 동안 조국을 떠나 만주로 은밀하게 들어갔던 것이 분명하고, 특히 조선이 일본의 지배로 들어간 후, 정치적인 망명인들이 많이 숨어들어간 것을 의심치 않는다.(영문 각주 53)[702]

한인의 만주 이주에 대한 일본 정부의 정책은 강력한 억제의 입장을 취했던 데라우치 총독과 이주를 장려했던 차기 총독 사이토의 재임 기간 사이에 많은 차이가 있었지만, 대체로 일본은 한인이 만주로 이주할 때 국경에서 여권과 검열에 심한 규제를 두지 않았다.[703]

식민지인으로서 한국인은 법적으로 일본인으로 인정받게 되어있었으나, 만주에서는 일본인 아래 중국인 위에 있는 중간 계층을 차지하는, 소위 반도인(半島人)으로서, 예측할 수 없는 불확실한 입장에 놓여 있었다.[704] 반도인은 문자 그대로 한반도 사람이라는 뜻으로 일본 국민들과는 다른 법적 처지에 있었다. 1932년 3월 당시 만주의 한인들은 만주 국민과 일본 국민으로 이중 국적을 인정받았는데, 이는 좀 더 많은 한인들이 벼농사꾼으로 만주로 가는 것을 격려하고 동시에 한반도를 일본 이주민을 위해 비워두고자 하는 일본의 정책 때문이었다.[705]

사학자 바바라 부룩스(Barbara Brooks)는 일본의 식민 관료들, 예를 들어 총독 하야시 규지로와 이시 이타로의 통치 기간에는 한국인을 일본인으로 대접하여, 만주 이주와 일본인으로 귀화하는 것을 격려하는 정책을 썼으므로, 중국은 귀화하지 않은 조선인 이주자들을 푸대접하였다.[706] 중국 관리들이

---

702. Young, *Korean Problems*, 9.
703. Young, *Korean Problems*, 14.
704. K. I. Kim, et al., [Korean Diaspora], 24.
705. Brooks, "Peopling," 40.
706. Brooks, "Peopling," 38.

만주에 사는 조선인들을 억압하고 괴롭히고 있어서 위험한 상황이라는 보고에 대한 질문에 하야시 총독은 이처럼 대답했다.

> 위험하다고요? 그들이 일본인과 똑같다면 그럴 수밖에 없는 것 아니요? 나는 한국인들을 일본제국의 시민으로 일본인과 똑같은 대접을 합니다.(영문 각주 54)[707]

하야시와 다른 일본인 지도자들이 만주에 있는 한국인을 소위 일본인이라고 포용하는 정책은 오히려 한국인이 중국으로부터 일본 식민주의의 앞잡이라고 욕을 먹게 하였다.

1930-32년 사이에 기록된 일본 외무성의 자료들 속에 간도문제 조서(B02130106200)가 있다. 이 보고서는 "간도에 주재하는 조선인의 생활 상황(間島在住朝鮮人ノ生活狀況) 별지 제1호 소화 5년(別紙第一号 昭和伍年) 간도 훈춘지방 농호구 토지소유의 비교(間島琿春地方農戶口 土地所有ノ比), 지주, 자, 소, 자소작농 별표(地主 自小 自小作農別表)"로서 간도 훈춘지방에 살던 한인들의 토지 소유, 지주, 자작농 또는 소작농 여부를 분석, 비교해 놓은 자료이다.[708]

도표를 보면, 조선인 농부 호구와 농부 숫자가 중국인보다 훨씬 많아서 거의 열 배나 되었던 것으로 나오는데, 농지의 면적은 거의 비슷하다.

---

707. Brooks, "Peopling," 39.
708. JACAR, Diplomatic Archives of the Ministry of Foreign Affairs, "Records of Investigation on issues regarding Jiandao, investigated in April 1931," B02130106200(1931).

	한국인(鮮)	중국인(華)
농업에 종사하는 가구의 수(農戶數)	29,551	3,373
농부 수(農人口)	167,359	19,544
토지 소유의 규모(町)	66,586	56,748
지주(地主)	1,630	1,301
자작농(自作農)	9,671	1,178
소작농(小作農)	11,084	507
자소작농(自小作農)	7,166	387

간도의 조선인과 중국인 농부 비교도표, 1931[709]

1931년에 조선인들이 소유했던 토지의 면적이 중국인보다 약간 컸던 것은 일제를 피해 한국에서 만주로 도피해 간 부유한 양반들 때문일 수도 있다.

만주국이 세워진 1932년 2월에 윤치호는 22일 자 일기에 이렇게 썼다.

> 한인 애국자로서 나는 일본이 만주 정책에 성공하기를 바란다… 그러면 일본이 정치적으로나 경제적으로 한인들을 더욱 관대하게 대우할 것이고… 일본이 지배하는 만주는 교육받은 한인들을 많이 기용할 여지가 있을 것이기 때문이다.(영문 각주 55)[710]

윤치호는 일본이 만주로 세력을 확장함으로써, 일본인들은 물론 한국인들에게도 많은 기회를 줄 것이라고 생각했을 것이다. 이미 이십 년간 일본의 식민지로 지낸 한국인들이 일본의 언어와 풍습에 익숙해졌기 때문이다. 일본 정부의 관료와 기업인들은 쉽게 한국인의 역할과 기회 범위를 확

---

709. JACAR, Diplomatic Archives of the Ministry of Foreign Affairs, "Records of Investigation on issues regarding Jiandao, investigated in April 1931," B02130106200(1931). (저자가 작성한 도표).
710. *Yun Chi-ho ilgi*, February 22, 1932.

대해 주지 않았지만, 이러한 윤치호의 기대는 어느 정도는 맞아 들어갔다고, 역사가 카터 엑커트(Carter J. Eckert)는 평했다.[711] 엑커트는 1939년에 봉천(Mukden)에서 한국인 사업가가 일본 제국의 확장 사업의 일환으로 1천만 원(圓) 가치의 지사를 설립하고, 어떤 한국인들은 만주국(滿洲國)에서 교사, 기술자, 의사로 기용된 예를 들었다.[712]

김경일 외 세 한국 역사가들이 쓴 『아시아의 민족 이산과 도시: 20세기 전반 만주의 조선인 [Korean Diaspora]』이라는 책에서 제시한 수치를 보면, 1935년 봉천시의 여러 민족이 종사했던 직종과 사업체에는 1만6천5백9명의 중국인(만족, 한족, 몽고족 등)들이 88.5퍼센트의 직종에 종사한 반면, 1천9백21명(10.3퍼센트)만이 일본인이었으며, 그중에는 2백1명의 한국인이 포함되어 있었다고 한다. 이 통계에 의하면 22만6천2백2명의 중국인과 1만6백32명의 일본인이 무직자였고 5천8백86명의 한국인도 마찬가지였다.[713]

1929-30년 사이에 만주에 살던 한국인 중 농촌지역에서 쌀농사를 짓고 있던 사람들 90퍼센트를 제외한 대다수는 반일 혁명가였고, 그 이유로 중국지역으로 이주했던 사람들이었다고 오웬 라티모어(Owen Lattimore)는 해석했다.[714] 봉천시의 직업인과 사업체 소유자 중 한국인의 숫자가 낮았던 것은 이런 이유였음을 알 수 있다.

남만주철도회사 인근 지역에 있던 사업체 소유 상황을 보면, 1천6백34개의 업체가 일본인 소유의 식당, 식품점, 건축자재상, 카페, 산부인과였고, 1천15개가 중국인 소유의 노변 상점(728), 식품점(72), 식당(58)이었는데 한인

---

711. Carter J. Eckert, "Total War, Industrialization, and Social Change in Late Colonial Korea," Chapter 1 in *The Japanese Wartime Empire: 1931-1945*, ed. by Peter Duus, Ramon H. Myers, and Mark R. Peattie(Princeton: Princeton University Press, 1996), 33.
712. Eckert, "Total War," 35.
713. Kim, et al., [Korean Diaspora], 115.
714. Lattimore, *Manchuria*, 239.

업소는 28개뿐으로 작은 여관, 노점 등의 소상들이었다.[715]

남만철 주변, 주로 서탑(西塔)과 복도(福島)지역에 80-90퍼센트의 한국인이 모여 살던 그곳의 생활환경은 1940년 9월 1일 자 『만선일보(滿鮮日報)』의 기사에서 볼 수 있다.

> … 조선인이 밀집되어 있는 곳은 서탑 뒷골목(舊名 花木洞)과 "복도(福島) 아파트" 계촌(계림)이다…. 추하고 불결한 골목만은 부정할 수 없는 사실로서 대봉천의 한 모퉁이를 차지하고 있다. … 그런데 한 가지 이상스러운 노릇은 근 7, 80년의 상투시절부터 모이기 시작한 그 골목이 언제나 요 모양 요꼴대로 있으니 실로 알다가도 모를 현상이 아니던가. 도로에는 "아스팔트" 한 조각 깔리지 못했고 게다가 하수도 하나 시설되지 못한 곳, 한 시간쯤만 비가 와도 감탕물이 문턱까지 철렁철렁해서 발을 벗지 않고는 도저히 헤어날 수 없는 현상이고, 문만 나서면 이 골목 저 골목에 되는 대로 던져진 배설물, 풀썩풀썩 썩어서 구더기가 난(亂)을 짓고 … 밥알 부스러기, 콩나물, 김치쪽들이 산적해서 파리군의 연회장을 만들어 주고 있다.
>
> 열차를 타고… 차창으로 내밀어보면… 열차와 한 10미터쯤 떨어져 북쪽으로 연선 일대의 조선 세민부락의 밀집풍경은 객의 눈초리를 사양 없이 끌어당기는데, 처참한 가옥의 내부가 휑 들여다보이는 건물에 조롱조롱 붙여놓은 형형의 간판과 이토(泥土)개무친 저군(猪群), 심하게 말하면 선로를 등지고 함부로(대소변을) 보는 풍경 등 난잡절정(亂雜絶

---

715. Kim, et al., [Korean Diaspora], 123.

頂)의 추태만상은 과연 광대봉천의 명예를 손상시키지는 않는가.[716]

만주 지역 농촌의 논밭에서부터 도심지까지 퍼져서 새로운 기회를 찾기 위해 애쓰던 조선 이주민들의 생활은 과거 본국에서의 생활보다 크게 좋아졌다고 볼 수는 없었던 것으로 보인다.

한편, 역사학자 김영필이 묘사하는 만주의 한인 이주민들은 만주를 안정과 평안의 땅으로 보았고, 그곳에 정착하여 자신들이 설 곳으로 만들어야 한다고 믿었다. 그러나 마음속 깊이 언젠가는 고향으로 돌아가겠다는 희망을 지니고 살면서, 지붕에 구멍이 나도 고치지 않고, 곧 떠날 것으로 생각하며 살았던 것이라 하였다.[717] 그런 점에서 볼 때, 김영필의 책 『조선족 디아스포라의 만주 아리랑, Manchuria Arirang of Korean-Chinese Diaspora』은 만주 디아스포라에서의 임시체류자(sojourners)로서의 비극적인 감수성을 보여준다.

이 책의 서론에서 언급했듯이, 이들은 모국을 떠난 지 수십 년이 되었어도 함께 단합하여 고향을 향한 사랑을 공유하며, 후손들에게 한국의 풍습과 언어를 가르치며 살았다. 초다국적 디아스포라 연구의 창시자로 알려진 로저스 브루베이커(Rogers Brubaker)가 2005년에 정리해 놓은 '초다국적 디아스포라(transnational diasporas)'의 세 가지 요인을 모두 갖추고 있다. 즉 1) 극심한 상황으로 인한 지리적인 분산(original dispersion), 2) 모국을 향한 애정(homeland orientation), 3) 경계선 고수 의식(boundary maintenance).[718]

이 점에 관해서는 다음 장에서 더 자세히 살펴보고자 한다.

---

716. "都市의 面目을 維持하라," 滿鮮日報 1940년 9월 1일 자, 4면.
717. K.I. Kim, [Korean Diaspora], 55.
718. Brubaker, Grounds, 122-124.

3. 간도, 교육과 독립운동의 중심지

1906년, 일본의 식민 지배 영향이 한국의 국내외의 정치뿐 아니라 개개인의 생활에도 심화되어가면서 새로운 한인 이주민의 물결이 만주로 파도쳐 들어갔다. 김시순(金時順)을 비롯한 한국인들이 봉천 주변 지역으로 이주해서 벼농사를 짓고 한인 마을을 형성하며 오가황촌(嗚家荒村)이라 불렀다.[719] 봉천은 당시 상업과 교통의 중심지였을 뿐 아니라 일본, 미국, 러시아, 독일 등의 외국 영사관들이 밀집해 있었기 때문에, 이주민들이 장사 등으로 기본적 수입이 보장되었고, 보안상 안전하고 편리했으므로 많은 한국인이 이곳에 자리를 잡았다.

바로 이때쯤인 1913년, 한국의 만주 이민사에 필히 언급되어야 할 한 가족이 만주에 도착하였다. 그는 임뵈뵈로 아들 셋과 딸 하나를 거느린 가장이었다. 출생은 박(朴)씨로 태어났으나 평택 임(林)씨 가문으로 시집을 갔다가 남편이 사망한 후 미망인이 된 임뵈뵈(세례명, Phoebe) 여사는 홀로 자녀를 데리고 용정(龍井)에 자리를 잡았는데, 1899년에 이주해서 세웠던 김약연 그룹의 명동촌(明東村)에서 멀지 않은 곳이었다.

임뵈뵈 여사는 원산에 있던 마르다 윌슨 여자신학교를 졸업하고 일찍이 기독교를 받아들여 집사와 전도사로 활동했고 개화한 여성으로서 남편의 성을 따라 임뵈뵈라는 이름을 썼다. 그녀는 간도로 이주하려는 의지를 갖고, 맨손으로 세 아들과 딸 하나를 이끌고 외국 땅에 가서, 디아스포라로서의 생활을 혼자의 힘으로 겪어냈다.[720] 그렇게 홀로 키운 그녀의 자녀 중 셋째 아들, 임국정(林國禎)은 1919년에 십오만 원 탈취사건(十伍万圓 奪取事件)을

---

719. 김주용(Joo Yong Kim). "만주지역 도시화와 한인이주 실태 - 봉천과 안동을 중심으로- [The Urbanization in Manchuria and the Korean Emigration Condition]" 한국사학보 35권 0호(2009년 5월), 333.
720. 임영수 [Im Young-soo], 임국정 의사와 간도 15만원 사건 [Im Kook-Jung Uisa wa Kando 15 man won sagun](Seoul: Yullin Sesang Communication, 2014), 101.

주도한 인물로 한국 역사에 또 다른 획기적인 기록을 남겼다. 이 사건에 관해서는 뒤에서 더 자세히 설명할 것이다.[721]

1906년 이후 1910년대로 접어들며 폭증한 한인 이주민들은 자식을 한국식으로 가르치고 애국심을 심어주려는 교육열이 매우 높았다. 특히 북간도는 이상설과 같은 신민회(新民會) 회원들이 이끄는 교육의 중심지가 되어 있었다. 이상설은 용정에 스물두 명의 학생을 데리고 서전서숙(瑞甸書塾)이라는 새로운 교육기관을 열었다. 명성이 높았던 학자 이상설은 학생들이 수업료를 내지 않고도 공부할 수 있도록, 재산을 털어서 선생의 급료를 주고 학교를 운영하였다.[722] 학생들은 명동만이 아니라, 극동 러시아 지역과 함경도 지방에서도 찾아왔다.

좌측에서 우측으로 - 원상의 명동학교 1914년 모습, 화재로 없어진 후 2011년에 새로 지어진 명동학교, 아래는 1926년 3월 26일 명동 여자 학교와 남자 학교의 졸업식 사진. 규암 김약연기념사업회 소장.

---

721. 임영수, 임국정 의사와 간도 15만원 사건, 38; Maeil Sinbo, "*sib o man won talchui sagun*,"(1920. 1. 28.).
722. 서굉일,김재홍, [Suh Gwoeng-il and Jai-hong Kim], 북간도민족운동의 선구자 규암 김약연 선생 [Kyuam Kim Yak-yun: the Pioneer of Buk-Kando Nationalist Movement](서울: 고려글방, 1997), 272; D. S. Suh, [*Kim Yak-yun*], 58.

그러나 이상설이 고종 황제의 특사 중 한 사람으로 헤이그 평화회담에 파견되는 바람에 서전서숙은 1907년 10월에 문을 닫아야 했다. 이 헤이그 밀사사건은 아쉽게도 고종 황제의 특사들의 대회 입장이 거부되어 실패로 돌아가고 말았다.[723] 고종의 세 특사-이상설, 이준, 이위종-는 1905년의 을사조약이 일본의 강요로 조인된 것임을 국제사회에 알리려는 임무를 띠고 갔다. 회의장에 들어가지도 못했으나, 이 사건은 국제사회에 한국을 알렸다는 데에 의미가 있었다. 이 사건으로 인해 이준 열사는 며칠 후 사망했고, 나머지 두 사람은 귀국하였다.

이듬해인 1908년, 김약연(金躍淵)은 명동서숙(明東書塾)을 열어서, 서전서숙이 의도했던 만주 디아스포라에서의 한인 후세 교육을 계속하였다. 곧이어 같은 해에 여자학교를 열어서 교육의 동등권을 보여주었다. 두 학교는 그 후 25년간 존립했고, 사진에 보이듯 1926년에 졸업식을 거행하였다.

명동학교 기와에 새겨진 무궁화와 태극 문양.
규암 김약연기념사업회 소장[724]

명동학교는 한국식으로 지어졌는데, 기와와 대들보에는 무궁화(無窮花)와 태극, 십자가 문양이 새겨져 있었다. 원래의 학교 건물은 1914년 일본군의

---

723. D. S. Suh, [*Kim Yak-yun*], 58.
724. Museum of Korean Immigration, Commemorative Exhibit Catalog, "North Kando Myongdong-chon: the Light that shone the Far East," (2011), 20.

평양의 대성학교와 정주의 오산학교.
규암 김약연기념사업회 소장.

습격으로 불에 타 없어지고 2011년에 복원되었다.

사진에 보이듯 교사와 학생들은 흰색의 상의와 검은색 바지나 치마로 전통적인 한복을 입고 있고, 설립자인 김약연 교장은 항상 한복을 입어서 만주에서도 한국의 고유한 풍습을 보여주었다 한다. 그러나 훗날 학생들은 검은 옷에 금색 단추를 단 서양식 교복을 입게되어 한인 디아스포라도 세월이 흐름에 따라 편리하고 실용적인 복장을 하게 되었다.

이 두 학교를 포함한 다른 지방의 한인 학교들은 계속 한국식으로 건축되었고, 학교 정문에는 태극기가 게양되어 있었음을 볼 수 있다. 이는 한국의 독립을 되찾고자 하는 민족적 애국심을 표시하는 것이었다.

이런 학교들의 교과과정에는 역사, 지리, 법률, 생물, 위생, 농업, 광물학, 사범 교육, 외교, 한글과 한문 교육, 번역, 수학, 음악, 체육과 신약성경 교육이 포함되어 있었다. 후자(신약성경 교육)는 당시 기독교 선교사들의 영향을 받았던 것으로 보인다. 한인 디아스포라의 후예들을 가르치려는 목적으로 세워진 이 학교들의 교과 과정은 두 가지의 공통된 주제를 보여주었다. 근대화와 민족주의가 그것이다. 전자를 위해서는 인성교육, 상업, 시민교육, 법학, 경제, 자연, 사범 교육, 외국어와 한문 고전을 가르쳤고, 후자를 위해

서는 한국어, 애국 교육, 기독교, 한국독립사와 아시아 역사를 가르쳤다.[725]

1916년에 일본이 행한 조사에 의하면, 간도에만 182개의 한국학교가 있었는데, 83개는 사립이었고, 99개는 종교단체가 세운 것이었다. 종교단체가 설립한 학교 중에는 개신교 71곳, 가톨릭 9곳, 천도교 1곳과 나머지 18곳은 기타의 종교단체에서 세운 것이었다. 연길에는 70곳의 학교에 학생 1천3백70명이 있었고, 화룡에는 66개 학교에 학생 1천2백19명, 훈춘에는 33개 학교에 7백57명의 학생, 왕청에는 13개의 학교에 4백90명의 학생이 등록되어 있어서 총합 3천8백36명의 학생이 1백82개의 한인학교에 다니고 있었다.[726] 정확하게 한인 인구 중 몇 퍼센트가 학교에 다녔는지는 알기가 어려운데, 그 이유는 모든 인구통계에는 어른, 그것도 남자만 포함되었기 때문이다.

이중의 어떤 학교는 기본적인 액수의 수업료를 받아서 경영하였고, 명동학교는 4원 80전의 수업료나 '석탄값(新炭 若干)'만을 받아 운영되었다. 일반적으로는 수업료와 학부모나 기독교인들의 기부금으로 운영되었으며, 학생들이 가져오는 곡식이나 석탄으로 보충되기도 했다. 제2장에서 언급했던 명동촌의 다섯(김약연, 김하규, 문정호, 남위언, 윤재옥) 가문은 매년 수확 중 10퍼센트를 교육용으로 떼어놓았다가 교사들의 봉급이나 교재비, 학생들의 숙식비로 사용했다.[727]

이들 학교의 졸업생들은 훗날 한국 독립

황병길과 이동휘(우측).[728]

---

725. 서굉일 [Suh and Kim], 북간도 [Buk-Kando], 275.
726. 서굉일 [Suh and Kim], 북간도 [Buk-Kando], 266.
727. 서굉일 [Suh and Kim], 북간도 [Buk-Kando], 273.
728. D. S. Suh, [Kim Yak-yun], 145.

운동의 지도자가 되었다. 이 학교들은 옛 조선 신분사회에서는 무시받던 농(農), 공(工), 상(商)에 관한 지식이 나라를 강하게 만든다고 믿어 그 세 분야를 중요시하였다. 어떤 학교에서는 협동농장(協同農場)을 운영하여 학생들이 실습을 통해 배울 수 있게 하였다. 1919년도에는 한인 중학교가 셋, 1천2백 개의 초등학교가 만주에 있었다고 보고되었고, 이범윤과 홍범도의 대한독립군(大韓獨立軍)이 설립한 군사학교도 두 군데 있어서, 젊은이들에게 총 쏘고 싸우는 방법을 가르치기도 했다.[729]

저서 『아리랑』의 공저자이며 공산 혁명가였던 김산(본명 장지락)에 의하면 만주에서 훈련받은 젊은이들은 겨울이면 한국으로 들어가 일본 경찰과 싸우고, 돈을 벌어 총을 사서 만주로 돌아갔다.[730] 간도의 명동학교는 군사 훈련장뿐 아니라 2천 명의 독립군이 쓸 무기 구입 자금을 조달하는 역할도 하였다.[731] 명동학교의 창설자 김약연은 의병대장 황병길과 이동휘의 도움을 받아 활발히 기금을 모았다. 이처럼 젊은 한인들을 훈련해서 한반도의 일본군과 경찰을 상대로 싸우도록 했다. 만주, 극동 러시아와 한국 땅을 넘나들며 게릴라 작전을 벌인 것은 1920년대에서 1930년대 한인 디아스포라인들의 초국적 독립운동의 특징이라고 볼 수 있다.

앞에 소개한 임뵈뵈 여사의 셋째 아들 임국정(林國楨)과 동지들은 용정과 명동촌에서 한국학교에 다녔던 청년들이었는데, 독립운동가 이동휘가 결성했다고 추정되는 항일 비밀결사조직 철혈광복단에 가담, '십오만원 탈취 사건(十五万圓 奪取事件)'을 일으킨 인물들이다.[732] 이 사건은 1919년 12월 20일 회령에 있던 일본 은행에서 용정출장소로 15만 원이라는 거액이 수송될

---

729. Suh, [Kim Yak-yun], 142.
730. Kim and Wales, *Song of Ariran*, 46.
731. D. S. Suh, [Kim Yak-yun], 142.
732. Im, [Im Gook-Jung], 26, 37.

것이라는 정보를 입수하고 도중에 탈취한 사건이었다. 탈취한 돈은 독립운동에 필요한 무기를 사는 데 쓸 계획이었고, 마침 체코군에서 흘러나온 러시아 군수물자를 사려던 것이었다.[733] 임국정과 최봉설 등 동지들은 십오만 원을 탈취하는 데는 성공하였으나, 조선인 정탐꾼의 밀고로 다음날 체포되었다. 그리고 긴 재판 끝에 1921년 8월 25일 임국정, 윤준희 그리고 한상호 세 사람은 사형에 처해졌다.[734] 이 사건은 한국 독립운동사에 매우 중요한 사건이었다. 탈취했던 십오만 원은 러시아제 장총 1천 자루와 여러 가지의 무기를 살 수 있는 정도의 거금이었다 한다.

임뵈뵈 여사.[734]

임국정과 최봉설(좌).[735]

고난과 역경을 피하여 함경도에서 넘어간 초기 개척자들은 간도 지역에 디아스포라를 형성하였고, 교육, 상업 그리고 정치 활동의 중심 역할을 했을 뿐 아니라, 러-일전쟁 전후에 벌어진 독립운동에 크게 기여하였다.

---

733. Im, [Im Gook-Jung], 43.
734. Im, [Im Gook-Jung], 19.
735. Im, [Im Gook-Jung], 53.
736. Im, [Im Gook-Jung], 31.
737. Im, [Im Gook-Jung], 66.

십오만원 탈취사건의 주역인
임국정의 가족사진.[737]

4. 조선의 전통을 지키는 디아스포라인

여기서는 만주와 극동 러시아의 한국 디아스포라인들이 어떤 방식으로 조국의 고유한 전통과 생활방식을 지켰고 전통문화를 자손들에게 전수해 주려고 노력했는지 살펴볼 것이다. 조국이 존재하지 않는 당시의 상황에서 이들에게 '민족이라는 공동체'는 대단히 중요했다. 백성을 보살피는 군주라는 존재를 붙들고 있었고, 자신들이 열심히 일하고 단결하여 자손의 교육과 조국의 자주독립이라는 희망을 잃지 않으려고 노력을 했다. 조국이 되살아날 것이라는 믿음을 굳게 붙들며 살고 있었다.

제2장에서 본 바와 같이, 만주의 한인 농부들은 한국에서 하던 식 그대로

1910년대 간도로 이주한 한인들이 거주하던 초가집 모습. 규암 김약연기념사업회 (圭巖 金躍淵記念事業會) 소장.

한국식 무덤: 윤동주 시인의 묘지와 비석. 규암 김약연기념사업회 소장.

벼농사를 지었다. 논둑 옆으로는 흙벽의 초가집들이 줄지어 있었고, 무덤도 한국의 전통 그대로 둥그런 봉분과 비석에 새겨진 고인의 이름과 살아남은 가족들의 이름이 정성껏 새겨져 있었다.

잭 런던도 1904년 러-일전쟁 시 한반도를 여행할 때, 이와 비슷한 정경을 카메라에 많이 담았다.

널뛰기, 런던 자료실,
The Huntington Library,
JLP449, Album11, No. 14

명동 기독여자청년회
창립 제9회 기념회 및
가을 운동회, 1929년.
규암 김약연 기념사업회 소장.

위 사진은 명동 기독여자청년회의 가을 운동회에서 그네뛰기 경기를 한 후 찍은 것으로 보이는데, 앞줄에 앉아있는 여자들은 상으로 받은 큰 무쇠 가마솥을 앞에 두고있다. 이 사진에서 알 수 있는 몇 가지는 1) 이주한 지 수십 년이 지났는데도 한국 고유의 그네뛰기 경기를 한 점, 2) 상품으로 받은 것이 한국 고유의 대형 무쇠 가마솥인 것을 보아, 대가족이 함께 살았다는 점, 3) 연령에 관계없이 모든 참가자가 한복을 입고 있다는 점, 4) 만주 디아스포라에도 한국인만의 기독교회가 있었고, 창립 9주년을 기념할 수 있을 정도로 교인의 숫자가 많고, 기반이 잘 잡혀있던 것으로 보인다는 점이다.

위로부터 회갑 잔치, 결혼식, 장례와 영결식. 규암 김약연기념사업회 소장.

맨 위의 두 사진은 회갑(回甲) 잔치에 산해진미를 높이 쌓아 놓은 조선 특유의 잔칫상 모습을 보여주고, 참석자들의 복장도 모두 한복이다. 가운데 사진의 결혼식에는 신부와 들러리는 한복을 입었지만, 신랑과 다른 남자들은 짧은 머리에 서양식 양복을 입고 있다. 우선, 고종 황제가 1900년 초에 시행했던 상투 자르기 운동 이후였고, 일본의 식민정책이 시행되고 있었던 1920년대의 만주 디아스포라에서도 젊은 세대는 문명개화(文明 改化)운동의 영향을 받았던 것으로 보인다.

그러나 명동촌의 지도자였던 김약연 선생은 항상 흰색의 한복 바지저고리와 두루마기를 입고, 상투와 갓을 써서 동네 사람들에게 한국 전통을 본받게 하였다고 알려져 있다. 맨 밑의 두 사진은 1942년 김약연 선생의 장례식과 입관식의 모습을 보여주는데, 수많은 가족과 조객들이 상복을 입고 참석했다.

만주의 디아스포라에도 한국의 양반사회에서 있었던 계급 의식이 그대로 남아있었던 게 아닌가하는 의문이 든다. 아무나 값지고 많은 음식을 만들어 높이 고여 놓고, 옷을 잘 차려입은 손님들을 모시고 회갑 잔치를 할 수 있는 것은 아니었을 것이고, 많은 상제들이 베옷을 입고 수십 명의 문상객이 묫자리까지 동행하여 함께 고인을 모실 수 있지는 않았을 것이다.

이 경우에는 고인 김약연이 명동촌을 설립했고, 여러 면에서 마을과 그 지방의 지도자로서 존경을 받았기 때문이었을 것이지만, 다른 한편으로는 한인 디아스포라에도, 조선 양반사회의 계층 구별, 성별과 빈부의 차이가 드러나는 생활을 하였다고도 볼 수 있다.

IV. 망향의 아리랑 디아스포라인 단합

제3장에서 보았듯이 러-일전쟁 중 이범윤과 홍범도 휘하의 조선 의병들은 쿠로파트킨 장군이 이끄는 러시아군에 합류해서 일본군에 대항하여 싸

웠다. 전쟁이 끝나고 조선이 일본의 속국이 된 후, 의병운동의 본거지는 만주로 옮겨졌고 그곳에서 활동을 계속하였다.

1. 독립운동을 위한 의병단체의 통합

러-일전쟁 종료 후, 러시아군과 합류했던 이범윤의 충의대(忠義隊) 의병들은 1905년 11월 11일에 조인된 포츠머스 평화조약의 규정에 따라 해산되었기 때문에 일부는 이범윤과 홍범도를 따라 간도를 거쳐서 극동 러시아의 우수리 지역으로 들어갔다. 초기에는 2백 명 내지 5백 명에 지나지 않았으나, 1906년에 3만4천3백99명, 1910년에는 5만9백65명으로 늘었다고 운테르베르게르 아무르 연안 총독은 기록했다.[738]

"조선인 의병들.
(A Company of Korean Rebels),"
맥켄지의 사진, 1906.[739]

1906년 가을에 영국의 신문기자였던 후레드릭 맥켄지(Frederick McKenzie)가 이 의병들을 산속에서 찾아내어 사진을 찍어 서방에 알렸는데, 그들은 호랑이 사냥꾼, 나이를 막론하고 모인 산악인들, 해산된 한국군 군사들이었다. 맥켄지는 러-일전쟁 때 활약했던 이 의병들을 "철심장을 가진 산속의

---

738. C. H. Park, [*Rosia yonbang*,] 98 and 148.
739. Frederick Arthur McKenzie, *The Tragedy of Korea* (London: Hodder and Stoughton, 1908), 206.

아들들(sons of the hills, iron-nerved)"이며, "세계에서 가장 용감한 스포츠인들 (amongst the boldest sportsmen in the world)"이라고 칭찬하였다.[740]

의병(義兵)들은 낡아빠진 총을 들고, 제대로 된 군복도 입지 못하고 싸웠다. 어떤 이들은 흰색의 한복 바지에, 어떤 이들은 서양식 윗도리와 바지를 입고 있었으며, 그중 한 명은 이미 해산된 한국군의 외투로 보이는 군복을 입고 있었다.

1905-06년에 의병들은 한반도와 만주의 깊은 산속으로 숨어 들어가 일제의 탄압에 항거하는 레지스탕스 활동을 계속하였다. 1907년 8월 1일, 일본 대장 하세가와 요시미치에 의해 한국군이 해산되었다는 소식을 듣고, 한국군들은 박세한 대장의 지휘로 마지막 항전을 벌였으나, 그의 죽음과 함께 진압되었다. 이로 인해 장교급 27명과 1백여 명의 군인들이 사상을 당했고, 5백 명은 체포되었다. 전국에 퍼져있던 한국군 군대는 1907년 8월 3일과 12월 3일 사이에 모두 해산되었다.[741]

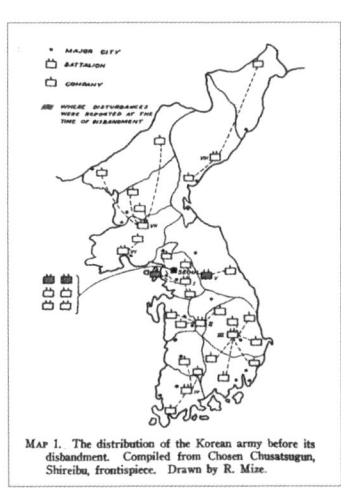

"한국군 해산 이전의 전국 분포도.
(Map 1. The distribution of the Korean army before its disbandment)" 조선주차군 편집. 마이즈(R. Mize) 그림.)[742]

지도에 의하면, 한국군 10개 대대와 20개 중대가 한반도 전역의 전략적인 위치에 주둔해 있었던 것으로

---

740. McKenzie, *Korea's Fight*, 134.
741. C. I. Eugene Kim, "Japanese Rule in Korea(1905-1910): A Case Study," *Proceedings of the American Philosophical Society*, Vol. 106, No. 1(Feb. 15, 1962), 57.
742. Eugene Kim, "Japanese Rule," 57.

보인다.[743]

한국군이 완전히 해산된 후, 전직 군인들은 경상도, 강원도, 경기도, 황해도에 있던 의병들과 손을 잡고 전국에 퍼져 활약했고, 만주와 극동 러시아에서도 계속 투쟁을 했다. 남만주 간도 지역에 있던 많은 의병들은 두만강을 건너서 한국 북부에 있던 일본군 요새의 수비내들을 침략하고 괴롭혔다.[744]

한국 사학자 이기백은 의병들의 활약상을 일본 정부의 통계자료에서 찾아 소개했다. 1907년에는 4만4천1백16명이었던 무장 게릴라가 1908년에는 6만9천8백32명으로 늘었다가, 1909년에는 2만5천7백63명, 1910년에는 1천8백91명으로 줄었으나, 일본군과 총합 2천8백19번의 충돌이 있었고, 1만7천6백 명의 게릴라군이 죽었다고 하였다. 그러나 이기백은 실제로는 이 숫자보다 훨씬 많았을 것이라고 보았다.[745]

『대한매일신보』의 1908년 4월 19일자 기사에 의하면, 의병과 일본 경찰 또는 일본군과의 충돌이 빈번하고 매우 격심하였는데, 1907년 8월과 1908년 12월 사이에 1천7백72번이 일어났고, 1만1천3백94명의 의병이 2천 명의 일본 헌병대와 일본군 제6사단 보병대를 상대로 벌인 싸움이었다고 했다. 일본군은 고량포, 광주, 남양, 가평 지역에서 의병들을 숨겼다는 혐의로 수백 명의 한국인을 죽였고 많은 민가를 불태웠다.

한반도 전역에서 일본 군경은 수많은 무고한 사람들을 죽였고, 7백75채의 민가와 사찰도 불태워버렸다. 가평에서는, 이쿠라 중위가 이끌던 2백명의 일본군대가 한복을 입고 마을을 습격해서 30여 명의 의병을 죽였다.

---

743. Eugene Kim, "Japanese Rule," 57.
744. Ki-baik Yi. *A New History of Korea*, 316-317; Eckert, et al., *Korea*, 242-243.
745. Yi, *A New History*, 317.
746. D. S. Suh, [Kim Yak-yun], 53.

1908년경, 만주에서 활약한
의병단의 호랑이 사냥꾼들.[746]

    1908년 1월에는 6천 명의 의병이 포천에, 3천 명이 가평에, 그리고 8천 명이 양주에 집결했다고 보도됐다.[747]

    1909년 6월 16일, 『대한매일신보』 기사는 한국 남부지역과 극동 러시아에서 의병과 일본 헌병대의 마찰이 빈번하였음을 보도했다. "포천의병, 금월 사일에 의병 수백 명이 포천군 헌병파출소를 파쇄하였다더라"라고 보고했고, 전남 고막의 "헌병분견소 헌병들이 금월 일일에 의병 백여명과 접전하였는데" 헌병 몇 명이 죽었다 하였고, 며칠 후에 다시 고막에서 헌병과 "의병 사십여 명이 접전하였는데, 일병 삼 명이 피살"되었다 했다. 6월 4일 포천에서는 수백 명의 의병이 경찰서 건물을 파손시켰고, 6월 1일에는 전남에서 이백여 명의 의병이 일본 헌병대원 여러 명을 죽였으며, 같은 날 전남의 고막에서 사십여 명의 의병이 일본 헌병 세 명을 죽였다고 하였다.

    또한 연해주 우수리 지역에 있는 백천동에서는 30여 명의 중국인이 의병들 주변에 맴돌고 있었는데, 그 중국인들이 의병들과 함께 싸운 것인지 그냥 정탐만 하고 있었는지는 알 수 없다고 보고했다. 이범윤과 홍범도 의병

---

747. C. H. Park, [Kuhanmal], 22.

『대한매일신보』, 1909. 6. 16. 2권, 479호, "잡보".[748]

대장의 활동 계획이 전역에 있던 의병들에게 일일이 전달되지 않은 상태에서 이처럼 산발적인 공격이 일어났던 것으로 보인다.[748]

일본 아시아역사기록(JACAR)을 보면, 두 가지의 기밀문서가 있다. 육군성 군사기밀대일기(陸軍省 軍事機密大日記) C0230347400(M41-2-2) 1908년 5월 7일자는 무장 폭도 진압을 위해 한국으로 군대를 추가 파견해 달라고 긴급히 요청하는 공문 '한국주둔군 증가건(韓國駐屯軍增加件)'이고, 이틀 후인 5월 9일에 보내진 공문 C02030347500은 이를 허가한다는 답장으로, 한국의 폭도 진압을 위해 일본군 보병대 23과 27을 즉시 파견하라는 내용이다.

후자의 공문은 군무성에서 한국 폭도 진압의 긴급함을 인정하고, '가(可)'라는 허락과 함께 '보병 제23연대 한국파견(步兵第23聯隊 韓國派遣)'을 승인한 것이다. '한국 폭도 진압 목적 보병 23연대와 27연대를 일시 증가(Delivering list of personnel to be dispatched to Korea for the purpose of quelling Korean rioters)'라는 공문과 함께 파견인들의 명단도 5월 9일에 전달된 것으로 기록되어있다.[750]

---

748. 대한매일신보, 1909. 6. 16. 2권, 479호, "잡보".
749. 대한매일신보, 1909. 6. 16. 2권, 479호, "잡보".
750. JACAR, "Delivering list of personnel to be dispatched to Korea and other items," Rikugunsho Dainikki Gunjiki mitsu Dainikki, Jan. to Dec. 1908, C02030347400 and C02030347500, 陸軍省 軍事機密大日記 - M41-2-2, 韓國駐箚軍隊增加件 "韓國暴徒鎭定目的 步兵 23聯隊와 27聯隊를 一時 增加" 1908.5.7. C02030347500, 陸軍省 軍事機密大日記 - M41-2-2, "步兵第23聯隊 韓國派遣" 1908.5.9. 第6師團長 男爵 Nishijima Sukeyoshi(西島助義). 参謀總長 伯爵 奧保鞏 - marked "Approved(可)".

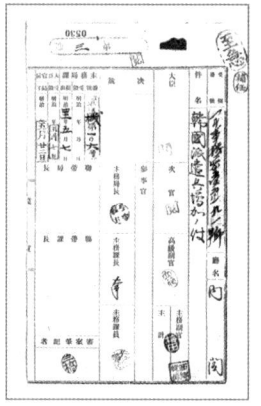 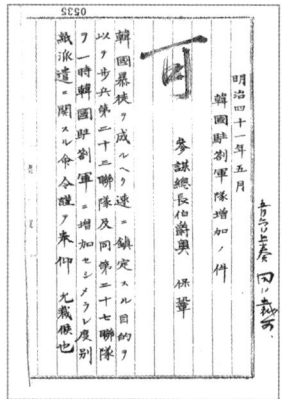

C02030347400　　　　C02030347500
"지급(至急)", 1908.5.7.　　"가(可)", 1908.5.9.

일본 정부가 폭도(暴徒)라고 불렀던 조선 의병들의 이와 같은 무장 활동은 한반도 전역을 비롯해 우수리 지역에서 진행되었고, 1909년까지 2만4천7백83명의 의병이 무려 8백98건을 일으킨 것으로 러시아 외무부 문서에 기록되어 있다고 박종효가 밝혔다. 일본군은 압록강 북쪽의 해안도시로부터 남쪽 제주섬까지 한반도 전역을 정찰하였고 경비를 강화하였다.[751]

이런 상황에서 의병대장 이범윤은 1910년에 유인석과 이상설의 도움을 받아 극동 러시아 13주에 있던 한국 의병들의 단합을 알리는 '십삼도 의군 상소문(十三道 義軍 上訴文)'을 선포하였다. 이 선언문은 9천7백80명의 한인이 그들의 새로운 조국, 즉 러시아를 방어하겠다는 의지를 공표한 것이다. 홍범도의 지휘 아래 이들은 십삼 도 주민들의 힘을 모아 1910년 8월에는 항일투쟁이 절정에 달한 모습을 보여주었다.

이범윤을 따라 1904년에 만주 간도에 자리 잡았던 의병군은 1910년 '십삼 도 의군 상소문' 선언과 함께 극동 러시아로 중심지를 옮겼다. 이리하여

---

751. C. H. Park, [Rosia Yonbang], 170.

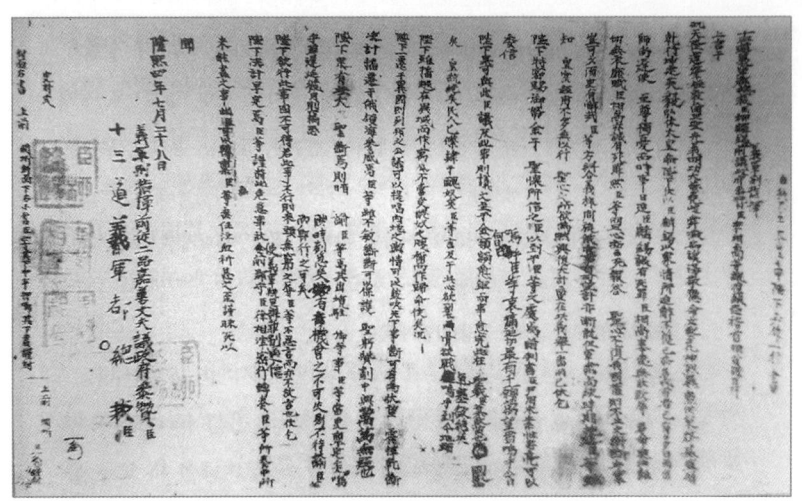

十三道 義軍 上訴文 [Declaration of Ui-gun in 13 Districts], 1910. 7. 28.

의병군은 일본의 한국병합 소식이 퍼지는 가운데 1910년 8월 19일, 단합하여 투쟁을 계속할 것이라며 아래와 같이 선언했다.

> 연해주의 블라디보스토크와 여러 도시에 있는 우리 한인회 대표 열여섯 명은 아래와 같이 결의하였다. 한국이 [일본에] 합병되었음에, 러시아 정부는 한인들이 러시아 국적을 획득할 것을 허용하고, 특별한 권리나 이권은 없더라도 러시아법으로 보호해 주기를 원하는 바이다. 한인들은 수십 년 동안 러시아의 영역에서 살아왔는데, 이미 우리의 조국과는 관계가 끊어졌으며, 이제는 러시아가 우리의 조국이 되었다. 우리는 러시아의 신실한 국민으로서 다른 종족과 함께 동등한 권리를 누리며 살기를 원한다…. 우리는 연해주의 모든 한인 단체와 9천7백80명의 남자(여자와 아동은 제외한)를 대표하여 이 선언문에 서명한다. 블

라디보스토크, 1910년 8월 19일.(영문 각주 56)[752]

이 선언문은 '연해주 의병장 이범윤'의 이름으로 1910년 8월 20일 자로 발송되었다.

그러나 오랜 세월 극동 러시아에 살면서 경제적으로 성공하고 러시아인으로 귀화한 부유층의 한인들은 이와 같은 민족주의적 열성에 공감하지 않았고, 옛날에 힘들게 살다가 절망에 빠져 떠나온 옛 조국의 독립을 위해 싸우겠다는 의지가 희박했다. 러시아군에 들어가서 싸울 준비가 되어있던 이범윤의 무장 의병들은 부유한 한인들의 재정적 보조가 없이는 오래 지탱할 수가 없었고, 1910년 10월에 이범윤이 러시아 경찰에 의해 체포되어 유배되자 숫자가 급격히 줄었다. 러시아 정부는 극동 러시아 의병들의 무장 활동에 대해 심각한 우려를 하고 있었는데, 이는 1908년 우수리 지역의 국경 인

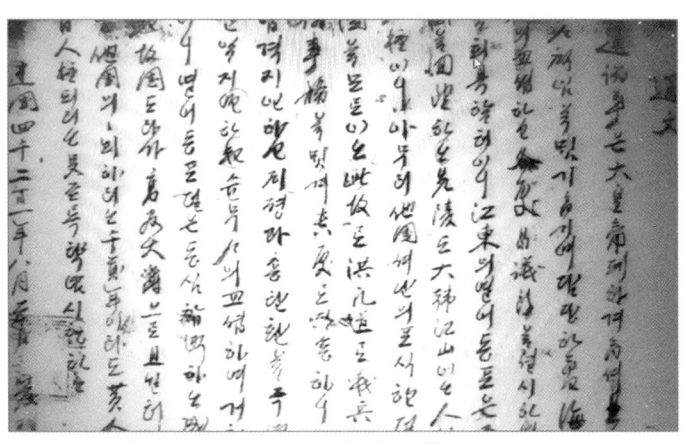

연해주 의병장 이범윤이 발송한 통문, 1910년 8월 20일[753]

---

752. Grave, Kitaitsy, Op. cit., 423, in Saveliev, *Militant*, 155.
753. Dae-Sook Suh, Kim In-Sik, Yi Dong-un, et al., [Hanguk ui Dongnip Undongadul](Seoul: Yuksa Gongkan, s.d.).

접 지역에서 의병들의 움직임에 관해 일본 외무성에서 공식적으로 불평을 해왔기 때문이다. 러시아와 일본이 주고받은 외교문서는 블라디보스토크의 한인촌에서 일어나고 있던 의병 활동을 지적하였고, 일본은 '주모자 이범윤'을 러시아에서 추방할 것을 요구했다.[754]

게다가, 극동 러시아와 만주의 의병 그룹 지도층은, 일본군의 소탕작업에다 친일진회 구성원들의 활약 때문에 새로운 병력을 천 명 이상 모으기가 힘들어졌다."[755] 새로 들어온 신병들 대부분은 1905년 이후에 한국에서 도망온 사람들이었다. 이들이 러시아에서 생계를 유지할 방안은 물론 무기와 식량도 부족한 형편이어서, 한인 디아스포라 속에 긴장된 상태를 초래하였고, 1909년 중반기에는 흩어지기 시작했다.

1910년 한일합병이 선언되면서 일본의 지배를 받아들이려는 사람과 자주독립을 위해 계속 싸워야 한다는 사람들 간에 정치적 의견이 대립, 심화하였다.[756]

이러한 분위기 속에서도 1910년 이후 창의소(倡義所)라는 이름으로 의병들은 극동 러시아, 간도 그리고 한반도에서 한일합병을 반대했다. 끝내 8월 22일 조약이 공포되었으나, 러시아와 미국, 유럽의 국가들은 조금도 반대하는 기색이 없었다. 이십 세기 초, 국제사회에서 가지고 있었던 한국의 낮은 위치를 보여주듯, 하루아침에 한국이라는 독립국이 없어졌고, 외교 관계가 모두 절단되어도 그 어떤 나라도 별다른 항의 없이 받아들였다.

이범윤과 그의 추종자들은 니콜라예브스크(Nikolayevsk)에서 체포되어 이르쿠츠크(Irkutsk)로 추방되었다고, 외무대신 사조노브(Sazonov)가 1910년 10

---

754. C. H. Park, [Rosia Yonbang], 166.
755. Saveliev, Militant, 150.
756. V. V. Grave, Kitaitsy, koreitsy I iapontsy v Priamur'e, Vol. 11, 183-184., in Saveliev, Militant, 153.

월 26일에 서울주재 러시아공사 소모브(A.C. Somov)에게 전문을 보내 알렸다.[757] 이범윤과 그의 의병대원들을 서울로 보내지 않고 러시아에 유배보내기로 한 것은 러-일전쟁 시 러시아 편에서 비밀리에 싸웠던 많은 한국인과 한국 독립운동가들을 일본 헌병대의 손에 넘겨주지 않으려는 배려 때문이었다.

이리하여 의병대장으로 수십 년간 투쟁했던 이범윤은 한인 지도자로서 최초로 이르쿠츠크로 유배되는 처지에 놓였고, 의병들은 그 후, 만주와 한반도의 깊은 산속으로 들어가 지하에서 항일운동을 계속하였다.

2. 독립운동을 위한 한인 단체의 단합

1910년대로 접어들면서, 극동 러시아와 만주의 한인들은 광활한 지역 곳곳에서 독립운동을 위해 단합된 움직임을 보여주었다. 그들의 활약상은 여러 단체와 신문을 통해 보도되고 지원되었음을 앞으로 살펴볼 것이다.

1911년 12월 17일에 러시아 정부로부터 공식적인 인가를 받은 권업회(勸業會)는 한국어로 된 『권업신문(勸業新聞)』을 발간했고, 한국인 학교를 열어서 교육을 통해 한인들이 러시아 시민권을 취득하는 데 도움을 주었으며 교포 간의 활발한 왕래를 통해 지방의 한인들이 협력하는 분위기를 만들었다. 권업회는 1863년부터 시작된 한국이민 50주년을 기념하기 위해 여러 가지 사업을 기획하였다.

『권업신문』은 1912년 5월 4일에 처음 발행되어 극동 러시아, 만주, 한국, 중국, 일본, 하와이와 캘리포니아에 배포되었으며, 『신한민보(新韓民報)』, 『신한국보(新韓國報)』와 더불어 한국의 항일 민족주의를 대표하는 신문으로

---

757. C. H. Park, [Rosia Kungnip⋯Yoyakchip], 65.

인정을 받았다.[758]

1913년에 극동 러시아의 한인들은 러-일전쟁 10주년을 기념하기 위해 대한광복군(大韓光復軍)을 조성하기 시작하였다. 그러나 포츠머스 평화조약의 규정에 따라, 또한 일본 정부를 거스르지 않으려는 의도에서, 러시아 정부는 권업회와 『권업신문』을 정간 및 폐간시켰고, 러시아로부터 한인 이주민들을 체포해 추방하기 시작하였다. 제1차 세계대전으로 한국 독립을 위한 모든 활동이 중지된 가운데 4천 명 정도의 귀화한 한인들이 러시아군에 들어가 전쟁에 참여하였는데, 그중 1백50명은 장교급이었다.[759]

1차 세계대전이 끝나고 미국의 윌슨 대통령(U.S. President Woodrow Wilson)이 1918년 1월 8일에 베르사이유 평화협의를 주관할 것이라는 뉴스가 돌자, 하와이와 캘리포니아에 망명해 있던 한국 민족주의자들은 이 기회를 이용해 세계에 대한민국 독립을 탄원하고자 다시 일어났다.

그들은 윌슨 대통령의 "큰 나라든 작은 나라든 정치 독립과 영토 보전을 상호 보증해주자(affording mutual guarantees of political independence and territorial integrity to great and small states alike)"는 연설과 세계평화 유지를 위한 "열네 가지 요점(Fourteen Points)"을 "한국을 위한 낭보(the clarion call to Korea)"로 받아들였다.[760]

한국의 독립운동 지도자들은 하와이에서 대한국민회(大韓國民會)의 지지를 받고 있던 이승만(李承晩)을 베르사이유로 보내려 했으나, 일본 정부로부터 여권을 발급받지 못해서 실패하였다. 또 상해의 신한청년당(新韓靑年黨)

---

758. Ban Byung-yul, "Koreans in Russia," in 러시아의 한인들: 뿌리 깊은 인연이여, 그 이름은 고려인 [*Rosia ui Hanindul: ppuri kip'un inyon iyo, ku irum un Koryoin = Koreans in Russia/Photographs by Kim Ji-Youn*](Seoul: Noonbit Publishing, 2005), 163.
759. Ban, "Koreans," 163.
760. Frederick Arthur McKenzie, *Korea's Fight for Freedom*(London: Fleming H. Revell Co., 1920), 243; U.S. Embassy & Consulate in the Republic of Korea website, Woodrow Wilson: Fourteen Points Speech(1918).

은 김규식을 파리로 보내 한국의 사정을 세계에 알리고 한국의 독립을 위해 로비할 계획이었으나, 그 역시 파리평화회담에 참석을 거부당했다.

마침내 일본에 있던 한국 학생들이 조선청년독립단(朝鮮靑年獨立團, Korean Youth Independence Corps)을 만들어, 6백 명 이상이 참석한 가운데 작가 이광수(李光洙)가 쓴 선언문을 1919년 2월 8일에 통과시켰다.[761]

고종 황제가 1919년 1월 22일에 갑작스럽게 승하하자, 장례식이 3월 3일로 잡혔고, 한국인들은 3월 1일을 기해 전국적으로 봉기할 것을 비밀리에 계획하였다. 이는 장례식날 한인들이 일어설 것이라고 헌병대가 대비할 것을 예상하여 그 이틀 전으로 잡은 것이었다.[762]

독립선언문은 3월 1일 아침 총독에게 전달되었고, 탑골공원에서 평화적인 시위를 할 것이라고 헌병대에 알렸다. 백만 명이 넘는 한국인들이 남녀노소 한복 차림에 짚신을 신고 전국에서 몰려와 시위에 참여하였다. 그들은 "대한독립만세(大韓獨立萬歲)"를 외치며 만세 삼창을 하였고 그 외침은 한반도 전역으로 퍼져나갔다.[763]

평화적 시위를 위한 지침서는 사전에 전국으로 배포되었는데, 다음과 같았다고 맥켄지는 썼다.[764]

무슨 일이 있든지,

일본인을 모욕하지 말라.

돌을 던지지 말라.

주먹으로 때리지 말라.

---

761. Eckert, et al., *Korea*, 277.
762. Eckert, et al., *Korea*, 278; McKenzie, *Korea's Flight*, 245.
763. Eckert, et al., *Korea*, 278.
764. McKenzie, *Korea*, 244.

이 모든 행위는 야만인의 짓이기 때문이다.(영문 각주 57)

이러한 지침서는 한국인들이 평화적 시위를 하려는 진지한 의도를 보여주는 동시에 일본의 압제에 대항해 싸울 수 있는 무기가 맨손밖에 없음을 보여주는 것이다.

갑작스러운 봉기에 놀란 일본 경찰은 시위자들을 무참하게 진압해 하루 동안 5백33명이 사망하고 1천4백9명이 부상을 입었으며 1만2천5백22명이 체포되었다고 한다. 그 후 여러 달 동안 7천5백여 명이 죽었고, 1만5천여 명이 부상당했고, 4만5천여 명이 체포되었다.[765]

온나라 백성들이 참여하여 평화적인 시위를 하고자 했던 이 운동에 대해 "이제는 모두가 하나였다(But now all were one)"라고 맥켄지가 보고했다. 그는 모든 한인들이 단결되어 시위하는 모습을 서술했고, "약자가 강자를 꺾었다(The weak things had set themselves up to confound the strong)"라고 썼다.[766]

한반도에서 벌어진 3·1만세운동(三一萬歲運動)은 만주 간도의 한인 디아스포라에까지 뒤늦게 퍼져나갔고 그들 또한 평화 시위를 계획해 3월 13일에 태극(太極) 문양이 들어간 깃발과 "정의(正義)와 인도(人道)"라고 쓴 기치를 들고 용정의 서전대야에서 시위를 했다.[767]

일부 역사가들은 이와 같은 한인들의 봉기는 일본의 압제를 막거나 세계 열강의 관심을 끌지는 못했으나, 범민족주의 운동으로서 모국과 외국에 있던 한국인들을 통합하고 단결시키는 촉매제 역할을 했으며 "한민족의 정체성(Korean national identity)"을 보여주는 데 성공했다고 평가했다.[768]

---

765. Eckert, et al., *Korea*, 279.
766. McKenzie, *Korea*, 252.
767. D. S. Suh, [Kim Yak-yun], 138.
768. Eckert, et al., *Korea*, 279.

북간도의 3.1만세운동, 용정 서전대야에서 열린 독립선포 축하식, 1919. 3. 13.

   극동 러시아의 한인들은 3월 17일 블라디보스토크의 신한촌에서 대한국민의회(大韓國民議會)의 주관으로 또 다른 시위를 벌였고, 시내에 있는 모든 외국 공사관과 러시아, 일본 정부에 독립선언문을 배포하였다. 이 시위에는 모든 한인들이-귀화를 했건 안 했건, 원호인이든 여호인이든- 참여하였다. 일본은 태극기를 당장 내리게 하였고 시위를 중지시켰으나 다른 시에도 재빨리 퍼져서, 블라디보스토크에서부터 니콜스크-우수리스크, 수이푼, 수찬과 스파스크 등 북쪽의 블라고스로베노까지도 미쳤다고 한다.[769]

   러시아인들은 "대한독립선언"이라고 쓴 호외와 깃발을 블라디보스토크 시내 곳곳에서 보았다. 신한촌에서 전 시가지로 태극기와 붉은 깃발이 함께 펄럭이며 시위가 퍼져나가는 것을 보고, 어떤 러시아인은 "잠에서 깨어나는 조선의 붉은 꽃(Red flower of the awakening Korea)"이라면서 함께 행진하였다.[770]

   야레멘코(A. N. Yaremenko)는 그의 일기 『공산당원의 일기(*Diary of a Communist*)』에다 "한민족의 일편단심이 위대한 힘으로 나타났다(The single-heartedness

---

769. C. H. Park, [Rosia Yonbang], 270-271.
770. Alyssa Park, *Borderland*, 268.

of the Koreans is manifested with great strength)"라고 적었다.[771] 한국인들의 애국정신은 3·1운동 이후 만주와 한반도에서 그랬던 것처럼 극동 러시아 전역으로 퍼져나갔다.

사학자 하미쉬 이언(Hamish Ion)은 3·1운동 후에 한국, 간도, 블라디보스토크와 상해에서 조직된 "대한국민의회(Great Korean Peoples' Congress)"에 훈춘에서만 2만 명의 한인이 참여했다고 보았다.[772] 1920년 8월쯤에는 북간도 지역에서 활약하는 4백50명의 게릴라와 2천6백 명의 빨치산들을 도와서 훈춘지부가 일어났다고 하미쉬 이언은 썼다.[773]

1919년 3월 1일 이후 이처럼 힘차게 진행되던 독립운동이 왜 성공을 거두지 못했는지에 관해 여러 사학자들은 두 가지의 이유를 제시한다. 독립운동이 점차 과격해지고 무력화(武力化)되었고, 1919년 4월에 세워진 임시정부 안에 분란이 생겼기 때문이라는 것이다. 미국에서 나온 이승만 지지파는 평화 외교적인 방법을 쓸 것을 주장했지만, 극동 러시아와 간도의 이동휘를 지지하던 사회주의·민족주의자들은 무력 투쟁을 주장, 서로의 의견 차이를 좁히지 못했던 것이다.[774]

이런 상황에서 일본은 극동 러시아와 만주에서 움직이던 한국 민족주의자들을 색출하고 제거하는 정보활동에 주력하여, 노보키예브스크와 블라디보스토크 지역의 한인 밀정들을 이용해서, 42명의 한인을 체포하였다. 그 중에는 『대동공보』의 편집인 유인석과 이강도 잡혀들어갔다가 곤다치 주

---

771. A. N. Yaremenko, "Dnevnik kommunista," [Diary of a communist] in *Revoliutsiia na Dal'nem Vostoke*(Moscow-St. Petersburg: Gosudarstvennoe Isdatel'stvo, 1923), 216-217, quoted in Alyssa Park, *Borderland*, 268.
772. A. Hamish Ion, *The Cross and the Rising Sun: The Canadian Protestant Missionary Movement in the Japanese Empire, 1872-1931*(Waterloo, Canada: Wilfrid Laurier University Press, 1990), 197.
773. Ion, *The Cross*, 197.
774. Ion, *The Cross*, 197.

지사의 중재로 풀려나왔다.[775]

전반적으로 볼 때, 상해 서비스(Shanghai Service)와 의병(Righteous Armies)의 일원으로 러-일전쟁 중 러시아 편으로 참여했던 한인들은, 한국과 미국에 흩어져 있던 한인 동포들과 함께 한 목소리로 아리랑 고개를 넘어간 한인 디아스포라인이었다. 이들은 모두 조국의 독립을 염원하면서 살아나갔다.

결론

1905년 러-일전쟁이 끝나고, 일본의 식민지배가 시작된 시점부터 완전 통치로 들어간 1910년 이후, 또 1919년에 전국적으로 봉기 한 3·1만세운동을 정점으로 한반도와 디아스포라의 한국인들은 역사상 가장 폭발적인 격동기를 겪었다. 이렇게 정치적으로 용광로 같은 분위기에서, 수많은 한인들은 여전히 비참한 조건 속에 살아야 했다. 많은 이들은 지상천국(地上天國, "heaven on earth")을 염원하면서 기독교에 의지하며 살았다고, 사학자 알버트 박(Albert Park)은 그의 저서 『지상에 짓는 천국(Buiding a Heaven on Earth)』에 서술했다.[776]

제4장에서는 오백 년 역사의 조선왕조가 하루아침에 일본제국주의의 식민지로 전락하는 비극적 역사가 전개되는 속에서, 각 지역에 분산되어 있던 초국적 디아스포라 한인들이 나라 없는 백성으로 살아나가는 과정을 서술했다. 한반도에서 벌어진 전쟁이면서도 한국인들은 아무런 발언권도 없이 외세에 의해서 시작, 진행, 종료된 것이다.

조국의 자주독립권이 박탈당한 채 디아스포라에 흩어져 살던 아리랑 민족은 순식간에 나라를 잃은 서러움을 겪었고, 급변하는 환경에서 삶의 투

---

775. C. H. Park, [Rosia Kungnip...Yoyakchip], 198.
776. Albert Park, Building a Heaven, 79.

쟁은 계속되었다. 그들은 태어난 조국과 새로 찾은 나라에서 함께 고통을 겪었다. 수많은 이들이 살아생전에, 아니면 자식의 생전에, 아리랑 고개를 다시 넘어서 고향으로 돌아갈 희망을 안고 살아나갔다.

제5장

결론

고려인 강제이주 모습, 1937.[777]

이천만 동포야 어디 있느냐
삼천리 강산만 살아 있네.
아리랑~ 아리랑~ 아라리오~
아리랑 고개를 넘어간다.

지금은 압록강 건너는 유랑객이요
삼천리 강산도 잃었구나
아리랑~ 아리랑~ 아라리오~
아리랑 고개를 넘어간다.[778]

이 마지막 장에서는 1920년 이후 극동 러시아와 만주의 초국적 디아스포라 한인들의 생활을 살펴보고자 한다. 러시아로 귀화해 그 당시 고려인이라고 불렸던 한인들은 수십 년 동안 제정 러시아와 소비에트 연방의 시민으로 충성을 다했음에도 1937년 대거 축출과 사형이라는 형태로 희생을 당했다.

만주에 살던 조선인들은 사십 년(1905-45) 동안 일본 제국주의 식민정책의 앞잡이라는 의심을 받아 박해당했고, 중국 공산당 혁명의 격동기(1921-27)를 힘들게 지냈다. 또 한반도에서 벌어진 한국전쟁(1950-53) 때에는 디아스포라의 한인들이 동족끼리 싸워야 하는 상황에서 어떻게 이용당했는지를 볼 것이다. 결론적으로, 미-소 냉전시대가 끝난 오늘날에도, 한민족은 세계 각 지역에서 아리랑 고개를 넘나들며 살고 있음을 볼 것이다.

1924년경 소비에트 연방에 살고 있던 고려인(高麗人, Корё-сарам)들은 약 15만 명으로 알려져 있었다. 14만7천 명은 러시아 공화국민이었는데, 그중

---

777. C. H. Park, *Rosia*, 344.
778. 님 웨일즈·김산 지음, 송영인 옮김, 아리랑: 조선인 혁명가 김산의 불꽃 같은 삶. 개정3판(서울: 동녘, 2005), [5].

14만 명은 제1세대의 이주민이었다고 1924년 9월 러시아 연방 국립역사문서(ГАРФ) 자료집에 기록되어 있다.[779] 이 보고서는 더 많은 고려인이 우즈베키스탄(Uzbekistan), 카자흐스탄(Kazakstan), 에스토니아(Estonia) 등 여러 지역에 살고 있었으나, 정확한 숫자는 알 수 없다고 했다. 그리고 고려인 노동협회에는 12명의 정식 회원이 있었고 18명의 공산당원이 있었으나, 1923년 12월 당시 공식적으로 당에서 인정받지 못했고, 우크라이나(Ukraina)와 백계러시아(White Russia)에 살고 있던 고려인들의 숫자는 정확히 알 수가 없는 형편이었다.[780]

상해에서 1917년부터 『중국 주간 회보(China Weekly Review)』 신문을 발행하였고, 1941년까지 주필·편집인으로 있었던, 존 파월(John Benjamin Powell)은 1936년에 『시카고 트리뷴(The Chicago Tribune)』의 특청을 받고 극동 러시아로 파견되었다.[781] 파월이 블라디보스토크와 하바롭스크에서 관찰한 결과는 「OGPU의 칸찬골과 OKDVA(극동 러시아의 적군)의 고려인들에 관한 미국 정보보고서[U.S. Intelligence Report Regarding Khan Chan Gol(OGPU) and the Koreans in the OKDVA(Red Army of the RFE)]로 작성되어 미 국무성의 존 알리슨 부영사(Vice Consul John M. Allison)에게 제출됐다.

칸찬골은 한때 스탈린의 최측근 중 하나였으나, 1937년 고려인들의 강제이주 시 총살을 당했던 인물이다. 1936년에 『중국에서 보낸 나의 25년(My Twenty-Five Years in China)』이라는 책을 출판하였고, 고려인들이 강제이주 되기 일 년 전에 직접 관찰한 한인들의 극동 러시아 생활을 묘사했다.

파월은 이 책에서 블라디보스토크의 한 대학에서 한국어를 가르치는 모

---

779. ГАРФ, Record Group No. 1235, Series 119, Event 12, No. 61-62(1924), in C. H. Park, [Rosia Kungnip … Yoyakchip], 809.
780. C. H. Park, [Rosia Kungnip … Yoyakchip], 809.
781. Powell, John Benjamin(1886-1947), Papers, 1910-1952, at The State Historical Society of Missouri, 1.

습을 서술했다. 1930년대 한국에서는 조선총독의 엄명으로 한국어를 가르치기는커녕, 밖에서는 물론 가족끼리도 한국어를 쓰는 것이 금지되어 있었다. 일제 강점기 말에는 한국인들에게 성씨 개명, 한국어 사용 금지 등 가장 치욕적인 정책을 쓰고 있었다.[782] 그러나 이 러시아 블라디보스토크의 대학에서 파월이 본 것은, "오십여 명의 학생들이 신문 기사와 책자를 한국어로 번역하고 있었다(some fifty students…translating articles and pamphlets into the Korean language)"는 것이고, 그 번역된 책자들은 한국으로 비밀리에 전달될 것이라고 했다.[783] 파월은 또 한글로 발행된 신문, 잡지와 수천 권의 책들이 블라디보스토크에서 출판되어 비밀리에 한국으로 들어갔다고 미 국무성에 보고하였다.[784]

"일본은 한국어를 죽이고 있는 반면, 러시아는 살리고 있다.(The Japanese are killing the language, while the Russians are keeping it alive)"라고 파월은 강조했다.[785] 사학자 존 스테판(John J. Stephan)도 이런 상황에 대해서, 일제는 블라디보스토크에서 발행되고 있던 한국 신문들－『해조신문』, 『대동공보』, 『권업신문』－을 계속 찍어내는 한인들을 색출하려 애쓰다가 1908년에 한국 내에서 발행되는 한국 신문들을 모두 폐간시킨 반면, 러시아 정부는 한국인들이 한글 신문을 발행하는 것을 막거나 축출하지 않았다고 썼다.[786]

파월은 또 "극동 러시아군은 적어도 10퍼센트가 중국인, 한국인, 몽골족 등의 동양인으로 되어 있었고, 그중 어떤 부대장은 중국인이었다"라고 보

---

782. Mark Caprio, *Japanese Assimilation Policies in Colonial Korea, 1910-1945*(Seattle: University of Washington Press, 2009), 169.
783. John Benjamin Powell, *My Twenty-Five Years in China*(New York: Macmillan, 1945), 211.
784. J.B. Powell, "U.S. Intelligence Report Regarding Khan Chan Gol(OGPU) and the Koreans in the OKDVA(Red Army of the RFE)," January 1936, in Chang, Burnt, 198.
785. Powell, "U.S. Intelligence," 198.
786. Stephan, *The Russian Far East*, 76.

고했다.⁷⁸⁷ 블라디보스토크와 하바롭스크에는 10만 명의 한국인이 있었는데, 그중 많은 사람이 러시아군에 속해 있었고, 적군(Red Army)의 한 부대에는 2백 명의 한국인이 있었는데, 마을 사람들에게 어떻게 하면 공수 작전을 피할 수 있는지를 가르치고 있었다고 했다.⁷⁸⁸

미 국무성에 제출한 보고서에서 파월은 또 이렇게 썼다.

> 러시아는 이 지역에서 한인 혁명군의 핵심분자들을 기르고 있다는 사실을 감추려 하지 않는다…. 블라디보스토크에는 한국인 학교 체계가 있어 초등학교부터 대학교까지 7백여 명의 학생들이 다니고 있다.(영문 각주 58)⁷⁸⁹

파월은 또 증언하기를, 소비에트 방위단의 일원으로 한국인 병사들 한 연대가 소비에트 장교 밑에서 훈련을 받고 작전을 연습하는 것을 보았다고 했다. 그는 바이칼 호(Lake Baikal) 지역에는 더욱 많은 동양인 병사들이 소비에트 군복을 입고 있었다고 했다.⁷⁹⁰

1904년에는 다섯 명의 카잔 신학교의 '귀화한 고려인들'이 블라디보스토크의 극동연구소 졸업생들과 함께 만주로 파견되어 정보문서 번역작업을 했다는 보고가 있었다. 이들 중 한 사람인 안드레이 아브라모비치 칸 면세(Andrei Abramovich Khan Myon She)는 한인이었는데 소비에트 연방의 골수분자로서 지도층에 있다가 일본 스파이라는 혐의를 받고 레닌그라드에서 체포

---

787. Powell, "U.S. Intelligence Report," in Chang, *Burnt*, 192.
788. Powell, "U.S. Intelligence Report," in Chang, *Burnt*, 198.
789. Powell, "U.S. Intelligence Report," in Chang, *Burnt*, 198.
790. Powell, *My Twenty-Five Years*, 211.

되어 1937년 12월 10일에 총살당하였다.[791]

파월이 보고했던, 고려인으로서 내무인민위원회 제3대대(NKVD Third Division)의 사령관이었던 그리고리 칸찬골(Grigorii Khan Chan Gol)도 같은 시기 2천5백 명의 소비에트 적군에서 거물급이었던 고려인 엘리트들과 함께 제거되었다. 그들은 반일활동의 지도자들이었음에도 불구하고 일본의 스파이로 몰려서 1937년에서 1938년 사이에 모두 처형되고 말았다.[792] 스탈린은 다민족 디아스포라인들을 "반역자(fifth columnists)"라고 의심하였고, 외국인들을 거의 병적으로 불신했다.[793] 역사가 박현귀는 극동 러시아의 고려인들이 그 지역에서 가장 강력한 공산주의자로 공헌을 했으나, 결국은 1936-38년의 "스탈린 공포정치(Great Terror of Stalin)"로 강행된 타민족 강제 이주와 추방의 첫 희생타로 러시아 역사에서 제거되었다고 개탄하였다.[794]

I. 고려인의 강제 이주와 숙청, 1937

존 파월의 방문 직후, 블라디보스토크에 있던 대학은 문이 닫혔고, 1937년 극동 러시아의 고려인들은 중앙아시아로 강제 이주하게 되었다. 스탈린은 전공산당(全共産黨, VKP) 내의 반대 세력을 모두 제거한 후, 대거 숙청을 시작하였다.[795] 스탈린과 내무 인민위원회(NKVD)의 수뇌였던 니콜라이 에즈호브(Nikolai Ezhov)의 숙청 작업은 원조 볼셰비키들과 반소비에트 분자들

---

791. Chang, *Burnt*, 159.
792. Chang, *Burnt*, 27, 159, and 199.
793. Chang, *Burnt*, 153.
794. H. G. Park, *The Displacement*, 74.
795. Chang, *Burnt*, 151.

을 대상으로 집행되었다.[796] 고려인들의 강제 이주는 타민족 중 첫번째 경우였고, 다음으로는 '폴란드인, 독일인, 라트비아인, 에스토니아인, 핀란드인, 이란인, 중국인, 루마니아인' 등이 강제 이주되었으며 이는 1950년까지 계속되었다.[797]

스탈린 공산당 서기와 몰로토브 인민회의장(V. Molotov, Chairman of the Ministry of People's Commissars)이 집행한 결의안 1425-3266ss는 '극동 러시아 지역의 변경지대로부터 고려인 추방의 건(On the Exile of the Korean Population from the Border Regions of the Russian Far Eastern Region)'이라고 불렸으며, 1937년 8월 21일에 서명 인준되었다.[798]

스탈린은 비러시아 민족을 대상으로 대숙청과 강제 이주를 시행했는데, 이런 방법으로 적의 세력을 소탕하고, 소비에트 사회를 앞으로 다가오고 있는 전쟁-제2차 세계대전-에 대비하려는 심산이었다.[799] 그 정책의 첫 번째가 엄청난 수의 고려인들을 극동 러시아로부터 남부 카자흐스탄, 우즈베키스탄, 아랄해와 발카쉬 호수지역으로 이주시킨 것이다.[800]

1937년 9월에서 11월 사이에, 17만 1천7백81명의 고려인들(16,272가구)은 며칠간의 말미만 주는 이주명령서를 받았고, 바로 짐을 싸서 미지의 중앙아시아 지역으로 보내졌다. 2만 1백70가구의 9만 5천2백46명이 1백24개의 화물차 또는 가축 운반 열차에 실려서 카자흐스탄으로, 1만 6천2백72가구의 7만 6천5백25명은 우즈베키스탄으로 실려갔다.[801] 그중 많은 사람들이 노쇠

---

796. Chang, *Burnt*, 152.
797. Chang, *Burnt*, 152.
798. Chang, *Burnt*, 153.
799. Chang, *Burnt*, 152.
800. "Document NKVD officer Meer to Ezhov" as cited in V.D. Kim, *Pravda polveka spustia*, 76-77, in Chang, *Burnt*, 157; Elena Chernolutskaya, "Forced Migration in the Soviet Far East in the 1920-1950s: Synopsis of the Thesis for Doctoral Degree in History"(Vladivostok: Institute of History, Far Eastern Branch of Russian Academy of Sciences, 2012), 35-36, quoted in Lee and Lukin, *Russia's Far East*, 37.
801. Ban, "Koreans," 166.

했거나, 임산부 또는 질병 있는 사람들이었으므로 한 달 이상 걸린 이주 도중 굶주림과 질병으로 죽어나갔다.

1927년 인구조사에 의하면 고려인의 인구는 1937년에 20만4천6백 명으로 증가할 것으로 추정되었으나, 1928-32년의 집단화와 탈취로 인해 17만 2천5백97명밖에 남아있지 않았던 것이다.[802] 존 장(Jon Chang)은 5만 명의 고려인이 이미 1928-32년 사이에 집단수용과 몰수를 피하기 위해 만주나 한국으로 떠난 상태여서, 1937년에 강제 이주를 당한 숫자가 더 많지 않았던 것은 불행 중 다행이라고 했다.[803]

극동 러시아 고려인들의 중앙아시아 강제 이주는 그들이 자진해서 이주했던 것과는 전혀 다른 경험이었다. 자진해서 이주할 때는 미리 준비를 할 수 있었지만, 이 경우에는 타의에 의해서 갑작스레 당하고 말았다. 이렇게 러시아는 모든 고려인을 극동 러시아에서 쫓아내 중앙아시아 미지의 땅으로 강제 이주를 시켰다. 남 카자흐스탄, 우즈베키스탄, 아랄해 행정 지역 그리고 발카쉬(Balkhash) 호수 지역으로.[804]

1937년 11월 3일에 내무 인민위원 에이전트 미르(Meer)와 루쉬코브(Lushkov)는 최후의 수송 열차가 10월 30일에 '불순자 고려인들(suspicious Koreans)'을 태우고 떠났다고 보고했다.[805] 고려인들이 얼마나 열심히 새 조국-제정 러시아든지 소비에트 연방이었든지-을 위해 살았던가는 아무 의미가 없었다. 그들은 영원한 타민족으로, 의심의 대상으로 살았던 것이다.

화장실도 숙식 시설도 없는 짐차로 떠난 여행길은 30일 내지 45일이 걸렸다. 제정 러시아와 소비에트 정부에 충성을 다했던 고려인들은 그 긴 여

---

802. Chang, *Burnt*, 154.
803. Chang, *Burnt*, 154.
804. H. G. Park, *The Displacement*, 76; Chang, *Burnt*, 153.
805. V.D. Kim, *Pravda polveka spustia*, 76, in Chang, *Burnt*, 156.

행 중 질병과 부상으로 16.3퍼센트가 사망했다.[806] 새로운 땅에서 다리를 뻗을 틈도 없이, 그중의 60퍼센트는 다음 해 봄에 또 다른 미지의 고장으로 실려갔다. 아무런 이유도 설명도 못 듣고, 두고 떠난 재산의 보상도 못 받고, 러시아 정부가 약속했던 정착금도 받지 못하고….[807]

존 장은 2008년에서 2014년까지 6년 동안, 중앙아시아로 이주당했던 옛 소비에트 고려인들을 인터뷰했는데, 이미 노인이 된 그들은 마음속 깊이 간직했던 슬픔을 이야기했다. 마이아 김(Maia Kim)은 떠나고 싶지 않았던 부모님들의 마음을 전했다. "그들은 극동 러시아에서 자랐고, 자식들도 거기서 났고, 뿌리도 거기에 내렸었습니다.(They grew up there [RFE]. Their children were born there. They put down their roots there.)"[808] 수십 년 전에 가난과 차별대우를 못 이겨 국경을 넘어갔던 불쌍한 조선의 농민들이 또다시 알지도 못하는 멀고 먼 고장으로 끌려갔던 것이다.

블라드미르 리(Vladmir Li)는 그 당시 여덟 살이었다. 테르네이(Ternei) 근처의 태평양 바닷가에 행복하게 살고 있었는데 학교 수업도, 숙제도 안 해도 되는 재미있는 여행을 떠나는 줄 알고 좋아라 했다. 어떤 이들은 도망해서 숨으려 했으나, 결국은 잡혀서 즉시 총살을 당했고, 어떤 이들은 소, 닭, 돼지를 이웃에게 넘겨주고 빈손으로 떠나고 말았다.[809]

---

806. Ediev, *Dmograficheskie poteri deportirovannikh narodov SSSR*, 302, cited in Chang, *Burnt*, 156-157.
807. Ban, "Koreans," 167.
808. Maia and Vladmimir Kim Interview(husband and wife), by Jon Chang, Kolkhoz Politotdel, Tashkent, Uzbekistan, September 14, 2009, quoted in J. Chang, *Burnt*, 155.
809. Chang, *Burnt*, 156.

II. 만주의 조선인,
일제의 앞잡이 또는 망향의 독립투사?

    북서쪽의 만주에서도 매사가 평탄치는 않았다. 중국을 식민지로 통치하던 일본 정부는 만주에 살던 조선인을 반도인(半島人)이라 불렀고, 조선인들은 중국인과 일본인 사이에 끼어 온갖 고난을 당하고 있었다. 중국인들은 만주의 조선인들을 일본 식민정치의 앞잡이로 보아 믿을 수 없는 존재로 여겼기에 식민자(the colonizer)와 식민지 백성(the colonized)의 틈바귀에 끼여 있었던 셈이다.[810] 일본인들은 만주의 조선인을 반항적인 존재로 여기고 일본이 아시아 대륙을 식민지화하는 데 방해물이라며 심한 압제를 하였다.

    1920년대와 1930년대에 만주에는 중국에서 뿐만 아니라 여러 타민족-이슬람교도인, 위구르인, 티베트인, 몽골족 등-이 이주해 들어갔다.[811] 일본의 북방에 있던 아이누족도 일본 본토에서 받던 심한 차별대우를 피해서 만주로 갔다. 백계 러시아인들도 러시아 혁명이 일어나던 때 만주로 이주해서 만주는 명실공히 온갖 인종들이 몰려 사는 다민족 디아스포라의 땅이 되었다. 1930년 연변의 조선인 숫자는 38만8천6백 명으로 전체 인구 50만8천6백13명의 76.4퍼센트를 차지하였다.[812]

    이러던 중, 일본군 수비대 병사의 잘못으로 폭탄이 터지는 사건이 일어났는데, 이를 중국인들의 사보타지 행위라고 곡해해서, 일본은 관동군을 동원하여 1931년 9월 13일에 대규모의 공격전을 벌였다.[813] 이를 만주사변(Manchurian Incident)이라 했는데, 일본이 남만주를 점령하고, 조선 이주민들

---

810. Kim, [Manchurian Arirang], 58.
811. Suh and Shultz, *Koreans in China*, 5.
812. Kim, [Manchuria Arirang], 63.
813. Alyssa Park, *Borderland*, 279.

을 대거 남만주에 흩어지게 하여 일본의 대륙 통치를 돕게 하는 계기가 되었다.

만주사변 외에도 여러 번에 걸친 반란이 일어나고 있던 1931년, 만주에 있던 한인 공산당은 중국 공산당과 힘을 합쳐 간도의 용정지역에서 조심스럽게 계획적이고 매우 파괴적인 '폭동'을 일으켰다.[814] 중국 공산당의 만주 지방회(MPC)는 봉천에 본거지를 두고, 만주에 살던 조선인들에게 일본군에 대항하여 일어나라고 종용했다.[815] 이는 1925년 4월에 한인 공산당에서 내건 슬로건의 첫 번째 항목으로 올려졌다. 즉, '일본 제국주의 지배의 완전 전복과 완전한 한국 독립(Complete overthrow of the Japanese imperialist rule and complete independence of Korea)"이라고.[816]

공산당의 이론적 체계를 제대로 이해하지도 못하면서, 만주의 조선인들은 공산주의가 한국을 자유화하고 한국인들을 일본의 착취로부터 해방시킬 수 있는 '혁명적 사명'이라고 믿었다.[817] 이 조선인 공산주의자들 3천8백72명은 9백61회에 걸쳐 무자비한 폭력을 써서 일본 헌병대뿐만 아니라 조선인의 재산도 많이 파손했다. 따라서 한국 민족주의자들 및 기독교 단체와도 마찰이 많았다.[818] 1930년 말경에 만주의 조선인 공사당원들이 약해져서 시베리아로 후퇴하였고, 많은 사람들이 체포되어 수감되었다.

김산(일명 장지락)은 1920년대와 1930년대에 중국 공산당을 조직하는 데 많은 힘을 썼던 혁명가였는데, 1938년 일본의 비밀 요원으로 의심을 받아 결국 연안에서 사형을 당했다.[819] 위에서 본 바와 같이, 김산은 러-일전쟁

---

814. Suh, *The Korean Communist Movement*, 230.
815. Suh, *The Korean Communist Movement*, 239.
816. Dae-Sook Suh, *Documents of Korean Communism*: 1918-1948(Princeton: Princeton University Press, 1970), 140.
817. Suh, *The Korean Communist Movement*, 251.
818. Suh, *The Korean Communist Movement*, 235.
819. Kim, [*Manchuria Arirang*], 245.

중 태어나, 일본과 만주를 오가며 살던 중, 중국 공산당의 중요한 요원이 되었다. 죽을 때까지 한국독립을 위해 투쟁했으나, 그가 증오하던 일본의 스파이라는 의심을 받고 죽게 된 것이다.

아래 김산의 사진에는 가슴에 이렇게 쓰여 있다. "장지락, 27세, 한국 평안북도 용천 출신, 중국 천지 주재 일본총영사관의 명령으로 중국의 체재를 금한다."[820] 이것은 만주에 살던 많은 조선 디아스포라인들이 한국 역사상 가장 격동적인 시기에 추방당하거나 제거되는 최후를 맞이했음을 보여준다.

27세의 김산(장지락)[820]

중국의 공산혁명을 견디어 내고 중국에 살던 조선인들 중 8만 명 이상이 1950년에 발발한 한국전쟁에 중공 인민군(中共人民軍) 부대로 투입되었다. 5만5천-6만 명은 북한인민군(北韓人民軍)으로, 2만 명은 중국인민지원군(中國人民支援軍)으로 한반도에 파송되어 유엔군과 남한의 군대에 대항하여 싸워야 했다.[822]

연변지역에서만 5천 명 이상의 조선인들이 중공 인민군으로 투입되었다. 그 외에도 5천7백40명은 보조 군인으로, 즉 1천7백73명의 기계수, 2천1백63명의 통역관, 8백98명의 간호원, 3백30명의 운송원, 4백33명의 부상자 운반 대원, 1백40명의 트럭 운전수 등

---

820. Kim, [*Manchuria Arirang*], 245.
821. 님 웨일즈-김산, 아리랑: 조선인 혁명가 김산의 불꽃 같은 삶(경기도, 동녘, 2019), 3.
822. Kim Jai-ki, Yim Yun-un, "중국 만주지역 조선인 디아스포라와 한국전쟁," 재외한인연구, No. 23(2011), 175, cited in Kim, [*Manchuria Arirang*], 55, n14.

으로 참여하였다.[823] 한국전에서 사망한 연변 출신 중국인 병사 6천9백81명은 거의 모두가 조선인이었다고 기록되어 있다.[824] 이리하여 러-일전쟁 때 한국인들이 양쪽 진영에서 서로 맞서 싸웠던 상황이 50년 후에 또 발생한 것이다.

III. 21세기의 아리랑 디아스포라

오늘날 연길(延吉) 공항에 도착하면, 이중언어로 된 게시판과 도로표시판이 방문객의 눈길을 사로잡는다. 한글 표기가 위에, 중국어가 아래에 있어 연변 지역에서 조선족이 강력한 자치권을 행사하고 있음을 볼 수 있다. 연변은 1952년 이래 연변 조선족 자치주(延邊朝鮮族自治州)로서, 길림성(吉林省)의 자치주이며, 중심지는 연길이다. 연변의 조선족 인구는 2003년 현재 53만 명으로 나와 있다.[825]

중국이 공산화된 후 1966-76년에 일어났던 문화대혁명은 중국 전역을 휩쓸었으나, 한국인의 문화와 풍습은 조선 디아스포라인들에 의해 변함없이 유지되어 왔다.

러시아의 볼셰비키 혁명으로 소비에트 연방이 조성되었어도 러시아의 고려인 디아스포라를 완전히 파괴하지는 못하였다. 초국적 디아스포라의 한인들은 1937년 스탈린에 의해 수천 마일 떨어진 중앙아시아로 이주당했

---

823. Yonbyon chosunjok chachiju kaehwang [The general situation of the Yanbian Korean Autonomous Prefecture](Yanji: Yonbyon inmin ch'ulp'ansa, 1984), 116, quoted in Chae-Jin Lee, "The Political Participation of Koreans in China," in Dae-Sook Suh and Edward J. Shultz, Koreans in China(Honolulu: University of Hawaii, Center for Korean Studies, 1990), 97.
824. Lee, "The Political Participation," 97.
825. 임계순 [Im Gye-soon], 우리에게 다가오는 조선족은 누구인가 [Who is this Chosun-jok that is Approaching us?](Seoul: Hyunamsa, 2003), 198, in Kim, [Manchuria Arirang], 64.

지만 그곳에서도 고유한 생활방식을 잃지 않고 아직까지 유지하고 있다.

극동 러시아와 만주의 초국적 한인 디아스포라인들 간에 뚜렷한 차이점은 칭호일 뿐이다. 전자는 고려인(高麗人, Goryoin or Goryo saram)으로 후자는 조선족(朝鮮族, Chosunjok)으로 불리는데, 그들은 21세기에 들어와서도 타민족(other)으로 간주되고, 2등 국민 취급을 받고 있다.[826]

연해주의 고려인 농부 부자.

볼고그라드의 '8.15 한인 축제', 김지연 사진.[826]

고려인 4세 여학생들의 부채춤 공연.

위의 세 사진은 스탈린에 의해 중앙아시아로 강제 이주되었던 고려인들이 1990년대에 다시 러시아로 돌아와서 사는 모습을 사진작가 김지연이 찍은 것이다. 이들 3세대 또는 4세대의 고려인들은 볼가강(Volga River)변의 볼고그라드(Volgograd)로 다시 이주하여 현재는 큰 한인 디아스포라를 형성하

---

826. Alyssa Park, *Borderland*, 286.
827. 러시아의 한인들: 뿌리 깊은 인연이여, 그 이름은 고려인 [*Rosia ui Hanindul: ppuri kip'un inyon iyo, ku irum un Koryoin = Koreans in Russia/Photographs by Kim Ji-Youn*] (Seoul: Noonbit Publishing, 2005).

고 있다. 볼고그라드는 2차 세계대전 중 소련 적군의 전초선으로 쓰이던 스탈린그라드(Stalingrad)의 새로운 이름이다.

강제이주 당시 고려인들은 이미 러시아 말에 능통했지만, 우즈베키스탄 지역에서 새로운 삶을 찾는 데 언어장벽으로 인한 고통을 겪다가, 러시아의 사회주의연방공화국 최고회의가 소수민족의 자유 복권을 선언한 1989년 11월 14일 이후에 다시 러시아로 돌아온 것이다.[828]

고려인들은 여전히 주로 농사를 짓고 있는데 계절 따라 이곳저곳으로 옮겨 다니고 있다. 김지연의 사진 속 삼대(三代)의 아버지와 사대(四代)인 아들은 고려인 계절 농부로서 함께 일하며, 극동 러시아의 연해주 지역에서 2001년에 살고 있었다. 그들은 겨우 견디며 살 수 있을 정도였고, 농사를 지으며 사는 것은 여전히 어렵지만, 아버지는 아들을 가까이에 두고 흐뭇한

2011년 5월 명동촌 전경. 규암 김약연기념사업회 소장.

---

828. 박종효, 러시아 연방의 고려인 역사, 385.

미소를 짓고 있다. 젊은 아들은 나이키(Nike) 셔츠를 입고 아버지는 격자무늬 셔츠를 입고 있는 것으로 보아, 옷차림은 서양식이지만 다른 면에서는 여전히 한국식으로 사는 것으로 보인다.

    1899년 김약연 선생이 세운 명동촌의 2011년 모습을 통해 만주의 한국인 다민족 디아스포라가 아직도 건재함을 볼 수 있다. 2004년 현재 명동촌이 있는 만주의 길림성 연변조선족자치주에는 2백17만7천1백26명의 조선족이 살고 있고, 그중 1백9만2천3백43명이 여자였다.[829] 이것은 특기할 만한 사실로서, 과거에는 여자들이 인구조사에 끼지 못했다. 여자들은 대가족을 위해 농사와 식사 준비와 의복을 건사하는 등의 고된 일만을 감당해야 했던 것이다. 극동 러시아와 만주 지역에서 여자들의 공헌, 다시 말해 디아스포라 형성과 유지뿐 아니라 독립운동까지 연구되어야 할 것이다.

---

829. Kim, [Manchuria Arirang], 294.

끝맺는 말

본 연구는 1904-05년까지 일어났던 러-일전쟁 때, 미국 작가 잭 런던이 종군기자로서 『샌프란시스코(San Francisco Examiner)』 신문에 보도한 기사에서 실마리를 잡고서, 일본의 속국이 되기 삼십여 년 전에 한국인들이 일본군의 일원으로 참여했다는 가설을 증명하기 위한 것이었다. 저자가 잭 런던의 신문기사와 보고서에서 찾은 실마리는 그 당시의 또 다른 여러 신문기사와 한국, 미국, 러시아, 일본 정부의 국가공문서에서 찾아낸 기록들에 의해 사실로 증명되었다. 더 나아가서, 한국인들은 러시아군에도 전투병력 또는 정탐군으로 참여했다는 것도 증명하였다.

이 연구를 하면서 발견된 또 하나의 사실은 러-일전쟁 이전, 즉 청-일전쟁 전에도 한국인들이 일본 정부를 위해 한반도의 지역 정찰과 지도 편찬에 기용되었다는 기록을 일본 국립문서 속에서 찾아낸 것이다. "노국적 원 조선국산 김인승 용입의 건(魯國籍元朝鮮國産金麟昇傭入何, Inquiry about employment of a Russian national and a former Korean native, Kim Rin-sung)."[830] 즉, 김인승이라는 함경도 함흥 출신의 사람이 극동 러시아로 이주해 러시아로 귀화를 한 후, 1875년 7월 13일 자로 일본군 정부에 고용되었다는 사실은 이미 한국 내 역사학계에도 알려진 사실이다. 본 연구는 또한 일찌감치 초다국적 디아스포라인이었던 김인승 외 여러 사람들이 일본 군부를 위해 한반도와 만주 지역을 섭렵하면서 상세 지도 편찬작업을 하였다는 기록과 1876년

---

830. "魯國籍元朝鮮國産金麟昇傭入何 [Inquiry about employment of a Russian national and a former Korean native, Kim Rin-sung]," National Archives of Japan, A01100100700, Meiji 8. 7. 13. (July 13, 1875).

에 조인된 강화도조약 이전에 일본 정부가 조선을 상대로 흥정을 할 수 있는 위치로 나가는 데 기여한 격이 되었다는 것을 밝혔다.

결론적으로, 본 연구는 러시아와 중국에, 즉 극동 러시아와 만주에, 일찌감치 형성되었던 한국인들의 초다국적 디아스포라 공동사회에 관한 것이다. 조선조 말, 자연재해와 정치적 분란, 사회적 차별대우를 피해 더욱 나은 삶을 찾아, 오직 살아남으려는 의지를 갖고 북쪽 땅으로 이주해 갔던 한국인들이 어떻게, 무슨 이유로 타국 간의 싸움이었던 러-일전쟁에 휘말려 들어갔는지를 살펴본 것이다. 무엇보다도 극동 아시아 전역에 퍼져 살게 된 그들의 초다국적 생활양식과 의식구조를 중요하게 고려하였다.

극동 러시아에 정착했던 한국 이주민들은 새로운 조국인 러시아가 전쟁에서 승리해서 조선이 일본의 수중으로 넘어가는 것을 막겠다는 의지와 그럼으로써 언젠가는 조국으로 돌아갈 수 있기를 바라고 있었다. 러시아로 귀화했던 한인의 후예들은 두 개의 언어를 구사하고 재정적으로도 러시아 편에서 싸울 만반의 준비가 되어 있었다.

다른 한편, 일본을 위해 싸웠던 한국인들은 더욱 복합적인 문제에 봉착했음을 이해해야 한다. 그들은 역사가 문유미가 지적했던 '협력 또는 생존(collaboration or survival)'의 문제에 직면했다. 제국주의 사회에서는 '협력(collaboration)'의 진정한 의미, 즉 식민지인이 될 위기 상황에서 협력 또는 생존을 선택해야 하는 백성들에게는 친일이냐 반일이냐를 선택할 여지가 거의 없었다는 점을 이해해야 한다.[831]

또 다른 역사가 앙드레 슈미드(Andre Schmid)는 당시 한국의 개화파가 문명개화라는 기치를 들고 민족주의적 주장과 개혁을 위한 이상(理想) 간의

---

831. Moon, *Populist*, 3.

대립을 초래했고, 조선의 앞날을 위해서는 일본을 따라야 한다고 믿었다고 보았다.[832] 이런 속에서 국내외에 살고 있던 조선의 민중은 어느 편에 서야 할지 선택을 강요당했던 것이다.

역사가 마크 카프리오(Mark E. Caprio)와 유 지아(Yu Jia)는 1945년 8월 15일 일본의 히로히토 왕이 '무조건 항복(unconditional surrender)' 했다는 뉴스를 듣고 거리로 뛰쳐나와 흥분과 기쁨을 참지 못했던 한국인들의 모습을 이렇게 표현했다.[833]

> 한국인들은 수십 년 이래 처음으로 같은 동포와 한국말로 기쁨을 나누었고, 처벌받을 염려 없이 태극기를 휘둘렀다. 미국은 그 당시 3-4백만의 한국인들이 외국 땅에 살고 있었다고 추정했다…. 그들은 동부 아시아 전역(극동 러시아를 포함)과 일본 제국의 네덜란드령의 동인도, 홍콩, 필리핀, 남태평양과 대만까지 퍼져 있었다.(영문 각주 59)

이 모든 한인 디아스포라인들에게-일본에 있던 1백45만 명과 만주의 1백47만5천 명, 사할린, 호주, 하와이와 미국 전역에 있던- 한국이 독립되었다는 뉴스는 식민지의 속국민으로서 가졌던 두려움과 죄의식, 친일인가 반일인가 전전긍긍하는 속에서 살던 날이 끝났음을 명백히 보여주었다.[834] 일년 안에 귀환한 한국인의 물결로 남한의 인구는 3백50만 명이 늘어서 22퍼센트의 증가율을 보였다.[835] 많은 사람이 아리랑 고개를 다시 넘어 돌아왔

---

832. Schmid, *Korea Between Empires*, 24; Moon, *Populist*, 9.
833. Mark E. Caprio and Yu Jia, "Occupations of Korea and Japan and the Origins of the Korean Diaspora in Japan," Ch. 1 in John Lie and Sonia Ryang, *Diaspora Without Homeland: Being Korean in Japan*(Berkeley: University of California Press, 2009), 21.
834. United States Joint Intelligence Study, 1992, 271, cited in Caprio, "Occupations," 21.
835. Caprio, "Occupations," 21.

으나, 더 많은 이들은 아직도 여러 가지 이유로 디아스포라에 흩어져 살고 있다.

    중국계 역사가 매들린 슈(Madeline Y. Hsu)가 초다국적 디아스포라에 관해 정리해 놓은 생각을 제시함으로써 이 책을 끝맺고자 한다. "일방적으로 이주를 강요당해 뿌리가 뽑힌" 한국의 이주민들이 "모국을 향해 지속하는 충성심으로 단합"해서, 어디에 살고 있든 언젠가는 아리랑 고개를 넘어서 환향할 것을 믿고, 그날을 위해 살고자 하는 한국 사람들을 위해, 저자도 그중의 한 사람으로서 이 책을 바치고자 한다.[836]

---

836. Hsu, *Dreaming of Gold*, 7-14.

부록 : 인용구절의 영어 원문 각주

◆ 본문에 한글로 번역하여 인용된 구절들을 원문으로 참조해 보기 원하는 독자를 위한 것이다.

1. ···[w]arm winter clothing, a Japanese kurumaya's hat(the best of all travelling hats) and Korean string shoes completed my outfit and I never needed anything I had not got!

2. The clothing of the common people is made invariably of cotton or linen cloth, and in winter is wadded. They wear upon their feet straw or twine sandals with soles of rawhide, and upon their heads conical-shaped hats made of horse-hair, called top-knots.

3. Why did the Japanese make this frontal attack?....Had the Japanese army crossed on the heels of the East Division on the night of April 30th, or even in the early morning of May 1st, they would have flanked the Russian detachment···. Yet the Japanese elected to make the frontal attack, and in the face of the dictum of military experts that frontal attack in ordinary instances is suicide···. Certain I am that no European or American commander would have ordered this attack when the crossing to the right was open and uncontested. But the Japanese are Asiatics, and the Asiatic does not value life as we do.

4. A telegram from Korean Legation at Tokio says that the Korean military cadets in Japan requested for the grant for them to join in the Japanese army to fight against the Russians.

5. Korean soldiers of the Militia fought against them and killed more than 30 Russians but many of the Koreans were also killed. Twenty Korean soldiers···chased after the Russians and the Korean soldiers to Pakchun district.

6. March 8, 1904 - Korean soldiers of the militia up there fired at them and drove them off the district. The men named Nah Yusuk, Wee Hong Suk, and Che Rak Choo were arrested in the police office and Kil Yung Soo ran away, they are trying very hard to arrest him.
March 13, 1904 - The three who were arrested as they had things to do in the bomb incident···Kil Yung Soo and Ye Kun Tak who were much to do in the bomb incident are now in the Palace and the placement cannot arrest them, although they are ordered to.
March 17, 1904 - Kil Yung Soo and Hien Sang Kun are hiding in the American Legation and asking··· for them to go to America.

7. Seoul, March 4. —To the Korean the Japanese occupation is a source of ineffable joy. The first war prices obtained increase day by day and the coolie, Mapu and merchant are equally busy amassing money which will later be squeezed from them by the master class, which is the official class. Just now the officials and nobles are anxious and frightened, while the poor, weak Emperor knows not where to turn.

8. Wiju(Korea). April 21. —For days we had forced our horses along a road which swarmed with white-clad coolies. Their shoulders were stooped forward, their faces bent toward the ground, their backs burdened with rice and fish, soy and saki, and all the food supplies of an Oriental army. The villages were deserted. All doors and windows were missing and the houses appeared blank and sightless, mutely protesting against the general devastation. Here and there, along the road, old men and women and children sold food to the toiling coolies; and it was even possible, by proper skirmishing and fair purchase, to obtain beans for our pack-horses from the secret granaries among the hills.

9. On the left cheek of each coolie a scarlet or purple smear of paint advertised his employ with the Japanese army transport···. Possibly the strangest feature was the incongruous white garments worn by these coolies, and, for that matter, by all Koreans. The effect was like so much ice drifting on the surface of a black river.

10. The Battle here two weeks ago must have been very interesting. There were only forty Japanese here then. The army went over into China long ago and left a few men in each county-seat to hold the main road. Four hundred Cossaks made a dash behind the lines to cut the main road and tried to capture An-ju. The forty Japanese were more than ready. They engaged a lot of Koreans to sit down behind a wall in a safe place and fire guns that the Japanese furnished them and a lot more were hired to yell whenever the Japanese yelled···. Every time the Japanese fired, the men detailed for that purpose would tell the Koreans to shoot like blazes and every time the Japanese yelled the Koreans followed suit, so that although the Russians knew to a dead certainty that there were only forty Japanese there, they began to doubt whether there were not 4,000.

11. Some days before this, 400 Russians had crossed the Yalu at Chosen and had marched to Kang-gye. There they took up their quarters and began to treat the people badly. They seized their grain and horses, violated women and committed other excesses, until the people could stand it no longer. So the prefect, Kim Cha-ok, summoned some 200 Korean soldiers enlisted from the tiger-hunters and attacked the Russians. Six Russians were killed. The people rose in revolt and aided the 200 soldiers and the Russians found the place too hot for them; so they dropped such part of their booty as they could not easily carry and decamped.

12. The broad Tai-Tong River lay between General Oshima and the city. Two thousand Chinese soldiers were in the three fortifications···. For two days Oshima attacked the triple fortress···. When day dawned Ping Yang was in the hands of the Japanese army. The scene around the city was ghastly. For miles the ground was littered with dead men and horses. Thousands of gay Chinese uniforms were scattered on the field. At the first sign of defeat the officers and men had stripped themselves of their outer clothing in order to claim immunity as merchants. Nine hundred prisoners were taken, and not a man was in uniform.

13. When we entered the city the following morning, it was altogether deserted. Most Koreans

had fled from it before the arrival of the Chinese, and the few who had remained had run away with the Chiinese, fearing to be killed by the Japanese⋯. Everywhere was ruined upon ruin. Every house had been thrown open, doors and windows smashed⋯. Hundreds of dead Chinamen and Koreans, horses, oxen, pigs, and dogs were lying in their blood⋯. But the strangest sight of all is to meet, at every two or three steps, the Chinese uniforms of blue cotton with large red bans, and hundreds of long queues. As soon as the Chinese soldier finds out that he is beaten, he throws off his uniform and cuts his hair in the hope of passing himself for a Korean!

14. The war of 1894 between China and Japan powerfully influenced the work. Korea became the battle-ground of the contending forces. Soon it became evident that the decisive battle of the war would be fought in the vicinity of Pengyang⋯. In the crash Korean property was destroyed, fields were ravaged, and many of the unhappy people, caught between the upper and nether millstones, suffered from wounds as well as fear."

15. The poverty of the people was bitter, and the introduction of foreign goods made it worse for a time⋯. Concessions for the mines and forests were granted by the old Emperor to foreign companies, and the price of the concession was squandered by corrupt officials, so that the people derived no benefit. Thus Korea was drained of her money. It was all outgo and no income.

16. During the Sino-Japanese War some venturesome small merchants began to move into the interior. The presence of the Japanese military forces made travel safer than it normally was. As a result of the fighting in P'yongyang, for example, much of the city had been vacated by its inhabitants, and a number of Japanese traders simply moved into empty houses to set up shop selling sake, tobacco, sugar, and other goods to the Japanese soldiers. When the Koreans returned to find Japanese occupying their homes, nasty confrontations occurred, but even after the war ended the Japanese managed to maintain a foothold in the city.

17. Those who are early control others; those who are late are controlled [by others]⋯. If Imperial Japan passes this great opportunity to the foreigners, we will lose our lips [i.e., Korea] as a consequence, and one day our teeth will surely suffer from the cold⋯. Korea is a gold mine, and rice and wheat are abundant.

18. Pak-Choon-Song was very sorry for the poor people. I asked for some more substantial expression of his sorrow than mere words⋯. I hastened to cut off Pak-Choon-Song's retreat. I looked very severe, and Pak-Choon-Song looked at me, while I explained very minutely every detail of the process of giving back to the people the seventy-per-cent squeeze. He said he understood, and he promised faithfully that every cent of it would be returned⋯. The mission was accomplished⋯. But so far as concerned the return of the seventy-per-cent squeeze, I knew, and Manyoungi knew, and Pak-Choon-Song knew and we all knew one another knew, that Pak-Choon-Song intended nothing of the sort.

19. We were told that there are many "high yang-bans" in Yö Ju, and it seemed natural that the magistrate of a town of only 700 houses should not be a man of high rank. The story goes that when he came they used "low talk" to him and ordered him about as their inferior. So he lives chiefly in Seoul, and the man who sat in sordid state amidst the ruins of the spacious and elaborately-decorated yamen does his work and divides the spoils, and the yangbans are left to whatever their devices may be. But this is not an isolated case. Nearly all the river magistrates are mainly absentees, and spend their time, salaries, and squeezings in the capital. I had similar interviews with three other magistrates.

20. A-juns in Korea are notorious for their unscrupulous corruption···servile as dogs to superiors but as ravenous as wolves and cunning as foxes toward the people···As a class they are detestable···.

21. This is the curious fact that for the past thirty years a respectable Korean population, scattered here and there, has been thriving so exceedingly by all manner of farming that more Korean immigrants are constantly arriving.

22. Many mines could not do without them. The hard labor of the winter does not smile at Russian workers···. Only Korean travel to such work; and [because they endure] the opening of deep peats, work in dens of gold, [and] labor in damp, swampy places, they have no rivals in the mines of the Russian Far East.

23. [Koreans are] growing rich as contractors for the supply of meat and grain to the Russian forces. At this they have beaten their Chinese neighbours, and they actually go into Chinese Manchuria, buy up lean cattle, and fatten them for beef. To those who have only seen the Koreans in Korea, such as statement will be hardly credible···. I have it on the best authority that the Korean settlers near Khabaroffka have competed so successfully with the Chinese in market gardening that the supplying that city with vegetables is now entirely in their hands!

24. A remarkable fact has come to light that on the occasion of Asan engagement a few Corean soldiers accompanied Japanese troops by special order of the King of Crea. Some fled but most of them fought with great bravery. Mutsu. Aug. 16, 1894.

25. Mr. Dun to Mr. Olney. [Telegram] Tokyo, October 9, 1895.
The following telegram has been received from Allen, dated Seoul, October 9:
Yesterday morning King's father, with the assistance of Japanese, forcibly entered into royal palace. Two officers killed in attempting to save Her Majesty. Queen and three ladies murdered. Murderers were Japanese in civilian dress. King's father is making a great many changes in the administration. The people are quiet. Royal palace in charge of Japanese troops. Dun.

26. The neutralization of such a state as Corea which has neither the power for self protection nor the organization for proper administration[,] cannot be guaranteed without a previous

understanding….

27. In view of the complications which have sprung up between Russia and Japan and in view of the difficulties which negotiations seem to encounter in bringing about a pacific solution, the Corean Govt. by order of H.M. the Emperor, declares that it has taken the firm resolution of observing the most strict neutrality whatever may be the result of the pourparlers actually engaged between the two powers.

28. Mr. Griscom to Baron Komura, Tokyo, March 16, 1904.
Mr. Minister: I have the honor to inform your excellency that Mr. Conger, minister of the United States at Peking, has informed the Department of State at Washington that the Chinese Government…is resolved to maintain an attitude of strict neutrality, and that provocation will not be offered either belligerent. Lloyd Griscom.

29. Article I. For the purpose of maintaining a permanent and solid friendship between Japan and Corea and firmly establishing peace in the Far East, the Imperial Government of Corea shall place full confidence in the Imperial Government of Japan and adopt the advice of the latter in regard to improvements in administration.
….
Article IV. In case the welfare of the Imperial House of Corea or the territorial integrity of Corea is endangered by aggression of a third Power or internal disturbances, the Imperial Government of Japan shall immediately take such necessary measures as the circumstances require, and in such cases the Imperial Government of Corea shall give full facilities to promote the action of the Imperial Japanese Government. The Imperial Government of Japan may, for the attainment of the above-mentioned object, occupy, when the circumstances require it, such places as may be necessary from strategical points of view.

30. The Japanese knew not merely every road, but apparently every person…The Japanese knew the land. Each officer had in his pouch an accurate and minute map of the part he was working in. When a battalion marched into a village it found on the borders a clean hoarding, with a map on it showing every house, every pathway, and bivouacs for all the soldiers. Doctors went ahead of the troops and tested each well and stream, marking them…. Even before the landing at Chemulpho, a number of quiet men had gone in civilian clothes to the villages and taken up their places there. The Japanese living nearby, dressed as coolies but armed with regulation rifles and bayonets, suddenly appeared on the streets. Their leader now put on his officer's war uniform…and took the possession of a temple or a palace.

31. WE, by the grace of Heaven, Emperor of Japan, seated on the Throne occupied by the same Dynasty from time immemorial, do hereby make proclamation to all Our loyal and brave subjects as follows: WE hereby declare war against Russia, and WE command Our Army and Navy to carry on hostilities against that Empire with all their strength, and WE also command all Our competent authorities to make every effort, in pursuance of their duties and in accordance with their powers, to attain the national aim with all the means within the

32. ⋯much more surprising things might happen than that the foundations should be laid for a League of Peace, based on a genuine and effective Anglo-Saxon Alliance, before it is time for him [Roosevelt] to quit the Executive Mansion," urging Roosevelt to finish the job of expanding into Asia.

33. "America is therefore bound to do everything in her power to maintain the principles of the integrity of China and the Open Door" policy of the U.S., and that "These three states are bound together by the force of circumstances⋯.

34. 7th(30th). Wednesday. Damp-cloudy, Tokwon.
The meanest Japanese would be a gentleman and scholar compared to a vodka-drunk, orthodox Russian. Between a Japanese and a Korean there is community of sentiment and of interest, based on the identity of race, of religion, and of written characters. Japan, China, and Korea must have one common aim, one common policy, one common ideal - to keep the Far East the permanent home of the yellow race, and to make that home as beautiful and happy as nature has meant it to be.

35. The public treasury is being shamelessly plundered by His Majesty⋯. The people are now squeezed by governors, magistrates, royal inspectors, departmental inspectors, police and soldiers⋯. But to whom may we appeal, To the King? No!... the King is a bad man utterly incapable of anything, noble or good, the people are ignorant, stupid and incapable of raising and maintaining respectable and orderly insurrection.

36. A Japanese newspaper states that some 20 or 30 Russian soldiers at Kyeng-won are laying waste the country and violating the women⋯. The Police Department have a serious complaint to make against the Japanese gendarmes. A body of 6 Korean police were dispatched on the 6th inst., to the meeting place of the Il Chin Hoi to keep order⋯. On their arrival they were set upon by Japanese gendarmes and after being roughly handled were disarmed and placed under arrest. They had committed no offence or even attempted to arrest any of the Il Chin Hoi people—a proceeding to which they would have been perfectly entitled.

37. ⋯dependence in order to preserve independence[because] Japan was a capable country that was 'advanced' and 'enlightened' and that had been a 'peace maker' in East Asia between 1894 and 1905⋯.

38. Activist groups in contemporary Japan and Korea see the 'million-member' Ilchinhoe either as enlightened—a group that encouraged Japan's annexation of Korea; or as traitorous—one that sold out its country to the Japanese invaders.

39. ⋯a Korean, Kim, attached to our diplomatic mission, to establish permanent covert contacts

with local Korean authorities and agents in the middle of April 1904. The latter might be handpicked both from the retinue of the Korean emperor and from among influential Korean dignitaries well disposed towards us. The agents might later be sent on missions to the Manchurian borders.

40. Kim will be provided with Pavlov's detailed instructions, concerning the collection of data which are most important to us in view of operations in the offing, together with a secret codebook for mail communication with both the Diplomatic Chancellery of the Viceroy and the Diplomatic Representative at the Supreme Headquarters. Besides, agent Kim will be obliged to report all reliable and urgent information about the realignments of Japanese ground forces in adjacent areas to our command personally or through special orderlies without delay.

41. ⋯ there were communities of Japanese merchants in each port who doubtless kept their eyes open. But the prime source of information about movements of naval ships in and out of Port Arthur was the Japanese consulate at Chefoo from which steamers plied regularly to Port Arthur until the outbreak of war.

42. The Russo-Japanese War which ended in Japan's victory destroyed Russian imperial pretensions in Eastern Asia and solidified Japanese domination in Korea and Manchuria as much as any other European nations' chances of expansion in Asia.

43. Now I am an exile crossing the Yalu River And the mountains and rivers of three thousand li are also lost.
Ariran, Ariran, Arari O!
Crossing the hills of Ariran[g].

44. Article I. The residency-general(tokan-fu) shall be established at Seoul, Korea.
Article II. A resident-general(tokan) shall be appointed to the residency-general. The resident-general shall be of the Shin-nin rank.
⋯
Article VI. The resident-general shall exercise supervision over the Imperial officials and others in the service of the Korean Government.
⋯
Article XXXIII. A police force shall be attached to the residency-general and each residency. The policeman shall be of Hannin rank. The number of policemen shall be fixed by the resident-general.

45. [Ito's] speech was calculated to dispel the idea that Korea is to be considered fair prey for the Japanese, and to persuade the Koreans that although their foreign relations are taken over by Japan, yet the prestige of their court is upheld⋯under the direction of the Korean Emperor.

46. It is not with regard to Korea alone, but with regard to the whole problem of the Far East⋯

.If Japan, puffed up by her victories in war, should forfeit the sympathy of the powers, she will be laying up for herself misfortune in the future.

47. PETITION.
We, the representatives of the Korean associations of the Primore region from Vladivostok, Nikolsk-Ussuriisky, Khabarovsk, ⋯ and other places, numbering sixteen people, met in the city of Vladivostok on August 19, 1910. We resolved to request that the Russian Government allow Korean subjects to become Russian subjects⋯. You should take into account that we, Koreans, have resided for many years on the Russian territory, and have lost any connections with our former motherland, which has been replaced by Russia. We would like to be faithful subjects of Russia along with many other nationalities, populating it with equal rights⋯and pledge to serve the Russian czar faithfully⋯to reinforce the ranks of the Russian army in the Far East⋯. We sign this on behalf of the associations of the Primore region numbering some 9,780 males of the population, not including females and children. City of Vladivostok, August 19, 1910.

48. Corea has now annulled all her treaties and conventions with Russia, would it not be better to take steps to have Corean Minister at St. Petersburg recalled as I hear he is a person of rather pro-Russian character?

49. Every spring from 350,000 to 450,000 coolies migrate from Shantung to work on the Manchurian farms, and on the railway, and after the harvest 220,000 to 330,000 return to their homes.

50. Generally speaking, no opportunities are open for the Koreans, except in agriculture. Of educated Koreans in Manchuria living in the interior, some 30 percent are paid for by anti-Japanese organizations and the rest are all educated idlers⋯. in places directly under the jurisdiction of the Japanese consulates, some 30 per cent of the Koreans are traders in contraband, 10 per cent are merchants and another 10 per cent are engaged in various trades.

51. Of Koreans in Manchuria, about half of the inhabitants, other than farmers, are without regular employment, or, more exactly, are secretly engaged in unlawful occupations⋯ smuggling of contraband drugs and other articles ⋯. Most of the smugglers live in cities in the Chinese Eastern Railway area, notably in Harbin.

52. There is to-day a curious and ominous little sign in North-Eastern Korea. During the war a great deal of light railway material was landed at Gensan, and carried by small steamers to the northern port of Songching. It now transpires that a light military railway has been constructed from⋯Chinch'eng to a village bearing the name of Huailin on the Tiumen river. This river⋯marks the Chinese-Russian frontier. The total length of the railway is given as 112 miles(230 Chinese li, or 75 miles) by road from its terminal point, Hualin, to the Chinese town of Hungchun on the Kirin-Primorsk frontier.

53. No doubt there had long been a clandestine seepage of Koreans from their homeland into Manchuria, especially of those who are political partisans opposed to Japanese rule in Chosen.

54. Dangerous? Isn't this inevitable because they are said to be Japanese citizens just like us? I treat Koreans as citizens of the empire in just the same way I treat Japanese people.

55. As a Korean patriot I would like to see Japan succeed in its Manchurian policy⋯the Japanese nation ⋯ may be inclined to be somewhat more generous in its political and economic treatment of the Koreans in Korea⋯A Japan-controlled Manchuria will have room for employment of a large number of educated Koreans.

56. We, representatives of the Korean associations of the Maritime Province from Vladivostok⋯ and other places, numbering sixteen persons, met [and] resolved to demand that the Russian Government allow Korean subjects to acquire Russian citizenship without any special privileges and advantages and that these Koreans be put under the protection of Russian laws, as Korea was annexed. You should take into account that we, Koreans, have resided for many years on the Russian territory and have lost any relation with our former motherland, which has been replaced by Russia. We would like to be faithful subjects of Russia along with many other ethnicities, populating it, with equal rights to them⋯. We sign this on behalf of the associations of the Maritime Province, numbered some 9,780 persons of male population, not including females and children. Vladivostok city, August 19, 1910.

57. Whatever you do Do not insult the Japanese Do not throw stones Do not hit with your fists For these are the acts of barbarians.

58. The Russians make no secret of the fact that they are building up the nucleus of a Korean Revolutionary Army in this territory⋯. At Vladivostok, there is a whole system of Korean schools extending from primary school up to a university which they claim has 700 students.

59. For the first time in decades they could freely associate with their fellow countrymen, communicate in their language, and wave their national flag [taegukgi] as Koreans without fear of punishment. The United States estimated that three to four million Koreans resided overseas at this time⋯. Throughout the eastern part of the Asian continent(including the Russian Far East), as well as in other parts of the Japanese Empire including the Dutch East Indies, Hong Kong, the Philippines, the South Pacific, and Taiwan.

참고문헌(Bibliography)

● 1차자료(Primary Sources)와 문서보관소(Archives)

한국역사 문서보관소

朝鮮王朝實錄(*The Annals of the Joseon Dynasty*), 李朝實錄(*Yijo Sillock*) and 高宗實錄(*Kojong Sillock*), Years 1-44(1863-1907). 奎章閣(Kyujanggak Institute for Korean Studies Archives), Seoul, Korea.

한국사 연구휘보: 한국사데이터베이스(*The Archives of Korean History*). National Institute of Korean History.

한국사 데이터베이스(*The Archives of Korean History*). 러일전쟁때 일본군을 돕다가 사망한 일진회 회원의 포상 서식 제출 및 유족 포상지급 청원서. 함경남도 일진회원 조대헌.[Letter of plea for compensation and reward for a member of Ilchinhoe, Cho Dae Hun, who died while fighting in the Japanese military in Russo-Japanese War] 1908. 03. 11. National Institute of Korean History.

Allen, Horace N. *Korea: Facts and Fancy*, Being a Republication of Two Books entitled "Korean Tales" and "A Chronological Index." Seoul: Methodist Publishing House, 1904.

Horace Newton *Allen Papers* on Microfilm. Horace Newton Allen Archive at New York Public Library Archives & Manuscripts Collection.

London, Jack. *Jack London Papers, 1866-1977*(bulk 1904-1916). Manuscripts, Broadsides. MSS JL1-25307, 1904. The Huntington Library, San Marino, CA.

London, Jack. *Jack London Photographs and Negatives: Korea*, 10p. folio. JLP 445 Album#7, JLP446 Album#8, and JLP449, Album#11, 1904. The Huntington Digital Library, San Marino, CA.

The New York Historical Society. Patricia D. Klingenstein Library Archival Collection.[*Album of Photographs Made During the Expedition of the American Asiatic Fleet into Korea, May and June,1871*] [graphic] Felice Beato b, ca, 1825 photographer. Available in the New York Historical Society Print Room(PR-002-406 Non-circulating).

Transactions of the Korea Branch of the Royal Asiatic Society. Vol. 1-III. (대한), 1900-1906. The Brooke Russell Astor Reading Room for Rare Books and Manuscripts at the New York Public Library.

"Treaty Annexing Korea to Japan," *The American Journal of International Law*, Vol. 4, No. 4. Supplement: Official Documents(Oct. 1910): 282-283.

[韓日合倂條約 = *Treaty of Annexation between Korea and Japan*, signed by Yi Wan-yong(李完用) and Terauchi Masatake(寺內正毅)], 1910.

元韓國一進會歷史[*Wonhan'guk Ilchinhoe Yoksa*]. Vols. 1 and 2. National Library of Korea. 1911.

공적 출판물 및 사료집(Published Official Papers or Collection of Primary Sources)

"Check List of Seized Japanese Records in the National Archives," by James William Morley, *The Far Eastern Quarterly*, Vol. IX, Issue. 3(May 1950): 306-333.

Checklist of Microfilm Reproductions of Selected Archives of the Japanese Army, Navy, and Other Government Agencies, 1868-1945, compiled by John Young. Washington, DC: Georgetown University Press, 1959.

Chosen Heigoshi: Ichimei Chosen Saikinshi[朝鮮併合史: 一名 朝鮮最近史 = History of Chosen Annexation: Recent History of Chosen], by Tokio Shunjo. Kyungsung: Keijo Chosen Oyobi Manshusha, 1926.

Consulate General of the Republic of Korea in St. Petersburg, Russia. 주 러시아 대한제국 공관 1900-1911. 이범진 공사의 활동에 대한 자료집. [*Collected Documents on the Activities of Korean Consular to Rusia Yi Pom-jin*]. Compiled by Sergei Olegovich Kurbanov. Translated by Kim Kyung-Joon. Seoul: Ministry of Foreign Affairs, 2018.

Корейская дипломатическая миссия в Санкт-Петербурге в 1900-1911 гг. (Деятельность ч. п. п. м Ли Бомчжина). Избранные материалы [Consulate General of the Republic of Korea in St. Petersburg, Russia, 주 러시아 대한제국 공관 1900-1911년: 이범진 공사의 활동에 대한 자료집(Collected Records on the Activities of Yi Bom-jin, Korean Consular to Russia:1900-1911)]. 주 상트페테르스부르크 총영사관. St. Petersburg: Korean Consulate, 2016.

일본 국립문서 보관소(National Archives of Japan)

Chukan Nihon Koshikan Kiroku [The Japanese Legation in Korea Records= 駐韓日本公使館記錄(CNKK)].

Japan Center for Asian Historical Records(JACAR). National Archives of Japan.

The Japan Foreign Relations Project of the East Asian Institute, Columbia University. *The Research Activities of the South Manchurian Railway Company, 1907-1945: A History and Bibliography*, by John Young, 1966.

Japan, Ministry of Foreign Affairs. *Nihon Gaiko Bunsho*[日本外交文書 = Japanese Diplomatic Documents], XXXVII and XXXVIII, 日露戰爭V, [Russo-Japanese War V].

Japan, Ministry of Foreign Affairs. Japan-China Joint History Research Report, Vol. 1, March 2011.

The South Manchurian Railway Company[Minami Manshu Tetsudo. Kabushiki Kaisha]. 朝鮮歷史地理[*Chosen Rekishichiri* = Korean History and Geography] Vol. 1. 1913.

The South Manchurian Railway Company [Minami Manshu Tetsudo. Kabushiki Gaisha Somubu]. 滿鮮露 陸路貿易 關係條約[*Man sen ro rikuro boeki kankei joyaku* = Agreement of Manchurian Inland Trading Relations of Manchuria, Korea, and Russia] Vol. 1. 1914.

South Manchurian Railway Company[Minami Manshu Tetsudo Kabushiki Kaisha]. *Manchuria: Land of Opportunities*. New York: South Manchuria Railway, 1922.

미국 정부 공문 사료(United States Official Documents)

Robert Wilson Shufeldt: A Register of His Papers in the Library of Congress. *Shufeldt Papers. Korean Letter-Book.* [n.d.].

Shufeldt Papers. *The Opening of Korea by Commodore Shufeldt*, by Charles Oscar Paullin. Washington, 1883.

United States. Department of Commerce and Labor. Bureau of Statistics. *Commercial Korea in 1904: Area, Population, Production, Railways, Telegraphs, and Transportation Routes and Foreign Commerce and Commerce of United States with Korea [From the Monthly Summary of Commerce and Finance for January, 1904]*. Washington: Government Printing Office, 1904.

United States. Department of States. Foreign Relations(FRUS). *Papers relating to the foreign relations of the United States.* 1882-

United States. War Department, Office of the Chief of Staff, Second(Military Information) Division. General Staff. No. 8. *Reports of Military Observers Attached to the Armies in Manchuria during the Russo-Japanese War.* (January 1, 1907). Part IV. Report of Major Charles Lynch, Medical Department, General Staff. Washington: Government Printing Office, 1907.

United States. War Department. Office of the Chief of Staff, *Reports of Military Observers Attached to the Armies in Manchuria during the Russo-Japanese War.* Washington: Government Printing Office, 1906-7. 5 pts.

Young, C. Walter. *Korean Problems in Manchuria As Factors in the Sino-Japanese Dispute: An Analytical and Interpretative Study* by C. Walter Young, Technical Counsellor to the Far Eastern Commission of Enquiry; Far Eastern Associate, Institute of Current World Affairs, New York City. Study No. 9. Supplementary Documents to the Report of the Commission of Enquiry. [Geneva: League of Nations, 1932?].

러-일전쟁 군부 및 정부기관 보고서
(Russo-Japanese War Reports by Military Officials and Government Agencies)

Great Britain War Office. *The Russo-Japanese War: Reports from British Officers Attached to the Japanese and Russian Forces in the Field*. Vol. I-III. London: Printed for His Majesty's Stationery Office, 1908.

Kuropatkin, Alexei Nikolaievich. *Guerra Ruso-Japonesa, 1904-1905: Memorias del General Kuropatkin*. [러시아 군사령관 쿠로파트킨 장군 회고록]. Translated from the Spanish version published in Barcelona, Spain, 1909, by Shim Guk-wung(심국웅). Seoul: Korea University of Foreign Languages, 2007.

The McCully Report: The Russo-Japanese War, 1904-05, submitted by Newton A. McCully, Lieutenant Commander, U.S. Navy on May 10, 1906. Reproduced: Annapolis, MD: Naval Institute Press, 1977.

Prussia(Germany). Armee. Grosser Generalstab. Kriegsgeschichtliche Abteilung II. *The Russo-Japanese War: the Yalu*. Prepared in the Historical Section of the German General Staff. Tr. by Karl von Donat. London: Pall Mall, 1908.

러-일전쟁 참전기자 및 외교관의 보고서
(Russo-Japanese War Correspondents' and Diplomats' Reports)

Abrikossow, Dmitrii I. *Revelations of a Russian Diplomat: The Memoirs of Dmitrii I. Abrikossow*, ed. by George Alexander Lensen. Seattle: University of Washington Press, 1964.

Cockerill, John A. "The Oriental War: Suppression of the Tong-Hak Rebellion. Russia Intimates That She May Be Compelled to Send Troops to Corea," *Special Dispatches to the San Francisco Chronicle*, January 14, 1895.

Creelman, James. *On the Great Highway: The Wanderings and Adventures of a Special Correspondent*. Boston: Lothrop Publishing Co., 1901.

David, Richard Harding, Richard Dunn, et al. *The Russo-Japanese War: A Photographic and Descriptive Review of the Great Conflict in the Far East*. New York: P.F. Collier & Son, 1905.

Kennan, George. "The Land of the Morning Calm" in *The Outlook*, 1904.

_____. "Korea: A Degenerate State" in *The Outlook*, 7 October 1905.

_____. "The Korean People: The Product of a Decayed Civilization." *The Outlook*, 21 October 1905.

London, Jack. *Jack London Reports: War Correspondence, Sports Articles, and Miscellaneous Writings*. Ed. by King Hendricks and Irving Shepard. Garden City, NY: Doubleday, 1970.

Lynch, George and Frederick Palmer, eds. *In Many Wars by Many War Correspondents*. Baton Rouge: Louisiana State University Press, 2010.

McKenzie, Fred A. *From Tokyo to Tiflis: Uncensored Letters from the War*. London: Hurst and Blackett, 1905.

Palmer, Frederick. *With Kuroki in Manchuria*. New York: Charles Scribner's & Sons, 1904.

Reinsch, Paul. "An Unfortunate Peace," *The Outlook*. September 16, 1905.

Repington, Charles A'Court. *The War in the Far East: 1904-1905*, by the Military Correspondent of the Times. London: John Murray, 1905.

신문과 월간지 기사(Newspapers)

The Christian Messenger(기독신보=基督新報), December 7, 1915 - August 1, 1937. Seoul: Bonwick, 1917-1937. Reprinted by Seoul, Korean Christian Research Association, 1988.

Hwangsung Sinmun, Seoul: Hwangsung Sinmunsa, 1898.9-1910.9. Reprint: Young-in Bon(影印本), 1982.

The Independent(독립신문), Seoul: Philip Jaisohn, v. 1(1896)-5(1900).

The Korea Review, edited by Homer B. Hulbert. Vol. 1, No. 1(January 1901) - Vol. 6, No. 12(December 1906). RAS(Royal Asiatic Society Korea Branch) Korea Reprint Series. Seoul: Kyung-In Publishing, 1983.

大同公報(*The New Korean World Wide*). San Francisco: United Korean Reform Association, Vol. 1, No. 1, October 3, 1907.

The Outlook, New York, 1893-1928.

The San Francisco Chronicle.

The San Francisco Examiner.

大韓每日新報(*T'aehan Maeil Sinbo*), Seoul, 1904-1910.

개인 회고록(Personal Memoirs)

Kim, San, and Nym Wales. *Song of Ariran: The Life Story of a Korean Rebel*. New York: John Day, 1941.

Wales, Nym, and Kim San, *Song of Arirang*[아리랑: 조선인 혁명가 김산의 불꽃 같은 삶] Kyunggido, Korea: Dongnyok, 1996.

님 웨일즈-김산. 송영인 옮김. 아리랑: 조선인 혁명가 김산의 불꽃 같은 삶. 개정3판. 서울: 동녘, 2005.

Lee, Hae-kyung. 이해경, 나의 아버지 義親王[na ui abuji Ui-chin Wang = My Father Ui-chin Wang]. 서울: 도서출판, 1997.

──. 마지막 황실의 추억: 대한제국 마지막 왕녀 이해경이 밝히는 잊혀진 역사[Final Memories of the Royal Court]. Seoul: UI Books, 2017.

Taylor, Mary Linley. *Chain of Amber*. Sussex, England: The Book Guild, 1991.

──. 호박 목걸이: 딜쿠샤 안주인 메리 테일러의 서울 살이, 1917-1948. 송영달 옮김. 서울: 책과 함께, 2014.

Yun Chi-ho's Diary:1897-1902 [尹致昊日記], *Volume 5*. Seoul: National History Compilation Committee, 1975.

서양인의 여행기 및 증언(Travel Logs or Witnesses by Westerners)

Allen, Horace N. *Things Korean: A Collection of Sketches and Anecdotes Missionary and Diplomatic*. New York: Fleming H. Revell, 1908.

Benckendorf, C., *Half a Life: The Reminiscences of a Russian Gentleman*. London: The Richards Press, 1954.

Bird, Isabella L. *Korea & Her Neighbours: A Narrative of Travel, with an Account of the Recent Vicissitudes and Present Position of the Country*. Volumes I and II. London: John Murray, 1898.

Brown, Arthur Judson. *The Mastery of the Far East: The Story of Korea's Transformation and Japan's Rise to Supremacy in the Orient*. New York: Scribner's Sons, 1919.

Cockerill, John A. "A Talk with Count Inouye: An Interview in the summer of 1895." *San Francisco Chronicle*, October 17, 1895.

———. "The Oriental War: Suppression of the Tong-Hak Rebellion. Russia Intimates That She May Be Compelled to Send Troops to Corea." *Special Dispatches to the San Francisco Chronicle*, January 14, 1895.

"Doubt About the Queen's Death: Corea in a Condition of Unrest, Japan Opposed by Russia." *San Francisco Chronicle*, Vol. LXII., October 16, 1895.

Fogel, Joshua A. *Life Along the South Manchurian Railway: The Memoirs of Ito Takeo*. London: Routledge, 2015.

Hamilton, Angus, Herbert H. Austin and Masatake Terauchi. *Korea: Its History, Its People, and Its Commerce*. Boston: J.B. Millet, 1910.

The Ho Young Ham Papers, Special Collections of Research Library, University of California in Los Angeles. Seoul: Overseas Korean Cultural Heritage Foundation, 2013.

Lenin, Vladimir I. *Left-Wing Communism: an Infantile Disorder*. USSR: Progress Publishers, 1920, 1964.

Leroy-Beaulieu, Pierre. *The Awakening of the East: Siberia-Japan-China*. New York: McClure, 1900.

Lynch, George, and Frederick Palmer, eds. *In Many Wars, by Many War Correspondents*. Tokyo: Tokyo Printing Co., 1904. Reprinted by Baton Rouge: Louisiana University Press, 2010.

McCully, Newton A. *The McCully Report: the Russo-Japanese War, 1904-05*. Annapolis, MD: Naval Institute Press, 1977.

McKenzie, Frederick Arthur. *Korea's Fight for Freedom*. London: Fleming H. Revell Co., 1920.

———. *The Tragedy of Korea*. London: Hodder and Stoughton, 1908.

———. *The Unveiled East*. London: Hutchinson & Co., 1907.

Neff, Robert. *Letters from Joseon: 19th Century Korea through the Eyes of an American Ambassador's Wife*. Seoul: Seoul Selection, 2012.

"THE PLOT TO KILL COREA'S QUEEN." *Special Dispatches to the San Francisco Chronicle(1869-Current File)*, Oct 17, 1895.

Sands, William Franklin. *Undiplomatic Memories: The Far East, 1896-1904*. New York: Whittlesey House, 1930.

Speer, Robert E. *Report on the Japan Missions of the Presbyterian Board of Foreign Missions: bound with "Report on the Mission in Korea of the Presbyterian Board of Foreign Missions."* New York: Board of Foreign Missions of the Presbyterian Church in the U.S.A., 1897.

Tewksbury, Donald G. *Source Materials on Korean Politics and Ideologies*. Volume II of the Series, Source Books on Far Eastern Political Idelogies. New York: International Secretariat Institute of Pacific Relations, 1950.

Underwood, Lilias Horton. *Fifteen Years among the Top-Knots*. Seoul: Royal Asiatic Society, 1987.

Walter, Gary D. "The Korean Special Mission to the United States of America in 1883," *Journal of Korean Studies*(1969-1971), Vol. 1, No. 1(July-December 1969), 89-142.

러시아의 한인들: 뿌리 깊은 인연이여, 그 이름은 고려인[*Rosia ui Hanindul: ppuri kip'un inyon iyo, ku irum un Koryoin = Koreans in Russia/Photographs by Kim Ji-Youn*]. Seoul: Noonbit Publishing, 2005.

● 2차자료(Secondary References)

영문 출판목록:

Anderson, Benedict R. *Imagined Communities: Reflections on the Origin and Spread of Nationalism.* New York: Verso, 2006.

Anteby-Yemini, Lisa, and William Berthomière. "Diaspora: A Look Back on a Concept," *Bulletin du Centre de Recherche Fançaise à Jérusalem*, 16(2005): 262-270.

Asakawa, K. *The Russo-Japanese Conflict: Its Causes and Issues.* Boston: Houghton, Mifflin and Co., 1904.

Ascher, Abraham. *The Revolution of 1905: Russia in Disarray.* Stanford: Stanford University Press, 1988.

Atkins, E. Taylor. *Primitive Selves: Koreana in the Japanese Colonial Gaze, 1910-1945.* 2010.

Atkinson, David C. *The Burden of White Supremacy Containing Asian Migration in the British Empire and the United States.* Chapel Hill, NC: University of North Carolina Press, 2017.

Avrich, Paul. *The Haymarket Tragedy.* Princeton, NJ: Princeton Univ. Press, 1984.

Ban, Byung Yool. *Korean National Activities in the Russian Far East and North Chientao.* Ph.D. Thesis. Hawaii: University of Hawaii, 1996.

———. "Yi Beom-jin's Suicide Martyrdom and Korean Communities in Russia and the US: Centering on the Period after 1905," *The Journal of Korean Studies*, Vol. 26(2010): 337-387.

Barnes, Joseph, ed. *Empire in the East.* Garden City, NY: Doubleday, 1934.

Basch, Linda G., Nina Glick Schiller, and Cristina Szanton Blanc. *Nations Unbound: Transnational Projects, Postcolonial Predicaments, and Deterritorialized Nation-States.* [s.l.]: Gordon and Breach, 1994.

Beasley, W.G. *Japanese Imperialism, 1894-1945.* New York: Oxford University Press, 1991.

Bederman, Gail. *Manliness & Civilization: A Cultural History of Gender and Race in the United States, 1880-1917.* Chicago: University of Chicago Press, 1995.

Bender, Daniel E., and Jana K. Lipman. *Making the Empire Work: Labor and the United States Imperialism.* New York: NYU Press, 2015.

Benedict, Ruth. *The Chrysanthemum and the Sword: Patterns of Japanese Culture.* Boston: Houghton Mifflin, 2005.

Behnken, Brian D., and Simon Wendt, eds. *Crossing Boundaries: Ethnicity, Race, and National Belonging in a Transnational World.* New York: Lexington Books, 2013.

Bland, J. O. P. *Li Hung-Chang.* London: Constable, 1917.

Borthwick, Mark. *Pacific Century: The Emergence of Modern Pacific Asia.* 4th ed. Boulder, CO: Westview Press, 2014.

Bourdaret, Émile. *En Corée.* Paris: Plon-Nourrit, 1904.

——— and Chin-guk Chong. 대한 제국 최후의 숨결 [Taehan Cheguk ch'oehu ui sumkyol] = *En Corée.* Kyonggi-do P'aju-si: Kul Hangari, 2009.

Bourne, Randolph. "Trans-National America." *Atlantic Monthly*, 118(July 1916): 86-97.

Breen, Michael. *The Koreans: Who They Are, What They Want, Where their Future Lies.* New York: St. Martin's, 2004.

Brooks, Barbara J. "Peopling the Japanese Empire: The Koreans in Manchuria and the Rhetoric of Inclusion." In *Japan's Competing Modernities: Issues in Culture and Democracy, 1900-1930*, edited by Sharon Minichiello, 25-44. Honolulu: University of Hawaii Press, 1998.

Brown, Arthur Judson. *The Mastery of the Far East: The Story of Korea's Transformation and Japan's Rise to Supremacy in the Orient*. New York: Charles Scribner's Sons, 1919.

Brubaker, Rogers. "The 'Diaspora' Diaspora." *Ethnic and Racial Studies*, 20(1), (2005): 1-9.

———. *Grounds for Difference*. Cambridge: Harvard University Press, [2015].

———. "Revisiting "The 'diaspora' diaspora: A Response to Claire Alexander." *Ethnic and Racial Studies* (2017), Vol. 40, No. 9: 1556-1561.

Brubaker, Rogers, and Jaeeun Kim, "Transborder Membership Politics in Germany and Korea." *European Journal of Sociology / Archives Européennes de Sociologie*, Volume 52, Issue 1(April 2011): 21-75.

Caprio, Mark E. *Japanese Assimilation Policies in Colonial Korea, 1910-1945*. Seattle: University of Washington Press, 2009.

Caprio, Mark, and Yu Jia. "Occupations of Korea and Japan and the Origins of the Korean Diaspora in Japan." In *Diaspora Without Homeland: Being Korean in Japan*, edited by John Lie and Sonia Ryang, 21-38. University of California Press, 2009.

Carpenter, Ted Galen. *The Korean Conundrum: America's Troubled Relations with North and South Korea*. New York: Palgrave Macmillan, 2004.

Cassuto, Leonard and Jeanne Campbell Reesman, eds. *Rereading Jack London*. Stanford, CA: Stanford University Press, 1996.

Cha, Victor D. *Powerplay: The Origins of the American Alliance System in Asia*. Princeton: Princeton University Press, 2016.

Chang, Gordon H. *Fateful Ties: A History of America's Preoccupation with China*. Cambridge: Harvard University Press, 2015.

Chang, Jon K. *Burnt by the Sun: The Koreans of the Russian Far East*. Honolulu: University of Hawaii Press, 2016.

Chang, Young-Hee. "Korean Sources and References in Jack London's *The Star Rover*." *Journal of American Studies*(Winter 2003) 35-3, 5-20.

Chapman, J.W.M., and Inaba Chiharu, eds. *Rethinking the Russo-Japanese War, 1904-5*. Folkstone, UK: Global Oriental, 2007.

Chay, Jongsuk. *Unequal Partners in Peace and War: The Republic of Korea and the United States, 1948-1953*. Westport, CT: Praeger, 2002.

Chester, Eric T. *The Wobblies in Their Heyday: Rise and Destruction of the Industrial Workers during the WWI Era*. Santa Barbara, CA: ABC-Clio, 2014.

Chong, Key Ray. "The Tonghak Rebellion: Harbinger of Korean Nationalism." *Journal of Korean Studies*(1969-1971), ol. 1, No. 1(July-December 1969): 73-88.

Clyde, Paul H. "God, Mammon, and the Japanese: a Review." *Political Science Quarterly* 59, no. 2(1944): 289-90.

Cohen, Lizabeth. *Making a New Deal: Industrial Workers in Chicago, 1919-1939*. 2d. ed. Cambridge University Press, 2014.

Cohen, Paul A. *China and Christianity: The Missionary Movement and the Growth of Chinese Antiforeignism, 1860-1870*. Cambridge: Harvard Univ. Press, 1963.

Cohen, Robin, and Carolin Fischer. "Diaspora Studies: An Introduction." in *Routledge Handbook of Diaspora Studies*.

New York: Routledge, 2019.

Cohn, Bernard. *Colonialism and Its Forms of Knowledge: The British in India*. Princeton, NJ: Princeton University Press, 1996.

Conroy, Hilary. *The Japanese Seizure of Korea: 1868-1910. A Study of Realism and Idealism in International Relations*. Philadelphia: University of Pennsylvania Press, 1960.

Cook, Harold F. *Pioneer American Businessman in Korea: The Life and Times of Walter Davis Townsend*. Seoul: Royal Asiatic Society Korea Branch, 1981.

Cooper, Frederick, and Rogers Brubaker. *Colonialism in Question: Theory, Knowledge, History*. Berkeley: University of California Press, 2005.

Cooper, Frederick, and Ann Laura Stoler, eds. *Tensions of Empire: Colonial Cultures in a Bourgeois World*. Berkeley: University of California Press, 1997.

Crossley, Pamela Kyle. *The Manchus*. Cambridge, MA: Blackwell, 1997.

Cummings, Bruce. *Korea's Place in the Sun*. New York: W.W. Norton, 1997.

Dennett, Tyler. "The Open Door." In *Empire in the East*, edited by Joseph Barnes. Garden City, NY: Doubleday, 1934.

———. *Roosevelt and the Russo-Japanese War: A Critical Study of American Policy in Eastern Asia in 1902-5, Based upon the Private Papers of Theodore Roosevelt*. Garden City, NY: Doubleday, 1925.

Deuchler, Martina. *Confucian Gentlemen and Barbarian Envoys: The Opening of Korea, 1875-1885*. Seattle: University of Washington, 1977.

———. *The Confucian Transformation of Korea: A Study of Society and Ideology*. Cambridge, MA: Harvard Univ. Press, 1992.

———. *Under the Ancestors' Eyes: Kinship, Status, and Locality in Premodern Korea*. Cambridge, MA: Harvard University Asia Center, 2015.

Domosh, Mona. *American Commodities in an Age of Empire*. New York: Routledge, 2006.

———. "Uncovering the Friction of Globalization: American Commercial Embeddedness and Landscape in Revolutionary-Era Russia." *Annals of the Association of American Geographers*. Vol. 100, No. 2(April 2010): 427-443.

Du Bois, W.E.B. "W.E.B. Du Bois's Afro-Asian Fantasia." In *Afro-Orientalism* by Bill V. Mullen, 2-42. Minneapolis: University of Minnesota Press, 2004.

Duara, Prasenjit. "Nationalists Among Transnationals: Overseas Chinese and the Idea of China, 1900-1911." In *Ungrounded Empires: The Cultural Politics of Modern Chinese Transnationalism*, edited by Aihwa Ong and Donald Macon Nonini. New York: Routledge, 1997.

———. "Transnationalism and the Predicament of Sovereignty: China, 1900-1945." *The American Historical Review*, Vol. 102, No. 4(1997): 1030-1051.

———. "Transnationalism in the Era of Nation-States: 1900-1945." *Development and Change*, V. 29, No. 4(October 1998): 647-670.

Dudden, Alexis. *Japan's Colonization of Korea: Discourse and Power*. Honolulu: University of Hawaii, 2005.

Duus, Peter. *The Abacus and the Sword: the Japanese Penetration of Korea, 1895-1910*. Berkeley: Univ. of California Press, 1995.

Duus, Peter. "Economic dimensions of Meiji imperialism: the case of Korea, 1895-1910." In Myers, Ramon, and Mark Peattie, eds, *The Japanese Colonial Empire: 1895-1945*. Princeton, NJ: Princeton University Press, 1984.

Duus, Peter, Ramon H. Myers, and Mark R. Peattie, eds. *The Japanese Wartime Empire, 1931-1945*. Princeton, NJ: Princeton University Press, 1996.

Eckert, Carter J., Ki-baik Lee, Young Ick Lew, Michael Robinson, and Edward W. Wagner. *Korea Old and New: A History*. Seoul, Korea: Korea Institute, Harvard University, 1990.

Eckert, Carter J. "Total War, Industrialization, and Social Change in Late Colonial Korea." Chapter 1 In *The Japanese Wartime Empire: 1931-1945*, edited by Peter Duus, Ramon H. Myers, and Mark R. Peattie. Princeton: Princeton University Press, 1996.

Em, Henry. *The Great Enterprise: Sovereignty and Historiography in Modern Korea*. Durham: Duke University Press, 2013.

Ermachenko, Igor. "Korea and the Koreans in the Russian Press of 1904-1905." *International Journal of Korean History*, Vol. 8(August 2005): 223-242.

Fairbank, John King. *Trade and Diplomacy on the China Coast: The Opening of the Treaty Ports, 1842-1854*. Cambridge: Harvard University Press, 1953.

Fieldhouse, David. "Can Humpty-Dumpty Be Put Back Together Again? Imperial History in the 1980s." *Journal of Imperial and Commonwealth History*, Volume 12, Issue 2(1984): 9-23.

Fujioka, Yuki. "日露戦争の 軍役夫 [Laborers Hired by Military during the Russo-Japanese War: With Special Reference to Rules Regulating Military Laborers and their Enthusiasm]." 駿台史學 [*Sundai Shigaku (Sundai Historical Review)*], No. 161(September 2017): 1-21.

Fujitani, Takashi. "The Masculinist Bonds of Nation and Empire: The Discourse of Korean "Japanese" Soldiers in the Asia Pacific War." *Senri Ethnological Studies*, 51(March 27, 2000): 133-161.

———. *Race for Empire: Koreans as Japanese and Japanese as Koreans during World War II*. Berkeley: University of California Press, 2011.

———. *Splendid Monarchy: Power and Pageantry in Modern Japan*. Berkeley: University of California Press, 1996.

Gale, James Scarth, and Richard Rutt. *James Scarth Gale and His History of the Korean People*. Seoul: The Royal Asiatic Society Korea Branch, 1983.

Gale, James Scarth. *Korea in Transition*. New York: Eaton & Mains, 1909.

Ginsburgs, George. *The Citizenship Law of the USSR*. No. 25. Law in Eastern Europe: A series of publications issued by the Documentation Office for East European Law, University of Leyden. The Hague: Martinus Nijhoff, 1983.

Goodwyn, Lawrence. *The Populist Movement*. New York: Oxford University Press, 1976.

Goro, Arakawa. *Saikin Chosen Jijo* [最近 朝鮮事情=Recent Circumstances of Korea]. Tokyo: Shimizu Shoken, 1908.

Green, Michael J. *By More Than Providence: Grand Strategy and American Power in the Asia Pacific since 1783*. 2017.

Griffis, William Elliot. *Corea, Without and Within*. Philadelphia: Presbyterian Board of Publication, 1885.

Griswold, A. Whitney. *The Far Eastern Policy of the United States*. New York: Harcourt, Brace, and Co., 1938.

Grüner, Frank. "Russians in Manchuria: From Imperial to National Identity in a Colonial and Semi-colonial Space." Chapter Nine in *Crossing Boundaries: Ethnicity, Race, and National Belonging in a Transnational World*, edited by Brian D. Behnken and Simon Wendt. 108-122. New York: Lexington Books, 2013.

Han, Seung-Mi. "Colonial Subject as Other: An Analysis of Late Meiji Travelogues on Korea." In *New Directions in the Study of Meiji Japan*, edited by Helen Hardacre with Adam L. Kern. Leiden: Brill, 1997.

Han, Woo-keun. *The History of Korea*. Translated by Lee Kyung-shik and Edited by Grafton K. Mintz. Seoul: Eul-Yoo Publishing, 1970.

Handlin, Oscar. *Boston's Immigrants: A Study in Acculturation*. Cambridge, MA: Harvard University Press, 1941.

———. *The Uprooted*. 2d ed. Boston: Little, Brown, 1973.

Hardacre, Helen, and Adam L. Kern, eds. *New Directions in the Study of Meiji Japan*. Leiden: Brill, 1997.

Harrington, Fred Harvey. *God, Mammon, and the Japanese: Dr. Horace N. Allen and Korean-American Relations, 1884-1905*. Madison, WI: University of Wisconsin Press, 1966.

Harrington, Fred Harvey. *God, Mammon, and the Japanese: Dr. Horace N. Allen and Korean-American Relations, 1884-1905*. Madison: University of Wisconsin, 1944.

Heaver, Stuart. "Isabella Bird, Victorian pioneer who changed West's view of China." *Post Magazine*, 2015.

Hevia, James L. *English Lessons: The Pedagogy of Imperialism in Nineteenth-Century China*. Durham, NC: Duke University Press, 2003.

Hobsbawm, Eric. *Age of Empire: 1875-1914*. New York: Vintage, 1987.

Hobson, J. A. *Imperialism: A Study*. New York: Gordon Press, 1975. Reprint of 1938 ed.

Hodson, Sara S., and Jeanne Campbell Reesman, eds. *Jack London: One Hundred Years a Writer*. San Marino, CA: Huntington Library, 2002.

Hoffman, Zachary. "Subversive Patriotism: Aleksei Suvorin, Novoe Vremia , and Right-Wing Nationalism during the Russo-Japanese War." *Ab Imperio*(1/2018): 69-100.

Hofstadter, Richard. *Social Darwinism in American Thought*. New York: George Braziller, 1959.

Hsu, Madeline Y. *Dreaming of Gold, Dreaming of Home: Transnationalism and Migration Between the United States and South China, 1882-1943*. Stanford, CA: Stanford University Press, 2000.

Hulbert, Homer B. "Mr. Kennan in Seoul." *The Korea Review*(1904) Vol. 4, No. 11: 505-507.

———. *The Passing of Korea*. New York: Doubleday, 1906.

Hunt, Michael H. and Steven I. Levine. *Arc of Empire: America's Wars in Asia from the Philippines to Vietnam*. Chapel Hill: University of North Carolina Press, 2012.

Inouye Jukichi. *A Concise History of the War Between Japan and China*. Osaka: Z. Mayekawa, 1895.

Ion, A. Hamish. *The Cross and the Rising Sun: The Canadian Protestant Missionary Movement in the Japanese Empire, 1872-1931*. Waterloo, Canada: Wilfrid Laurier University Press, 1990.

Iriye, Akira. *Across the Pacific: An Inner History of American-East Asian Relations*. Rev. ed. Chicago: Imprint Publications, 1992.

Ishii, Noriko Kawamura. *American Missionary Women at Kobe College, 1873-1909: New Dimensions of Gender*. New York: Routledge, 2012.

Ivanov, Alexei and Philip Jowett. *The Russo-Japanese War 1904-05*. Bloomsbury Publishing, 2012.

Jacobson, Matthew Frye. *Barbarian Virtues: The United States Encounters Foreign Peoples at Hoime and Abroad, 1876-1917*. New York: Hill & Wang, 2000.

Jansen, Marius B. *Japan and Its World: Two Centuries of Change*. Princeton, NJ: Princeton University Press, 1980.

———. *The Making of Modern Japan*. Cambridge: Harvard University Press, 2002.

———. "What was Meiji?" In *New Directions in the Study of Meiji Japan*, edited by Helen Hardacre. Leiden: Brill, 1997: 5-10.

Jin, Sang Pil. *Korean Neutralisation Attempts(1882-1907): Retracing the Struggle for Survival and Imperial Intrigues*. Ph. D. Dissertation in Korean Studies, School of Oriental and African Studies, University of London, 2016.

Jordan, Winthrop D. *The White Man's Burden: Historical Origins of Racism in the United States*. New York: Oxford University Press, 1974.

Kaplan, Amy. *The Anarchy of Empire in the Making of U.S. Culture*. Cambridge, MA: Harvard University Press, 2002.

Kaplan, Amy, and Donald E. Pease. *Cultures of United States Imperialism*. Durham, NC: Duke University Press, 1993.

Kashiwazaki, Chikako. "The Politics of Legal Status: The Equation of Nationality and Ethnonational Identity." IN *Koreans in Japan: Critical Voices from the Margin*, edited by Sonia Ryang. London: Routledge, 2013.

Kim, C. I. Eugene, "Japanese Rule in Korea(1905-1910): A Case Study." *Proceedings of the American Philosophical Society*, Vol. 106, No. 1(Feb. 15, 1962): 53-59.

Kim, C. I. Eugene, and Han-Kyo Kim. *Korea and the Politics of Imperialism, 1876-1910*. Berkeley, University of California Press, 1967.

Kim, Kihoon. "Japanese Policy for Korean Rural Immigration to Manchukuo, 1932–1945." Ph.D. dissertation, University of Hawai'i, 1992.

Kim, Michael. "Re-Conceptualizing the Boundaries of Empire: The Imperial Politics of Chinese Labor Migration to Manchuria and Colonial Korea." *Sungkyun Journal of East Asian Studies*, Vol. 16, No. 1(2016): 1-24.

———. "The Trouble with Christian Publishing: Yun Ch'iho(1865-1945) and the Complexities of Cultural Nationalism in Colonial Korea." *Journal of Korean Religions*, Volume 9, Number 2(October 2018): 139-172.

Kim, Samuel S., ed. *The International Relations of Northeast Asia*. New York: Rowman & Littlefield, 2004.

Kim, Young-Soo. "Yi Pomjin, Korea's Diplomatic Minister to Russia, and his Role in Korean-Russian Relations." *Seoul Journal of Corean Studies* 24(2011): 29-49.

Koga, Yukiko. "Between the Law: The Unmaking of Empire and Law's Imperial Amnesia." *Law & Social Inquiry*, v41 n2(Spring 2016): 402-434.

Kolarz, Walter. *The Peoples of the Soviet Far East*. Hamden, CT: Archon Books, 1969.

Kotsonis, Yanni. "Face-to-Face": The State, the Individual, and the Citizen in Russian Taxation, 1863-1917." *Slavic Review*, v.63, n.2(20040701): 221-246.

Kuno, Yoshi S. *Japanese Expansion on the Asiatic Continent: A Study in the History of Japan with Special Reference to Her International Relations with China, Korea, and Russia*. Berkeley, CA: University of California Press, 1937-1940.

Ladd, George Trumbull. *In Korea with Marquis Ito*. London: Longmans, 1908.

LaFeber, Walter. *The Clash: A History of U.S.-Japan Relations*. New York: Norton,1997.

Larsen, Kirk W. *Tradition, Treaties, and Trade: Qing Imperialism and Choson Korea, 1850-1910*. Cambridge: Harvard University Asia Center, 2008.

Lattimore, Owen. *Manchuria: Cradle of Conflict*. New York: MacMillan, 1932.

Lee, Hong Yung, Yong Chool Ha, and Clark W. Sorensen, eds. *Colonial Rule and Social Change in Korea, 1910-1945*. Seattle: University of Washington Press, 2013.

Lee, Hoon K. "Korean Migrants in Manchuria," *Geographical Review*, Vol. 22, No. 2(April,1932): 196-204.

Lee, K. J., H. N. Young, and C. S. Hwan, *Traditional Korean Costume*. Kent, England: Global Oriental, 2003.

Lee, Ki-baik. *A New History of Korea*. [Translation of *Han'guksa Sillon*(韓國史新論) by Edward W. Wagner]. Seoul: Ilchokak, 1984.

Lee, Rensselaer and Artyom Lukin. *Russia's Far East: New Dynamics in Asia Pacific and Beyond*. London: Lynne Reinner, 2016.

Lee, Yur-Bok. *West Goes East: Paul Georg von Möllendorff and Great Power Imperialism in Late Yi Korea*. Honolulu: University of Hawaii Press, 1988.

Leffler, Melvyn P. "Remembering George Kennan: Lessons for Today?" Washington, DC: U.S. Institute of Peace, 2006. *Special Report* 15.

Lew, Young Ick. "The Conservative Character of the 1894 Tonghak Peasant Uprising: A Reappraisal with Emphasis on Chon Pong-Jun's Background and Motivation." *Journal of Korean Studies*, Volume 7, (1990): 149-180.

———. "The Reform Efforts and Ideas of Pak Yong-hyo, 1894-1895." *Korean Studies*, 1(1977): 21-61.

Lewis, James B. *Frontier Contact Between Choson Korea and Tokugawa Japan*. London: Routledge Curzon, 2003.

Lie, John and Sonia Ryang. *Diaspora Without Homeland: Being Korean in Japan*. Berkeley: University of California Press, 2009.

MacDonald, Laura. "Minister of the Gospel and Doctor of Medicine: Dr. Robert Grierson, Physician Missionary to Korea(1898-1913)." *The Journal of the Canadian Church Historical Society*, 43(2), (2001): 171-190.

Mason, Michelle M. and Helen J. S., eds. Lee. *Reading Colonial Japan: Text, Context, and Critique*. Stanford: Stanford University Press, 2012.

McKenzie, Precious. *The Right Sort of Woman: Victorian Travel Writers and the Fitness of an Empire*. Cambridge: Cambridge Scholars, 2012.

McKeown, Adam. *Chinese Migrant Networks and Cultural Change: Peru, Chicago, Hawaii, 1900-1936*. Chicago: University of Chicago Press, 2001.

McKercher, B.J.C. "Diplomatic Equipoise: The Lansdowne Foreign Office, The Russo-Japanese War of 1904-1905, and the Global Balance of Power." *Canadian Journal of History/Annales canadiennes d'histoire*, XXIV(December 1989): 299-339.

Memmi, Albert. *The Colonizer and the Colonized*. Boston: Beacon Press, 1991.

Métraux, Daniel A. *The Asian Writings of Jack London: Essays, Letters, Newspaper Dispatches, and Short Fiction by Jack London*. Lewiston, NY: Edwin Mellen Press, 2009.

———. "Frederick Arthur McKenzie on the Japanese Seizure of Korea," *Southeast Review of Asian Studies*. Vol. 36(2014): 130-140.

———. "George Kennan's Influential 1905 Depiction of Korea as a 'Degenerate State' and Japan as Its Gracious Savior," *Japan Studies Review*, Vol. XX(2016), 141-156.

———. *How Journalists Shaped American Foreign Policy: A Case Study of Japan's Military Seizure of Korea*. Lewiston, NY: The Edwin Mellen Press, 2017.

———. "Jack London: The Adventurer-Writer who Chronicled Asian Wars, Confronted Racism—and Saw the Future." *The Asia-Pacific Journal*, Volume 8, Issue 4, Number 3(January 25, 2010): 1-10.

Meyer, Karl E. and Shareen Blair Brysac. *Tournament of Shadows: The Great Game and the Race for Empire in Central Asia*. Washington, DC: Counterpoint, 2006.

Minichiello, Sharon. *Japan's Competing Modernities: Issues in Culture and Democracy, 1900-1930*. Honolulu: University of Hawaii Press, 1998.

Moon, Yumi. "Immoral Rights: Korean Populist Collaborators and the Japanese Colonization of Korea, 1904-1910." *American Historical Review*(February 2013): 20-44.

———. *Populist Collaborators: The Ilchinhoe and the Japanese Colonization of Korea, 1896-1910*. Ithaca: Cornell University

Press, 2013.

Morris-Suzuki, Tessa. *Exodus to North Korea: Shadows from Japan's Cold War*. Lanham, MD: Rowman & Littlefield, 2007.

Myers, Ramon, and Mark Peattie, eds. *The Japanese Colonial Empire: 1895-1945*. Princeton, NJ: Princeton University Press, 1984.

Neff, Robert. *Letters from Joseon: 19th Century Korea through the Eyes of an American Ambassador's Wife*. Seoul: Seoul Selection, 2012.

——— and Sunghwa Cheong. *Korea through Western Eyes*. Seoul: Seoul National Univ. Press, 2009.

Ngai, Mae M. *Impossible Subjects: Illegal Aliens and the Making of Modern America*. Princeton, NJ: Princeton University Press, 2004.

Nish, Ian. "Japanese Intelligence and the Approach of the Russo-Japanese War." IN *The Missing Dimension. Governments and Intelligence Communities in the Twentieth Century*, edited by C. Andrew and D. Dilks. Urbana and Chicago: University of Illinois Press, 1984.

Nordlund, Alexander M. "A War of Others: British War Correspondents, Orientalist Discourse, and the Russo-Japanese War, 1904-1905." *War in History*(2015). Vol. 22(1): 28-46.

Ong, Aihwa. *Flexible Citizenship: The Cultural Logics of Transnationality*. Durham, NC: Duke University Press, 1999.

Orsi, Robert Anthony. *The Madonna of 115th Street: Faith and Community in Italian Harlem, 1880-1950*. New Haven: Yale University Press, 1985.

Pai, Hyung Il. *Constructing "Korean" Origins: A Critical Review of Archaeology, Historiography, and Racial Myth in Korean State-Formation Theories*. Cambridge: Harvard University Asia Center, 2000.

———. "The Politics of Korea's Past: The Legacy of Japanese Colonial Archaeology of Japanese Colonial Archaeology in the Korean Peninsula." *East Asian History*, Issue 7(June 1994): 25-48.

———. "The Search for Korea's Past: Japanese Colonial Archaeology in the Korean Peninsula(1905-1945)." *Papers on Far Eastern History*. Institute of Advanced Study. Australian National University(June 1994), No. 7: 25-49.

Palmer, Spencer J. "American Gold Mining in Korea's Unsan District." *Pacific Historical Review*, Vol. 31, No. 4(Nov. 1962): 379-391.

Park, Albert L. *Building a Heaven on Earth: Religion, Activism, and Protest in Japanese Occupied Korea*. Honolulu: University of Hawai'i Press, 2015.

Park, Alyssa. *Borderland Beyond: Korean Migrants and the Creation of a Modern State Boundary Between Korea and Russia, 1860-1937*. Ph.D. Dissertation. New York: Columbia University, 2009.

———. *Sovereignty Experiments: Korean Migrants and the Building of Borders in Northeast Asia, 1860-1945*. Ithaca, NY: Cornell University Press, 2019.

Park, Hye Ok. "Veiling of Korean Women: The Neo-Confucian Influence in Comparison to the Veiling of Muslim Women." *Journal of Arts & Humanities* (2016), Vol. 05, No. 03: 1-9.

Park, Hyun Gwi. *The Displacement of Borders among Russian Koreans in Northeast Asia*. Amsterdam University Press, 2018.

Park, Hyun Ok. *Two Dreams in One Bed: Empire, Social Life, and the Origins of the North Korean Revolution in Manchuria*. Durham, NC: Duke University Press, 2005.

Paullin, Charles Oscar. "The Opening of Korea by Commodore Shufeldt." *Political Science Quarterly*, Vol. 25, No. 3(Sept. 1910): 470-499.

Pavlov, Dmitrii B. "Russia and Korea in 1904-1905: 'Chamberlain' A. I. Pavlov and his 'Shanghai Service'." *Rethinking the*

Russo-Japanese War, 1904-05, Volume 2(2008): 159-176.

———. "The Russian 'Shanghai Service' in Korea, 1904-05." *Eurasian Review*, Volume 4(November 2011): 1-10.

Petrov, Aleksandr I. *Koreiskaia Diaspora v Rossii 1897-1917* [Korean Diaspora in Russia in 1897-1917]. Vladivostok: Institut Istorii, Arkheologii etnografii narodov dal'nego vostoka, 2001.

Pfeifer, Mark Edward, Monica Chiu, and Kou Yang, eds. *Diversity in Diaspora: Hmong Americans in the Twenty-First Century*. Honolulu: University of Hawaii Press, 2013.

Poblete, JoAnna. *Islanders in the Empire: Filipino and Puerto Rican Laborers in Hawai'i*. Urbana, IL: University of Illinois Press, 2014.

Powell, John Benjamin. *My Twenty-Five Years in China*. New York: Macmillan, 1945.

Pratt, Mary Louise. *Imperial Eyes: Travel Writing and Transculturation*. 2d ed. London: Routledge, 2008.

Preston, Andrew. *Sword and the Spirit, Shield of Faith: Religion in American War and Diplomacy*. New York: A. Knopf, 2012.

Raskin, Jonah, ed. *The Radical Jack London: Writings on War and Revolution*. Berkeley: Univ. of California Press, 2008.

Ravello, Santiago J. *Koreans as Japanese as Manchurians: Korean Nationality in Manchuria*. University Honors Thesis, Portland State University, 2018.

Rawski, Evelyn Sakakida. *Early Modern China and Northeast Asia: Cross-Border Perspectives*. Cambridge: Cambridge University Press, 2015.

Reed, James. *The Missionary Mind and American East Asia Policy, 1911-1915*. Harvard East Asian Monographs: 104. Cambridge, MA: Council on East Asian Studies distributed by Harvard Univ. Press, 1983.

Reinsch, Paul S. "An Unfortunate Peace." *The Outlook* (Saturday, September 16, 1905): 117-118.

Robinson, Michael E. "Chapter 8. Colonial Publication Policy and the Korean Nationalist Movement." IN *The Japanese Colonial Empire, 1895-1945*, edited by Ramon H. Myers and Mark R. Peattie. Princeton: Princeton University Press, 1984.

Rosenberg, Emily S. *Financial Missionaries to the World: The Politics and Culture of Dollar Diplomacy, 1900-1930*. Durham, NC: Duke University Press, 2003.

———. *Spreading the American Dream: American Economic and Cultural Expansion, 1890-1945*. New York: Hill and Wang, 1982.

Ryang, Sonia. *Diaspora without Homeland: Being Korean in Japan*. University of California Press, 2009.

———, ed. *Koreans in Japan: Critical Voices from the Margin*. London: Routledge, 2013.

Said, Edward W. *Culture and Imperialism*. New York: Vintage Books, 1993.

———. *Orientalism*. New York: Vintage Books, 1979.

Sakharov, A. N. "The Russo-Japanese War of 1904-1905: Reality and Concoctions." *Herald of the Russian Academy of Science*. Vol. 77, Issue 2(2007): 124-130.

Saveliev, Igor. "Militant Diaspora: Korean Immigrants and Guerrillas in Early Twentieth Century Russia." *Forum of International Development Studies*, 26(Mar. 2004); 147-162.

Schmid, Andre. "Colonialism and the 'Korea Problem' in the Historiography of Modern Japan: A Review Article." *The Journal of Asian Studies*, Vol. 59, No. 4(Nov. 2000): 951-976.

———. *Korea Between Empires, 1895-1919*. New York: Columbia University Press, 2002.

Schulzinger, Robert D. *American Diplomacy in the Twentieth Century*. New York: Oxford University Press, 1994.

Sergeev, Evgeny *Russian Military Intelligence in the War with Japan, 1904-05: Secret Operations on Land and at Sea*. London: Routledge, 2007.

Shin, Gi-Wook. "Asianism in Korea's Politics of Identity." *Inter-Asia Cultural Studies*. Volume 6, Number 4(2005): 616-630.

Shin, Gi-Wook and Michael Robinson, eds. *Colonial Modernity in Korea*. Cambridge, MA: Harvard University Asia Center, 1999.

Slocum, John W. "Who, and When, Were the Inorodtsy?: The Evolution of the Category of 'Aliens' in Imperial Russia." *The Russian Review*, 57(April 1998): 173-190.

Soh, Chunghee Sarah. *The Comfort Women: Sexual Violence and Postcolonial Memory in Korea and Japan*. Chicago: University of Chicago Press, 2008.

Sohn, Pow-key, "The Early Paleolithic Industries of Sokchang-ni, Korea." IN *Early Paleolithic in South and East Asia*, by Fumiko Ikawa-Smith. The Hague: Mouton, 1978: 233-245.

Spickard, Paul. *Almost All Aliens: Immigration, Race, and Colonialism in American History and Identity*. New York: Routledge, 2007.

Starr, Kevin. *Americans and the California Dream: 1850-1915*. New York: Oxford University Press, 1973.

Steinberg, John W., Bruce W. Menning, David Schimmelpenninck van der Oye, David Wolff and Shinji Yokote, eds. *The Russo-Japanese War in Global Perspective: World War Zero*. Leiden: Brill, 2005.

Stephan, John J. *The Russian Far East: A History*. Stanford: Stanford University Press, 1994.

Stoddart, Anna M. *The Life of Isabella Bird(Mrs. Bishop)*. London: John Murray, 1908.

Stolberg, Eva-Maria. "The Russo-Japanese War in Cultural Perspective, 1904-1905." *Russian Review*. Vol. 60, Issue 3(July 2001): 443.

Stoler, Ann Laura. *Duress: Imperial Durabilities in Our Times*. Durham: Duke University Press, 2016.

Stueck, William. *The Road to Confrontation: American Policy Toward China and Korea, 1947-1950*. Chapel Hill: University of North Carolina Press, 1981.

Suh, Dae-Sook. *Documents of Korean Communism: 1918-1948*. Princeton: Princeton University Press, 1970.

———. *The Korean Communist Movement: 1918-1948*. Princeton: Princeton University Press, 1967.

———. *Koreans in the Soviet Union*. Honolulu: University of Hawaii Press, 1987.

———, and Edward J. Shultz. *Koreans in China*. Honolulu: University of Hawaii, Center for Korean Studies, 1990.

Sweeney, Michael S. "Delays and Vexation: Jack London and the Russo-Japanese War." *J&MC Journalism & Mass Communication Quarterly*, Vol. 75, No. 3(August 1998): 549-559.

Tagliacozzo, Eric, Helen F. Siu, and Peter C. Perdue. *Asia Inside Out: Changing Times*. Cambridge, MA: Harvarad University Press, 2015.

———. *Asia Inside Out: Connected Places*. Cambridge, MA: Harvarad University Press, 2015.

Takii Kazuhiro. *Ito Hirobumi: Japan's First Prime Minister and Father of the Meiji Constitution*. London: Routledge, 2014.

Tchen, John Kuo Wei. *New York before Chinatown: Orientalism and the Shaping of American Culture, 1776-1882*. Baltimore, MD: Johns Hopkins University Press, 1999.

Tennant, Roger. *A History of Korea*. London: Kegan Paul International, 1996.

Tölöyan, Khachig. "Rethinking Diaspora(s): Stateless Power in the Transnational Moment." *Diaspora: A Journal of Transnational Studies,* Volume 5, Number 1(Spring 1996): 3-36.

Tsuchiya, Takashi. "Why Japanese Doctors Performed Human Experiments I China 1933-1945." *Eubios Journal of Asian and International Bioethics,* 10(2000), 179-180.

Tudor, Daniel. *Korea: The Impossible Country*. Tokyo, Rutland, VT: Tuttle Publishing, 2012.

Uchida, Jun. *Brokers of Empire: Japanese Settler Colonialism in Korea, 1876-1945*. Cambridge: Harvard University Asia Center, 2011.

──. "A Scramble for Freight: The Politics of Collaboration along and across the Railway Tracks of Korea under Japanese Rule." *Comparative Studies in Society and History*. Volume 51, Issue 1(January 2009): 117-150.

Warner, Denis and Peggy Warner. *The Tide at Sunrise: A History of the Russo-Japanese War, 1904-1905*. New York: Charterhouse, 1974.

Weale, B.L. Putnam(pseud. for Simpson, Bertram Lenox). *The Coming Struggle in Eastern Asia*. London: MacMillan, 1908.

──. *Manchu and Muscovite*. London: MacMillan, 1903.

──. *The Reshaping of the Far East*. Vol. I. London: MacMillan, 1905.

──. *The Truce in the East and Its Aftermath*. London: MacMillan, 1907.

Whigham, H. J. *Manchuria and Korea*. London: Ibister, 1904.

Williams, Harold Whitmore. *Russia of the Russians*. New York: Charles Scribner's, 1915.

Williams, William Appleman. *The Contours of American History*. Cleveland: World Pub. Co., 1961.

──. *The Tragedy of American Diplomacy*. New York: W.W. Norton, 1972.

Wilz, John Edward. "Did the United States Betray Korea in 1905?" *The Pacific Historical Review* v. 54 n. 3(August 1985): 243-270.

Wolf, David and John W. Steinberg. *The Russo-Japanese War in Global Perspective : World War Zero*. Volume Two. Leiden: Brill, 2007.

Yang, Kou, Monica Chiu, and Mark Edward Pfeiger. *Diversity in Diaspora: Hmong Americans in the Twenty-first Century*. Honolulu: University of Hawaii Press, 2013.

Yi, T'ae-Jin. *The Dynamics of Confucianism and Modernization in Korean History*. Ithaca, NY: Cornell University East Asia Program, 2007.

Young, John. *The Research Activities of the South Manchurian Railway Company, 1907-1945: A History and Bibliography*. New York: Columbia University, 1966.

한글 출판 목록

김경일, 윤휘탁, 이동진, 임성모(Kim, Kyung-il, Yoon Hwi-tak, Lee Dong-jin, Yim Sung-mo). 동아시아의 민족이산과 도시: 20세기 전반 만주의 조선인[*Korean Diaspora in Manchurian Cities in the Early Twentieth Century*]. 서울: 한국정신문화연구원(Seoul: Academy of Korean Studies), 2004.

김종준(Kim, Jong-joon). "국권상실에 대한 일진회의 인식[Ilchinhoe's Recognition of the Loss of Sovereignty]: 문명화론과 합방론의 관계를 중심으로." 한국독립운동사연구[*Journal of Korean Independence Movement Studies*], V. 40(20111201): 95-120.

김주용(Kim, Joo Yong). "만주지역 도시화와 한인이주 실태 – 봉천과 안동을 중심으로[The Urbanization in Manchuria and the Korean Emigration Condition]" 한국사학보[*The Journal for the Studies of Korean History*], 35권 0호(2009년 5월): 329-359.

김영필(Kim, Yong-p'il). 조선족 디아스포라의 만주 아리랑 [*Manchuria Arirang of Korean-Chinese Diaspora*]. Seoul: Somyong, 2013.

김유리(Kim, Yuri). 1950, 1960 年代 美國 外交文書에 나타난 韓國認識의 特徵 [*Perceptions on Korea in the United States Diplomatic Documents during the 1950s and the 1960s*]. Seoul: Seoul National University International Academy, 2007.

김윤희(Kim, Yun Hee). "러일전쟁기 일본군 협력 한인 연구 – 일본정부의 훈포상자를 중심으로[A Study on Koreans to Cooperate for Japanese Army during Russia-Japan War]." 한국사학보[*The Journal for the Studies of Korean History*], 35권 0호(2009년 5월): 295-328.

김학준(Kim, Hak-joon). 서양인들이 관찰한 조선의 모습들(제3회): 청일전쟁 발발 직전으로부터 조선의 망국까지의 시기[*Choseon as Seen by Westerners(Series No. 3): From the Sino-Japanese War to the Fall of Choseon Kingdom*]. Seoul: Seoul National University Korea Political Studies Institute, 2009.

박순영(Pak, Sun Young). "The 'Anthropological' Gaze at the Korean Bodies under Japanese Colonialism = 연구논문: 일제 식민주의와 조선인의 몸에 대한 "인류학적" 시선: 조선인에 대한 일제 체질인류학자들의 작업을 중심으로." 비교문화연구[*Comparative Studies of Culture*]. 12권 2호(2006): 57-92.

박을용(朴乙鏞, Park, Eulyong). 韓日貿易 關係論: 清日戰爭에서 露日戰爭에 이르는 其間의 日本의 對韓政策을 中心하여. [*Trade Relations Between Korea and Japan, 1894-1903*] Master's Thesis. Seoul National University. Foreign Relations Department, 1965.

박정현(Park, Jung-hyun). "만주사변 이후 화교배척과 조선 민족주의 운동[Discrimination of Chinese-Koreans after the Manchu War and Korean Nationalist Movement]." 중국근현대사연구(*Korean Studies of Modern Chinese History*), v. 63(20140925): 129-151.

박종효(Пак Чон Хё). *Русско-японская война 1904-1905 гг. и Корея* = 韓國과 露日戰爭. Moscow: Vostochnia Literatura, 1997.

Park, Chong Hyo. *РГВИА*. 러시아 국립문서 보관소 소장 한러 군사관계 자료집[Rosia Kungnip Munso Pogwanso sojang Han Ro kunsa kwan'gye charyojip]. Compiled by Chong Hyo Park. Seoul: Northeast Asian History Foundation, 2015.

------. *РГВИА*. 러시아 국립문서보관소 소장 한국 관련 문서 요약집[Rosia Kungnip Munso Pogwanso sojang Han'guk kwallyon munso yoyakchip.] Compiled by Chong Hyo Park. Seoul: Korea Foundation, 2002.

------. 激變期의 한러 關係史[History of Korea-Russia Relationship in a Volatile Period]. Seoul: Sunin, 2015.

------. "구한말 최초의 러시아어학교와 교사: 비류꼬프(Бирюков Н. Н.)에 대한 연구[Russian Language School and Its Teachers in the Late Chosun: A Study of Biriukov]." 한국근현대사(Korean Modern History).(2009.3): 1-25.

------. 러시아 연방의 高麗人 歷史 [Rosia Yonbang ui Koryoin yoksa(History of Koreans in Russia)]. Seoul: Sunin, 2018.

------. "러시아 쿠릴열도에 관한 러/일 분쟁사 연구: 러/일이 체결한 영토조약을 중심으로[A Study of Russo-Japanese Conflicts in the Kuril Straits of Russia: with a Focus on the Russo-Japanese Treaties]." 軍史(Military History), 제80호(2011. 9), 167-209.

------. 한반도 分斷論의 起源과 러일戰爭: 1904-1905[Hanbando bundanronui giwon kwa Roiljeonjaeng = The Origins of the Division of Korean Peninsula and the Russo-Japanese War]. Seoul: Sunin, 2014.

박환(Park, Hwan). 러시아한인민족운동사[History of the Russian-Korean People]. Seoul: T'amgudang, 1995. 『페치카 최재형』, 선인, 2018. 「근대 해양인 최봉준」, 선인, 2017.「러시아지역 한인언론과 민족운동」, 경인문화사, 2008

반병율(Ban Byung-yul). "Koreans in Russia," in 러시아의 한인들: 뿌리 깊은 인연이여, 그 이름은 고려인[*Rosia ui Hanindul: ppuri kip'un inyon iyo, ku irum un Koryoin = Koreans in Russia/Photographs by Kim Ji-Youn*]. Seoul: Noonbit Publishing, 2005.

러시아의 한인들: 뿌리 깊은 인연이여, 그 이름은 고려인[*Rosia ui Hanindul: ppuri kip'un inyon iyo, ku irum un Koryoin = Koreans in Russia/Photographs by Kim Ji-Youn*](Seoul: Noonbit Publishing, 2005

사진으로 본 러시아 한인의 항일 독립운동. 제3권. 3.1 운동 100주년 기념[РОССИЙСКИЕ КОРЕЙЦЫ В БорьБЕ ЗА НЕЗАВИСИМОСТЬ КОРЕИ ФОТОПОРТРЕТЫ КНИГА 3(Anti-Japanese Independence Movement of Russian Koreans Seen by Photographs)]. Seoul-Moscow: 한울(Hanwul), 2019.

서대숙(Suh, Dae-sook). 김약연: 간도 민족독립운동의 지도자[*Kim Yak-yun: The Leader of Kando Independence Movement*]. Seoul: Yuksa Gonggan, 2008.

서굉일, 김재홍.(Suh Gweng-il and Kim Jae-hong). 북간도민족운동의 선구자 규암 김약연 선생[*Kyuam Kim Yak-yun: the Pioneer of Buk-Kando Korean Nationalist Movement*]. 서울: 고려글방(Seoul: Koryo Gul-bang), 1997.

서영희(Suh, Young-hi). 일제 침략과 대한제국의 종말[전자자료] : 러일전쟁에서 한일병합까지[*Japanese Invasion and the Fall of Daehan Imperial Nation: From Russo-Japanese War to the Annexation of Korea by Japan*]. Seoul: Nuri Media, 2012.

손춘일(Son, Choon-il). "만주사변 전후 재만조선인 문제와 그들의 곤경[Problems and Struggles of Koreans in Manchuria after the Manchu Incident]." 정신문화연구(*Korean Studies Quarterly*), v. 24, n. 2(20010601): 143-159.

심헌용(Sim, Heonyong). 한반도에서 전개된 러일전쟁 연구[*A Study of the Russo-Japanese War on the Korean Peninsula*]. 서울: 국방부 군사편찬연구소[Seoul: Ministry of National Defense], 2011.

歷史學會 編. 露日戰爭前後 日本의 韓國侵略[*Japan's Invasion of Korea before and after the Russo-Japanese War*], compiled by the Historical Society of Korea. Seoul: 一潮閣(Il-cho-gak), 1990.

柳永益[Lew, Young Ick.]. 東學農民蜂起와 甲午更張: 淸日戰爭期(1894-1895) 朝鮮人 指導者들의 思想과 行動[*The Tonghak Peasant Uprising and the Kabo Reform Movement, 1894-1896: The Thoughts and Behavior of the Korean Leaders during the Sino-Japanese War.*] Seoul: Ilchokak, 1998.

유해신(Yu, Hae-shin). 露日戰爭期 日本軍의 韓國駐屯과 抵抗[*Resistance to Japanese Military Forces in Korea during the Russo-Japanese War*]. Master's Thesis. Seoul: Seoul National University, 1989.

유선영(Yu, Sun-young). "'동아' 트라우마, 제국의 지정학적 공간과 '이등신민'의 정치학[East Asian Trauma: Geopolitical Space of the Empire and Political Studies on Second-class Citizens]." 사회와 역사[*Society and History*], v. 94(20120601): 217-259.

Higuchi Yuichi. "조선인 강제동원 연구의 현황과 과제[The Status and Problems in the Study of Forced Mobilization of Koreans]" 韓日民族 問題研究[*The Journal of Korean-Japanese National Studies*], Vol. 30, Issue 0(2016): 225-251.

윤미기(Yoon, Mi-ki), Tr.(잭 런던의) 조선사람 엿보기: 1904년 러일전쟁 종군기. *La Corée en Feu[Choseon People seen by Jack London*]. 2d. ed. Seoul: Hanul, 2011.

Young-Shim Lee and Jae-Soon Cho, "A Study on the Dwellings of Korean Diaspora in Yunhaju of Russia = 러시아 거주 고려인의 주거에 관한 연구: 연해주(Yunhaju: 沿海州) 지역을 중심으로." *Journal of the Korean Housing Association*, Vol. 15,(No. 1, 2004): 51-62.

이승희(Sung Hee Lee). "청일, 러일 전쟁기 일본군의 군용전신선 강행가설 문제 – 한국 파견 '임시헌병대(臨時憲兵隊)'를 중심으로[Japanese Military Enforcement of Communication Systems during the Sino-Japanese War and the Russo-Japanese War with a Focus on the Temporary Kempeitai]." 일본역사연구 [*Studies of Japanese History*], 21권 0호(2004): 113-131.

------. "통감부 초기 일본군헌병대가 운용한 한국인 밀정"—한국주차군의 기밀비 자료에 대한 분석을 중심으로[A Study on Korean Spies Utilized by the Japanese Military Police(1906-1907)]. 일본학[*Japanese Studies*]. Vol. 44(2017.5).

------. "러일전쟁기 일본군 헌병대의 방첩활동 고찰: 스즈키 타케오마(금목무신)의 회고록에 대한 분석을 중심으로." 중앙사론, 42, 2015.

이윤섭(Yi, Yoon-sup). 동학 농민전쟁과 청일전[*Donghak Revolution and Sino-Japanese War*]. Seoul: EBooksPub, 2012.

이민원(Yi Min-won). 대한제국의 성립과 "광무개혁", 독립협회에 대한 연구성과 과제[Establishment of Taehan Empire and Kwangmu Reforms.] 한국사론, 25: 243-290.

임영수(Im, Young-Soo). 임국정 의사와 간도 15만원 사건[*Im Kook-Jung Uisa wa Kando 15 man won sagun*]. Seoul: Yullin Sesang Communication, 2014.

임종국(Im, Chong-guk). 일제침략과 친일파[*Invasion of Japan and Pro-Japanese*]. Seoul: 청사[Chongsa], 1982.

------. 일본군의 조선침략사 I. Seoul: 일원서각사, 1988.

------. 실록 친일파[*Sillok Ch'inilp'a = Chronicle of Pro-Japanese*]. Seoul: 돌베개[Dolbegae], 1991.

장학근. 우리가 몰랐던 조선. 〈조선왕조실록〉에 감춰진 조선의 내밀한 역사[*The Choseon We Did Not Know. The Secret History Hidden in Choseon Kings' Annals*], 2012.

정구복. *A Historiography of Pre-modern Korea*. Seoul: Kyungin Munwha-sa, 2008.

정운현(Chong, Un-hyon). 나는 황국신민이로소이다[*Na nun hwangguk sinmin irosoida: saero palk'yo tasi ssun ch'inil inmulsa*=I am a Citizen of the Japanese Empire]: 새로 밝혀 다시 쓴 친일인물사. Seoul: 개마고원 [Gaemagowon], 1999.

조건(Cho Gun). "일제말기 조선 주둔 일본군의 '전쟁미담' 생산과 조선인 군인 동원= Production of `Moving Tale During the War` of Japanese Forces and Mobilization of Soldiers from Joseon In Late Japanese Imperial Rule." 한일민족문제연구=*The Journal of Korean-Japanese National Studies*, Vol. 31, Issue 0(2016. 12): 53-93.

조영준(Cho, Young-Jun). "조선시대 문헌의 身長 정보와 尺度 문제: 軍籍과 檢案을 중심으로[Stature Data and Measurement Unit in Chosen Korea." 古文書硏究, No. 41(2012. 8): 125-159.

------. "한일병합 이전 일본 군의관의 조선인 체격 검사—신장 측정 자료의 비판적 재검토=Japanese Army Surgeons' Physical Examination on Koreans: Focusing on the Stature Data before 1910," [경제사학=*Economic History*], Vol. 40, No. 3(2016): 457-485.

최선우(Choi, Sun-Woo). "대한제국 좌절기의 경찰--러일전쟁(1904) 이후 일제강점(1910) 전까지를 중심으로[Police in the Disappointed Era of the Korean Empire]." 한국콘텐츠학회논문지(2008) Vol.8, No.12.

조성운(Cho, Sung-woon). "1910년대 조선총독부의 금강산 관광개발[The Japanese Government-General of Korea's Geumgang Mountains Touring Development During 1910s]." 한일민족문제연구 Vol. 30, No. 0(2016): 5-58.

趙恒來(Cho, Hang-Rae). 韓末日帝下 侵略앞잡이의 反民族的 性格; 一進會의 組織과 앞잡이의 行脚을 중심으로. 韓國近現代史論叢. 한국사 연구휘보. Vol. 94(1995): 173-183.

------. 一進會 硏究[*A Study on Ilchinhoe*]. 중앙대학교 대학원 박사학위 논문: Dissertation, Choongang University, 1984.

조형근(Cho, Hyung-geun). "나는 한국에서 살인충동을 느꼈다: 좌파작가 잭 런던이 본 대한제국의 몰락."[I Felt The Urge to Kill in Korea: The Fall of Choseon Seen by the Leftist Writer Jack London] IN 세상 사람의 조선여행 [*Westerners' Travels to Choseon*] ed. by Kim Soo-jin. Seoul: Kyujanggak Institute, 2012.

최병도."일제시기 조선인 밀정의 실태: 만주지역을 중심으로." 친일반민족행위 진상규명위원회 편. 2008년도 학술연구용역 논문집. 1, 2009.

쿠르바노브, Kurbanov, S. O. "동학사상과 한국의 민주주의[Donghak Ideology and Korea's Democracy]." 동학학보 [*Journal of Donghak Studies*], Vol.18, No. 0(2009): 109-128.

河 泰 厚(Ha, Tae Hu). 芥川龍之介の "将軍" 考察. 한일군사문화연구. Vol. 85(2011): 85-112.

영문 초록(Abstract)

Arirang People in the Russo-Japanese War:
A Study of Koreans in Transnational Diasporas of the Russian Far East and Manchuria,
1895-1920

by
Hye Ok Park
朴(李) 惠 玉 著

2020

Much attention, scholarly and popular, has been given to the Japanese deployment of Koreans in their war efforts during the Pacific War from the 1930s to 1945. Much less attention, however, has been given to the subject of the pre-Colonial period prior to 1910. The main objectives of this book are to: 1) present the evidences which reveal the presence of Korean nationals in the Japanese military during the Russo-Japanese War, 1904-1905, as seen by an American novelist Jack London, years before the formal annexation of Korea by Japan and decades earlier than the historiography has established, 2) analyze the new evidences of the presence of Koreans not only on the Japanese but also on the Russian side of the war, and 3) investigate why and how these Koreans came to settle as transnational diasporas in the Russian Far East and Manchuria at the end of the Yi Dynasty of Korea at the turn of the twentieth century, resulting in their involvement in the Japanese and the Russian military forces.

From a geopolitical and multicultural perspective, this is a study of transnational diasporic communities of Koreans in Russia and Manchuria, formed by their desire for better lives and their struggle for survival during a time of conflicts and dissatisfaction in their homeland, as the Yi Dynasty was about to collapse in its attempts to secure sovereignty as well as achieve modernity and westernization in the geopolitical environment of turn-of-the twentieth century Asia. This book focuses on the period from 1895, when Korea was declared independent from its tributary relationship from China, to 1920 after Korea was formally annexed by Japan in 1910, to understand the context behind the presence of Koreans in someone else's countries and wars.

아리랑 민족의 디아스포라
**극동 러시아와 만주의 한인,
1895-1937**

초판 인쇄 2021년 6월 20일
초판 발행 2021년 6월 30일

지은이 이혜옥

펴낸이 김예옥
펴낸곳 글을읽다
16007 경기도 의왕시 양지편로 39-7
등록 2005.11.10. 제138-90-47183호
전화 031)422-2215, 팩스 031)426-2225
이메일 geuleul@hanmail.net

본문디자인 김유진

ⓒ 이혜옥

ISBN 978-89-93587-26-5 93910

＊책값은 뒤표지에 표시되어 있습니다. 파본은 바꾸어 드립니다.